高等院校公共基础课系列教材

创新思维与创业设计

章剑锋　陈乃启　主　编
陈建伟　马　莉　林　斌　副主编

电子工业出版社
Publishing House of Electronics Industry
北京·BEIJING

内 容 简 介

在新经济迅速发展的背景下,本书紧密结合当前大学生创新创业认知和实践特点,强化创新思维和技法内容,着重讲述基于创新的创业设计。

全书依次讲述了什么是创新创业、思维定势与传统方法、创新思维与技法、TRIZ 创新基本理论与方法、创新与创业、创业机会与创业风险、创业资源、商业模式的创新与设计、制订创业计划等内容。

本书适合作为高等院校与高职高专院校创新创业课程的教材,也可作为立志创新创业的各界人士的有益读本。

未经许可,不得以任何方式复制或抄袭本书之部分或全部内容。
版权所有,侵权必究。

图书在版编目(CIP)数据

创新思维与创业设计 / 章剑锋,陈乃启主编. —北京:电子工业出版社,2021.2
ISBN 978-7-121-40553-2

Ⅰ.①创… Ⅱ.①章… ②陈… Ⅲ.①大学生—创业—高等学校—教材 Ⅳ.①G647.38

中国版本图书馆 CIP 数据核字(2021)第 025213 号

责任编辑:贺志洪
印　　刷:中煤(北京)印务有限公司
装　　订:中煤(北京)印务有限公司
出版发行:电子工业出版社
　　　　　北京市海淀区万寿路 173 信箱　邮编 100036
开　　本:787×1092　1/16　印张:13.5　字数:345.6 千字
版　　次:2021 年 2 月第 1 版
印　　次:2023 年 12 月第 7 次印刷
定　　价:42.00 元

凡所购买电子工业出版社图书有缺损问题,请向购买书店调换。若书店售缺,请与本社发行部联系,联系及邮购电话:(010)88254888,88258888。
质量投诉请发邮件至 zlts@phei.com.cn,盗版侵权举报请发邮件至 dbqq@phei.com.cn。
本书咨询联系方式:(010)88254609 或 hzh@phei.com.cn。

前　言

如果说科技创新解决的是经济新常态的动力问题，那么创业要解决的是经济发展的主体和活力问题，创业是将科技与资本、设备、人才等生产要素结合起来，它实质上是对科技创新的综合应用和产业化。《国务院关于强化实施创新驱动发展战略进一步推进大众创业万众创新深入发展的意见》（国发〔2017〕37号）明确提出"大众创业，万众创新"已成为稳定和扩大就业的重要支撑、推动新旧动能转换和结构转型升级的重要力量，正在成为中国经济行稳致远的活力之源，是实施创新驱动发展战略的重要载体。

国家要实现"大众创业，万众创新"这一新时期战略，重要任务是培养创新创业型人才，首当其冲就是要培养当代大学生具备创新思维方法与创业设计能力，并且通过创业实现创新的价值，推动创新可持续发展。

本书编撰团队拥有多年创新创业教育科研的经验，在吸收、借鉴国内外先进教研成果的基础上，整合了创新思维、创新技法与创新方法及创业设计的相关内容并编撰成书。全书通过案例、理论与训练等环节，力求使读者在掌握创新思维、创新技法与创新方法理论的基础上，了解创业设计的基本内容和方法，能够体验创新、创造的魅力，训练创新创业能力与素质，最终达到提高新时期青年人才综合创新能力的目的。本书编写团队成员由浙江师范大学及浙江师范大学行知学院教师共同组成，章剑锋、陈乃启担任主编，陈建伟、马莉、林斌担任副主编。编写团队具体分工如下：陈乃启老师、马莉老师负责编撰第一章什么是创新创业，林斌、张耀斌老师负责编撰第二章思维定势与传统方法，张文潇老师负责编撰第三章创新思维与技法、第四章TRIZ创新基本理论与方法，刘景弟老师负责编撰第五章创新与创业，宋琳老师负责编撰第六章创业机会与创业风险，孙启夏老师负责编撰第七章创业资源，沈波老师负责编撰第八章商业模式的创新与设计，张国强老师、陈建伟老师负责编撰第九章创业计划。

由于高校创新创业教育尚处于发展阶段，加之作者水平有限，书中难免存在不足之处，请广大读者批评指正。在本书编写过程中，借鉴了国内外先进的教研成果，由于篇幅有限，不能一一致谢，在此表示衷心的感谢。

编者
二〇二〇年五月

目 录

第一章 什么是创新创业 1

第一节 创意创造与创新创业 1
一、思维与观念 2
二、创意与创造 4
三、创新与创业 7

第二节 知识创新、技术创新与管理创新 8
一、知识创新的内涵 9
二、知识创新的特征 10
三、知识创新是提升竞争力的源泉 11
四、技术创新 12
五、管理创新 13

第三节 新经济与创新 14
一、互联网+与创新 14
二、"工业 4.0"与创新 16
三、工业互联网与创新 17
四、突破性技术创新应用 18

第二章 思维定势与传统方法 24

第一节 思维定势 24
一、从众型思维定势 25
二、书本型思维定势 26
三、经验型思维定势 27
四、权威型思维定势 27

第二节 传统方法 ……………………………………………………………… 28
 一、试错法 ……………………………………………………………… 29
 二、头脑风暴法 ………………………………………………………… 30
 三、形态分析法 ………………………………………………………… 32
 四、和田十二法 ………………………………………………………… 34

第三章 创新思维与技法 …………………………………………………… 37
第一节 创新思维 …………………………………………………………… 37
 一、创新思维的特性 …………………………………………………… 37
 二、创新思维的类型 …………………………………………………… 40
第二节 创新技法 …………………………………………………………… 49
 一、整体思考法 ………………………………………………………… 49
 二、奥斯本检核表法 …………………………………………………… 50
 三、六步创意法 ………………………………………………………… 51
 四、鱼骨图分析法 ……………………………………………………… 52
 五、资源分析法 ………………………………………………………… 54

第四章 TRIZ 创新基本理论与方法 ……………………………………… 59
第一节 TRIZ 理论的起源 ………………………………………………… 59
第二节 TRIZ 理论核心思想、基本特征和优势 ………………………… 60
 一、TRIZ 理论核心思想和基本特征 ………………………………… 60
 二、特点优势 …………………………………………………………… 60
第三节 TRIZ 解决问题的过程 …………………………………………… 62
第四节 TRIZ 理论的基本哲理 …………………………………………… 62
第五节 TRIZ 理论主要内容 ……………………………………………… 63
 一、产品进化理论 ……………………………………………………… 64
 二、冲突解决原理 ……………………………………………………… 64
 三、物质—场分析标准解 ……………………………………………… 81
 四、效应 ………………………………………………………………… 82
 五、ARIZ：发明问题解决算法 ……………………………………… 83
 六、常规问题与发明问题 ……………………………………………… 84

第五章 创新与创业 ………………………………………………………… 85
第一节 创业的基础是创新 ………………………………………………… 86
 一、创业的含义 ………………………………………………………… 87
 二、创新创业的基本含义 ……………………………………………… 87

第二节 创业与创业者 ··· 88
一、创业的基本要素 ··· 88
二、什么是创业者 ··· 89
三、创业者的基本素质要求 ··· 89
四、创业者应具备的能力 ··· 90
五、大学生创业与自我评估 ··· 91

第三节 创业团队的组建和管理 ··· 93
一、创业团队的概念 ··· 93
二、创业团队的5P要素 ··· 94
三、创业团队的类型 ··· 95
四、如何组建一支优秀的创业团队 ··· 98
五、团队管理技巧和策略 ··· 102

第六章 创业机会与创业风险 ··· 103

第一节 创业机会的识别 ··· 103
一、创业机会的内涵 ··· 104
二、创业机会的特征 ··· 105
三、创业机会的来源 ··· 105
四、创业机会的类型 ··· 106
五、影响创业机会识别的因素 ··· 107
六、常见创业机会的识别方法 ··· 108

第二节 市场调查 ··· 110
一、什么是市场调查 ··· 110
二、市场调查的目的 ··· 112
三、市场调查的内容 ··· 113
四、市场调查的方法 ··· 113
五、市场调查的步骤 ··· 115

第三节 创业机会的评价 ··· 117
一、主观评价创业机会的价值 ··· 118
二、客观评价创业机会的价值 ··· 119
三、创业机会的评价维度 ··· 119

第四节 创业风险 ··· 121
一、创业风险的概念与特征 ··· 121
二、大学生创业过程中常见的风险 ··· 123
三、大学生创业风险管控对策 ··· 124

第七章　创业资源 …………………………………………………………… 126

第一节　创业资源概述 …………………………………………………… 126
一、创业资源的内涵 …………………………………………………… 126
二、创业资源与商业资源 ……………………………………………… 127
三、创业资源的类别及其作用 ………………………………………… 127

第二节　创业资源获取 …………………………………………………… 129
一、创业资源获取的影响因素 ………………………………………… 129
二、创业资源获取的途径 ……………………………………………… 131
三、获取创业资源的技能 ……………………………………………… 133
四、创业资源获取的途径必须合法 …………………………………… 134

第三节　创业资源管理 …………………………………………………… 134
一、创业资源的分类开发 ……………………………………………… 134
二、创业资源的创造性利用 …………………………………………… 137
三、创业资源开发机制 ………………………………………………… 138

第四节　创业融资 ………………………………………………………… 139
一、创业融资概述 ……………………………………………………… 139
二、创业资金的测算 …………………………………………………… 142
三、创业融资的渠道 …………………………………………………… 143
四、创业融资策略 ……………………………………………………… 145

第八章　商业模式的创新与设计 …………………………………………… 155

第一节　关于商业模式 …………………………………………………… 155
一、商业模式的内涵与定义 …………………………………………… 156
二、商业模式创新的价值 ……………………………………………… 156

第二节　商业模式画布 …………………………………………………… 157
一、认识商业模式画布 ………………………………………………… 158
二、商业模式画布的九大模块 ………………………………………… 158

第三节　商业模式的类型 ………………………………………………… 160
一、分拆商业模式 ……………………………………………………… 160
二、长尾商业模式 ……………………………………………………… 162
三、多边平台商业模式 ………………………………………………… 164
四、免费的商业模式 …………………………………………………… 164
五、开放式的商业模式 ………………………………………………… 166

第四节　新商业模式的设计方法 ………………………………………… 166
一、客户洞察 …………………………………………………………… 167

二、创意构思 ··· 167
三、可视化思考 ··· 168
四、原型制作 ··· 168

第九章　制订创业计划 ·· 172
第一节　初识创业计划书 ··· 172
一、创业计划基本概述 ··· 172
二、创业计划的基本结构 ··· 182
第二节　创业计划的撰写与展示 ···································· 183
一、创业计划的产生过程 ··· 183
二、创业计划书撰写的原则与技巧 ······························ 186
三、创业计划中的信息搜集与市场调查 ······················· 189
四、创业计划书展示技巧 ··· 195
第三节　创业计划书之项目路演 ···································· 196
一、项目路演概述 ·· 196
二、项目路演的步骤 ·· 199
三、项目路演的技巧 ·· 199

参考文献 ··· 204

第一章 什么是创新创业

【学习目标】

1. 了解创新创业的概念与含义；
2. 掌握不同类型创新的特征和价值；
3. 了解创新创业领域未来发展的方向和发展趋势。

第一节 创意创造与创新创业

随着"大众创业，万众创新"口号的提出，在祖国大地上掀起了"大众创业""草根创业"的新浪潮，形成了"万众创新""人人创新"的新势态。在2015年的政府工作报告中提出："大众创业，万众创新"。在政府工作报告中做如此表述：推动大众创业、万众创新，"既可以扩大就业、增加居民收入，又有利于促进社会纵向流动和公平正义"。在论及创新创业文化时，强调"让人们在创造财富的过程中，更好地实现精神追求和自身价值"。

2018年9月18日，国务院下发《关于推动创新创业高质量发展打造"双创"升级版的意见》。2018年12月20日，"双创"当选为2018年度经济类十大流行语，进一步对创新创业形成共识，提出"大众创业，万众创新"要以创新驱动为重要引擎，要求经济发展动能加快从单一要素数量投入转变为更多依靠创新驱动，从而形成创新动能：一要推动传统产业转型升级。推动高质量发展，要推动量大面广的传统产业升级改造，促进新技术与传统产业融合，让传统产业焕发新动力、释放新动能。二要加快新兴产业培育。深入实施创新驱动和"互联网+"等发展战略，发展高端装备、电子信息、生物医药等新兴产业，通过产业结构优化升级催生新技术、新动能、新活力。三要促进成果顺畅转化。搭建成果转化平台，畅通科技成果与市场对接渠道，健全科技资源开放共享机制，鼓励科研人员面向企业开展技术开发、技术咨询、技术培训等，实现科技创新与企业创新创业深度融合。

同时提出创新创业要以企业家精神培育为主体。企业家是高质量发展的关键主体。"双创"

催生的数以万计的创新型企业，也是高质量发展和"双创"升级发展的重要依托。"双创"既可以有效激发全社会的创新创业热情，催生大量的新成长企业，增强微观经济活力，也为大企业拓展内部创业新模式、构筑完善产业生态链提供契机。强化创新企业培育，就要把培育、发展、壮大创新型企业放在更加突出的位置，打造数量多、质量优、潜力大、成长快的创新型企业集群。加大对"专精特新"中小企业的支持力度，鼓励中小企业参与产业关键共性技术研究开发，持续提升企业创新能力。

一、思维与观念

（一）思维与观念的定义

思维最初是人脑借助于语言对事物的概括和间接的反应过程。思维以感知为基础又超越感知的界限。通常意义上的思维，涉及所有的认知或智力活动。它探索与发现事物的内部本质联系和规律性，是认识过程的高级阶段。

观念，从通俗意义上来理解，就是人们在长期的生活和生产实践当中形成的对事物的总体的综合的认识。它反映客观事物的不同属性，同时又加上了主观化的理解色彩。所以，观念是人们对事物主观与客观认识的系统化的集合体。

（二）创新思维

创新思维是指以新颖的方法和视角去思考问题，提出与众不同的解决方案，从而产生新颖的、独到的、有社会意义的思维成果。可见创新思维是多种思维发展的结晶，是创业者的成功之路。创新思维的本质是用新的角度、新的思考方法来解决现有的问题，它将创新意识的感性愿望提升到理性的探索上，实现创新活动由感性认识到理性思考的飞跃。

（三）创新思维的基本特性

1. 联想性

联想是将表面看来互不相干的事物联系起来，从而达到创新的界域。联想性思维可以利用已有的经验创新，如我们常说的由此及彼、举一反三、触类旁通，也可以利用别人的发明或创造进行创新。联想是创新者在创新思考时经常使用的方法，也比较容易见到成效。

能否主动地、有效地运用联想，与一个人的联想能力有关，然而在创新思考中若能有意识地运用这种方式则是有效利用联想的重要前提。任何事物之间都存在一定的联系，这是人们能够采用联想的客观基础，因此，联想的最主要方法是积极寻找事物之间的一一对应关系。

2. 求异性

创新思维在创新活动过程中，尤其在初期阶段，求异性特别明显。它要求关注客观事物的不同性与特殊性，关注现象与本质、形式与内容的不一致性。

英国科学家何非认为："科学研究工作就是设法走到某事物的极端而观察它有无特别现象的工作。"创新也是如此。一般来说，人们对司空见惯的现象和已有的权威结论怀有盲从与迷信的心理，这种心理使人很难有所发现、有所创新。而求异性思维则不拘泥于常规，不轻信权威，以怀疑和批判的态度对待一切事物和现象。

3. 发散性

发散性思维是一种开放性思维，其过程是从某一点出发，任意发散，既无一定方向，也无一定范围。它主张打开大门，张开思维之网，冲破一切禁锢，尽力接收更多的信息。可以海阔天空地想，甚至可以想入非非。人的行动自由可能会受到各种条件的限制，而人的思维活动却有无限广阔的天地，是任何别的外界因素难以限制的。

发散性思维是创新思维的核心。发散性思维能够产生众多的可供选择的方案、办法及建议，能提出一些别出心裁、出乎意料的见解，使一些似乎无法解决的问题迎刃而解。

4. 逆向性

逆向性思维就是有意识地从常规思维的反方向去思考问题的思维方法。如果把传统观念、常规经验、权威言论当作金科玉律，常常会阻碍我们创新思维活动的展开。因此，面对新的问题或长期解决不了的问题，不要习惯于沿着前辈或自己长久形成的、固有的思路去思考问题，而应从相反的方向寻找解决问题的办法。

欧几里得几何学（简称欧氏几何学）建立之后，从公元 5 世纪开始，就有人试图证明作为欧氏几何学基石之一的第五公理，但始终没有成功，人们对它似乎陷入了绝望。1826 年，罗巴切夫斯基运用与过去完全相反的思维方法，公开声明第五公理不可证明，并且采用了与第五公理完全相反的公理。从这个公理和其他公理出发，他终于建立了非欧几何学。非欧几何学的建立解放了人们的思想，扩大了人们的空间观念，使人类对空间的认识产生了一次革命性的飞跃。

5. 综合性

综合性思维是把对事物各个侧面、部分和属性的认识统一为一个整体，从而把握事物的本质和规律的一种思维方法。综合性思维不是把事物各个部分、侧面和属性的认识，随意地、主观地拼凑在一起，也不是机械地相加，而是按它们内在的、必然的、本质的联系把整个事物在思维中再现出来的思维方法。

美国在 1969 年 7 月 16 日实现了"阿波罗"登月计划，参与这项工程的科学家和工程师达 42 万多人，参与单位 2 万多个，历时 11 年，耗资 300 多亿美元，共用 700 多万个零件。美国"阿波罗"登月计划总指挥韦伯曾指出："阿波罗计划中没有一项新发明的技术，都是现成的技术，关键在于综合。"可见，"阿波罗"登月计划是充分运用综合性思维方法进行的最佳创新。

（四）创新思维活动过程

创造性思维在解决问题的活动中，需要一定的过程。比较有代表性的是英国心理学家华莱士所提出的四阶段论和美国心理学家艾曼贝尔所提出的五阶段论。华莱士认为任何创造过程都包括准备阶段、酝酿阶段、明朗阶段和验证阶段四个阶段；而艾曼贝尔从信息论的角度出发，认为创造活动过程由提出问题或任务、准备、产生反应、验证反应、结果五个阶段组成，并且可以循环运转。

这里，以华莱士的四阶段论来看创造性思维的活动过程，如图1-1所示。

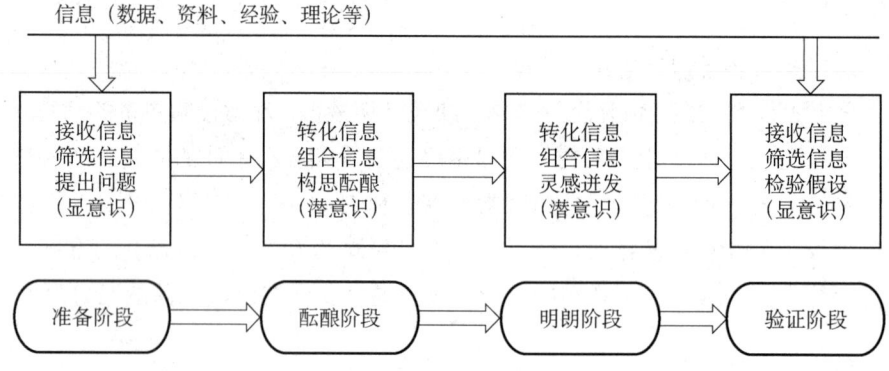

图1-1 创造性思维的活动过程

首先，准备阶段。创新思维需要孕育，创新思维也不会凭空产生或突然出现。这一阶段主要是发现问题、分析问题。发现问题是起点，分析问题并形成创新课题是关键。其次，酝酿阶段。找到问题后要寻找解决问题的途径，这时就进入了冥思苦想的阶段。这个阶段要收集信息、设计方案、做实验等进行多方的尝试。再次，明朗阶段。这是创新思维的突变阶段，顿悟、灵感都在此阶段产生。最后，验证阶段。这是创新思维的最后阶段，创新思维产生的结果，必须经过论证、检验才得以实现。

二、创意与创造

第一步：敢于想象

我们很多人失去了创造力就是因为习惯了身边发生的一切，他们不再怀疑和想象，所以认为一切本该如此。也有一些人觉得自己资历平平，没有这方面的天赋，所以也不需要在这上面耗费精力。但这其实透露出来的是我们大脑的"思维惰性"，我们逃避思考是为了给身体节省能量，以便能在远古时代活下去，这是一种生物本能的自我保护现象。思维惰性分为两个部分，一部分是压根就不去想，另一部分是认为目前的解决方案已经足够好，所以就不再往下继续思考了。类似的例子有：

- 有马车挺好的，基本能满足我的需求，所以我也不用更快的汽车；
- 现在用的微信挺好的，所以没必要花费更多的精力再去更新它；

- 同事的想法挺好的，所以没必要再去想更多的方案了；
……

我们来想想，如果现在给无人驾驶的车单独开辟一个车道，避免无人驾驶的车和有人驾驶的车同行，这种情况下，无人驾驶是不是就能得到更快的普及。

这种思路再扩散一下，无人快递车是不是也能在社区内开辟单独的路线；高速公路能不能启动智能控速，让高速路的 CPU 大脑来分配每辆车的速度，等等。

第二步：有方法地思考

这里有一个小故事：某牙膏企业在讨论销售的会议上，问有什么办法能让牙膏的销售量再增加一倍呢？有人说扩展更多的销售渠道，有人说降价一半，有人说给促销员更多的提成。领导觉得这些都不错，还有吗？这个时候突然有一个人站起来说能不能把挤牙膏的口增大一倍，这样牙刷的消耗量就变成了平时的两倍，岂不是就能增加一倍的销售量。我们暂且不管这样做是否真的可行，单单这个想法就非常有意思，让人眼前一亮，同时也能拓宽其他人的思维。

创意是需要管理的，创意也并不是毫无规律可循的。在这里可以简单地说一下中国和西方对此类事情的看法。中国人从古至今都讲究悟性，领导最喜欢跟下属说的话是"这个问题，不要再让我说第二遍"。西方人不这么干，西方人的思维是无论多么复杂的东西，它都会给你拆分成第一步怎么做，第二步怎么做。

简单地理解西方人的思维，你会发现这种思维更易传承和学习，思维不一样，结果也就不一样。比如跑步，西方人会把一个完整的跑步过程拆解成 N 个动作，然后通过刻意训练来强化这些动作。

那么根据这种思维，创意到底该怎么做呢？最简单的办法就是两个把不相干的事情联系起来，变成有意思的类比。

比如把跳绳和购物袋结合起来，就变成了如图 1-2 所示的样子。

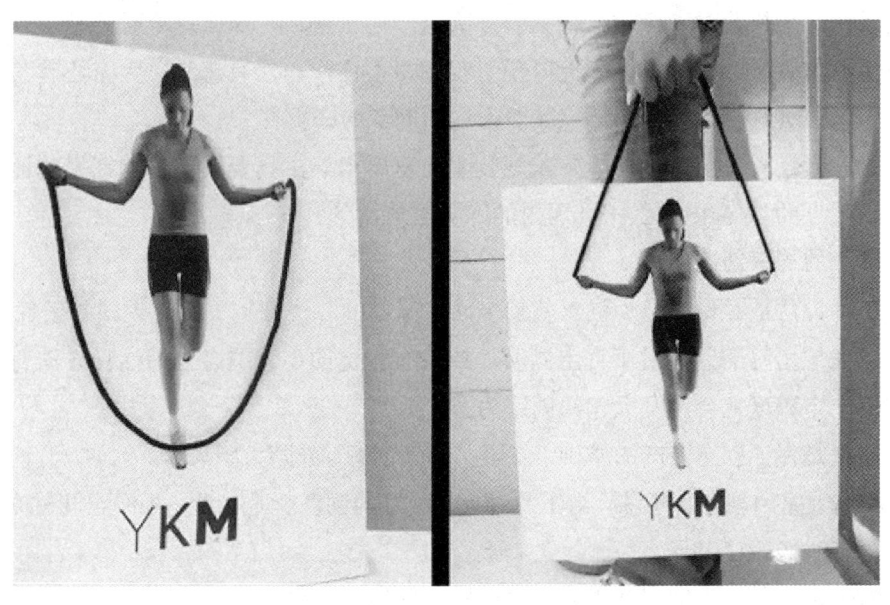

图 1-2 跳绳和购物袋结合的创意

我们也可以把两个不同的物体进行竞争组合，例如，怎么体现车的快呢？就让车跟飞机进行比赛。怎么体现楼层很高呢？就让楼跟云层作对比。

另外在团队内部的创意讨论会上，有人喜欢这个创意不喜欢那个创意，七嘴八舌，互相都不理解，很难形成一个高效的讨论环境。这种情况下我们尝试用爱德华·德·博诺（Edward de Bono）提出的"六项思考帽"来解决这个问题。

首先由一个人戴上蓝色思考帽来主持会议，其余参会人员依次戴上红色、黄色、黑色、白色、绿色思考帽（顺序可改），分别站在各自所持角度对同一件事情或想法进行分析和讨论，以便大家能尽可能少地减少个人认知偏差，更容易达成一致。

蓝色思考帽：管理会议过程。负责控制各种思考帽的使用顺序，规划和管理流程，并得出结论。

红色思考帽：只讲直觉、本能反应，限定在10～20秒中闹钟响起所能想到的第一个答案。

黄色思考帽：只讲利益和可行性，所有正面的好处。

黑色思考帽：只讲风险和困难，用否定、怀疑、质疑的看法去找出逻辑上的错误。

白色思考帽：只讲可获得的信息和需要的信息，需要关注客观的事实和数据。

绿色思考帽：只讲替换方案和新观点，如何用其他的方法实现这个目的。

第三步：打造适合创造的环境和文化

我们得有一个鼓励创新和容错的环境。这样才能避免大家为了保护自己而放弃自己内心真实的想法。企业的环境和文化常常与企业的创始人和管理团队有关，尤其是创始人，一般来说独裁的创始人身边不太可能出现可创新的环境，而比较开明和平等的创始人则允许团队发出不一样的声音，来创造更有趣的事情。

举个小例子，如果公司开会，针对一个项目大家开始讨论，这个时候有个人说了一个不着边际的想法。如果此时老板说"别闹了，大家专注一些"，那么这个时候整个会议的创意环境就已经非常差了。但如果老板此时说"我觉得不错，非常有想法，大家还有其他有意思的想法吗"，那么这个时候会议环境就非常利于创意的产生。

同类的思考还有员工可不可以带着宠物去上班？当然，只要在不影响别人的情况下，这是可以的，国外的Google这么干，国内的阿芙也这么干。

第四部：用约束创造创意

还有一种说法是说资源越少创意就越多（这里指的"资源越少"是说限制条件）。例如，规定团队，在想出好的创意前不许上厕所，或者有一定的小惩罚。当然这种方法有点极端，不过确实在一定程度上会激发大家的创造力。

好的制度是保证创意多产的基础，公司要崇尚创意，鼓励大胆思考。例如，开通公司服务号，用来收集大家的创意和想法，给予及时反馈。好的创意就是如此，不经意间就来了，有时候改变你，有时候改变世界。

通过对上述步骤的理解，便于我们更好地去创造。

三、创新与创业

创新和创业是相辅相成、无法割裂的。创新是创业的手段和基础，而创业是创新的载体。创业者只有通过创新，才能使所开拓的事业生存、发展并保持持久的生命力。

作为大学生创业，更需要有创新意识、创新思维、创新技能、创新品质，才能在严酷的市场环境下开辟创业之路。可以说创新是创业者实现创业的核心。

但是，仅仅具备创新精神是远远不够的，创新只是为创业成功提供了可能性和必要准备，如果脱离了创业实践，缺乏一定的创业能力，创新精神也就成了无源之水，无本之体。创新精神所具有的意义，只有作用于创业实践活动才能有所体现，才有可能最终产生创业的成功。

创业是创业者对自己拥有的资源或通过努力对能够拥有的资源进行优化整合，从而创造出更大经济或社会价值的过程。创业是一种需要创业者组织经营管理、运用服务、技术、器物作业的思考、推理和判断的行为。根据杰夫里·提蒙斯（Jeffry A. Timmons）所著的创业教育领域的经典教科书《创业创造》的定义：创业是一种思考、品行素质、杰出才干的行为方式，需要在方法上全盘考虑并拥有和谐的领导能力。

随着经济的发展，投身创业的人越来越多，《科学投资》调查研究表明，国内创业者基本可以分成以下类型。

（一）生存型创业者

生存型创业者大多为下岗工人，失去土地或因为种种原因不愿困守乡村的农民，以及刚刚毕业找不到工作的大学生。这是中国数量最大的创业人群。

一般创业范围均局限于商业贸易，少量从事的实业也基本是小型的加工业。当然也有因为机遇成长为大中型企业的，但数量极少，因为国内市场已经不像20多年前了。

（二）主动型创业者

主动型创业者可以分为两种：一种是盲动型创业者，另一种是冷静型创业者。前一种创业者大多极为自信，做事冲动。这种类型的创业者，大多是博彩爱好者，喜欢买彩票，喜欢赌，而不太喜欢检讨成功概率。这样的创业者很容易失败，但一旦成功，往往就是一番大事业。冷静型创业者是创业者中的精华，其特点是谋定而后动，不打无准备之仗，或是掌握资源，或是拥有技术，一旦行动，成功概率通常很高。

（三）赚钱型创业者

赚钱型创业者除了赚钱，没有什么明确的目标。他们就是喜欢创业，喜欢做老板的感觉。他们不计较自己能做什么，会做什么。可能在做着这样一件事又在做着那样一件事，他们做的事情之间可以完全不相干。

甚至其中有一些人，连对赚钱都没有明显的兴趣，也从来不考虑自己创业的成败得失。奇怪的是，这一类创业者中赚钱的并不少，创业失败的概率也并不比那些兢兢业业、勤勤恳恳的创业者高。而且，这一类创业者大多过得很快乐。

（四）创意创新创业型创业者

此类创业模式对创业者的个人素质要求很高，创业成功往往形成独角兽企业，有时会形成新的业态。

创业者首先要处理好创意、创新、创业三者之间的关系：常规思维及创新思维产生创意，创意是创新的基础，创意是创业的动力源之一，创新与创业的结合形成新的生产方式，良好的创新创业氛围可更易激发人们的创意，创意创新创业组合的链条是推动各业发展、社会繁荣的重要源泉。

（五）迭代创业

在互联网时代，认知迭代、产品迭代、组织迭代、营销迭代，形成不断迭代的创业模式。

没有创新的企业是没有希望的企业，开拓创新的重要性体现在两个方面。

（1）优质高效需要开拓创新：①服务争优要求开拓创新；②盈利增加仰仗开拓创新；③效益看好需要开拓创新。

（2）事业发展依靠开拓创新：①创新是事业快速、健康发展的巨大动力。②创新是事业竞争取胜的最佳手段。③创新是个人事业获得成功的关键因素。

第二节　知识创新、技术创新与管理创新

1912年，奥地利经济学家熊彼特最早提出了"创新"的概念。他将创新定义为新的生产函数的建立，是把一种从来没有过的关于生产要素和生产条件的新组合引入生产体系。1985年，被誉为"现代管理之父"的彼得·德鲁克（Peter F.Drucker）发展了创新理论。他提出，任何使现有资源的财富创造潜力发生改变的行为，都可以称为创新。德鲁克主张，创新不仅仅是创造，而且并非一定是技术上的，一项创新的考验并不在于它的新奇性、它的科学内涵，或它的小聪明，而在于推向市场后的成功程度，也就是能否为大众创造出新的价值。

一、知识创新的内涵

（一）知识创新的广义内涵

1913年，美国学者艾米顿提出："所谓知识创新，是指为了企业的成功、国民经济的活力和社会进步，创造、演化、交换和应用新思想，使其转变成市场化的产品和服务。"她讲的知识创新，包括科学研究获得新思想、新思想的传播和应用、新思想的商业化等，有以下三种形式：一是通过研究和发展（R&D）活动进行知识创新；二是除了研究与发展活动，在知识的生产、传播、交换和应用过程中发生的知识创新；三是为了具有社会和经济利益的新知识的首次扩散和应用。

她还认为，知识创新具有四个核心原则：①知识创新是创新价值系统而不是价值链。价值链是线性的、静态的，创新价值系统是动态的，显示了成功创新所需要的全部相互依赖关系；②知识创新的主体是战略商业网络而不是战略商业单位。战略商业单位的管理倾向于建立孤立的知识库，战略商业网络鼓励在创新过程中，在伙伴、客户、供应商、研究机构和其他合作者、竞争者之间的知识流动；③知识创新追求的是合作利益而不是竞争利益。竞争战略产生输赢结局，常常争夺同一块蛋糕。合作战略通过共生伙伴关系鼓励双赢。对于所有人来说，知识增长的蛋糕不断增大；④知识创新实现的是客户成功而不是客户满意。客户满意是今天的明显需要，专注你的客户的成功将帮助你判别那些将来的需要。

艾米顿的"知识创新"是一个宽泛的概念，可以包括技术创新、制度创新和管理创新三个主要内容。其中，技术创新是知识创新的核心和基础，管理创新是知识创新的保障，制度创新是知识创新的前提。

（二）知识创新的狭义内涵

狭义的知识创新是指通过科学研究获得新的科学知识（包括自然科学知识、社会科学知识和技术科学知识等）的过程和行为。这种知识创新的定义与科学研究差不太多，并且通过这种定义，可以将知识创新与技术创新、管理创新和制度创新区分开，把它们都看成是创新的不同表现形式。

狭义的知识创新认为知识创新是指在世界上首次发现、发明、创造或应用某种新知识，实质是在世界上首次引入一种新知识。狭义定义将科学发现、技术发明（不是技术创新，它们区别在后面的章节中有涉及）、知识创新和新知识首次应用等并入知识创新的范围，认为知识创新只是创新的一种表现形式，不能涵盖创新的其他表现形式：技术创新、服务创新、制度创新、组织创新和管理创新等。

根据知识创新的狭义定义，可以对创新的其他表现形式进行描述，以期与知识创新有所区别。其中，技术创新指发明的首次商业应用，主要包括产品创新和工艺创新，以及产品和工艺的显著性技术变化，它的实质是在世界上首次引入一种新产品或新工艺。组织创新指新的组织形式不断出现，比如网络组织、虚拟组织、扁平组织、并行组织、不规则组织等。管理创新是指企业在管理方法上的变革，比如企业流程再造、企业资源计划、企业形象识别、知识资本管理等新的管理方法的不断涌现。制度创新可以降低交易成本，提高劳动生产率，包括国家创新系统、风险投资、职工持股计划、职工参与制、股票期权、电子商务、战略联盟、经济共同体、国际贸易组织诞生等。它们是不同的创新形式，而且共同构造了"创新"这个大集体。

这种定义方式从学术上来说是可取的，它区分了知识和技术、管理、制度等的不同，具有一定的严谨性。在知识经济日益发展的今天，知识创新所包含的范围越来越广，研究的内容也越来越多，大有"知识经济帝国"的趋势。所以，在这种形势下，搞清楚知识创新的范围和界限是有一定的现实意义的，这有助于人们在创新活动中进行分工合作，提高工作效率。

二、知识创新的特征

知识创新是知识管理的核心，知识创新决定着企业经营发展的成败。不进行知识创新，企业便会缺乏生命力。在知识管理的前提下，知识创新同过去所说的创新不同，它具有过去的创新所不具备的一些特征。

1. 知识创新是一个创新系统，而不是创新链

传统的创新理论认为，创新过程是一种"线性模型"，就是一种"创新链"。在这种线性模型中，知识的流动被描绘得相当简单：基础研究—应用研究—新技术、新产品的开发。这种创新链是线性的、静止的。创新的过程被解释为只要增加上游的基础研究的投入就可以直接增加下游的新技术、新产品的产出。但是在实际经济活动中，创新有许多的起因和知识来源，可以在研究、开发、市场化和扩散等任何阶段发生。创新也有多种形式，包括产品改进、工艺改良等。知识创新系统是动态的，不是静态的；是多维的，不是线性的，它表现了成功创新所需要的各种内在联系。

2. 知识创新体现了合作性优势，而不是竞争性优势

过去的创新着重竞争性战略，总把竞争对手看作敌人，竞争性战略往往是为了争夺同一块蛋糕，竞争的结果必然是一输一赢。而知识创新则注重合作性战略。合作性战略通过共生促进企业之间的协调与合作，知识总量增长了，蛋糕变大了，变多了，合作的结果是双方都获得了利益。合作性战略导致的是双赢的局面，它能更好地促进企业之间的知识流动，为创新提供更多的机会和信息来源。

3. 知识创新遵循的是用户成功原则，而不是用户满意原则

用户满意原则是为了满足用户当前的需求，用户成功原则则重视用户的未来需求、增长源和未来成功。用户创新或联合用户共同创新是经济财富的一个新来源，企业必须从过去用

户满意的关注转向对用户成功的关注。未来业务的增长依赖于这方面潜在的需求和未开发的市场。

因此，知识创新具有以下特征：

● 独创性。知识创新是新观念、新设想、新方案及新工艺等的采用，它甚至破坏原有的秩序。知识创新实践常常表现为勇于探索、打破常规，知识创新活动是各种相关因素相互整合的结果。

● 系统性。知识创新可以说是一个复杂的"知识创新系统"，在实际经济活动中，创新在企业价值链中的各个环节都有可能发生。

● 风险性。知识创新是一种高收益与高风险并存的活动，它没有现成的方法、程序可以套用，投入和收获未必成正比，风险不可避免。

● 科学性。知识创新是以科学理论为指导、以市场为导向的实践活动。

● 前瞻性。有些企业，只重视能够为当前带来经济利益的创新，而不注重能够为将来带来利益的创新，而知识创新则更注重未来的利益。

三、知识创新是提升竞争力的源泉

企业的核心竞争力包括两个方面：一是核心运营力，指企业能高速度、高效率地生产高品质的产品和高满意度服务的能力；二是核心知识力，指企业拥有对某种特定领域和业务而言独一无二的专长、技术和知识。国内外现代化企业的经验都证明，知识创新是企业寻求核心竞争力的无穷源泉。

知识创新是企业创新能力的基础。创新是知识创造的一种表达形式。从知识管理的角度来看，知识管理大体可以分为三个阶段，即知识采集、知识利用和知识创造，通常前者是后者的条件，企业需要的是持续、系统的创新能力。在企业核心竞争力的培育过程中，知识创新始终是基础，只有新知识不断地涌现，企业才会有新的创新能力，企业才会有新的发展动力，才能够带动企业向前发展。只有这样，企业核心竞争力才能使企业保持长久的竞争优势。因此知识创新是企业核心竞争力的基础。

知识创新推动组织创新，从而形成核心竞争力。知识创造是知识管理工作的最终目的，由知识创造而形成的企业创新能力是现代企业的一项重要的核心竞争优势，一个企业如何提升自身的创新能力是一个复杂的问题。首先这是建立在大量知识流动的基础上的，因为流动速度的加快会使知识之间的碰撞概率增大，知识之间的碰撞是知识创造的基础。文化是推动知识之间的碰撞以实现更好的知识创造的主要的推动力量，注重学习、变革和成长的企业文化将促使员工进行积极的思考和知识转化。核心竞争力是建立在快速的知识创新的基础之上的，它又是通过组织创新表现出来的。

知识创新从整体战略来推动核心竞争力的培育。实际上知识管理是一个难以真正分割成为明确的几个部分的企业整体行为，而每一种手段都在各个部分起着或多或少的作用。但从整体上来看，信息技术是知识管理的基础，所以知识管理从信息技术的角度看，已经完全演变成为企业信息系统的一个部分。由于知识管理是一个复杂的企业战略信息化的应用，所以单纯的信息系统是不足的，而这里所讨论的内容将系统地推动知识管理工作，最终实现知识创造。企业创新所建立的核心竞争优势超越了有形资产博弈的层面，为企业带来战略优势。

知识创新对于企业核心竞争力的作用机制主要表现在以下四个方面：

一是知识创新是技术创新的基础。在知识创新过程中，通过知识创造、积累和运用，可以提高企业的研发能力，提高管理者和员工的知识水平与工作技能，实现技术的突破或创新，形成企业与众不同的技术和知识积累，进而为市场不断提供新的、差异化的产品或服务，增强企业的市场应变能力，从而形成和提升企业的核心竞争力。

二是知识创新的内在要求是制度创新，而制度创新是提升企业核心竞争力的重要保证。不进行制度创新，不调整企业的组织结构、权责关系、运行规则及管理规章等制度要素，企业的知识创新就无从谈起。

三是知识创新推动管理创新。知识创新可以带来管理创新，使管理能够适应瞬息万变的竞争市场，从而保证技术创新和制度创新的顺利实现。通过管理创新，推动企业管理理念、方法、手段等方面的创新，把企业的各种关系理清，使各种现有的资源和能力整合起来，创造一种更新、更有效的资源整合范式，提高资源配置的效率和效益，形成一种系统化的、新的综合能力，从而达到培育和提升核心竞争力的目标。

四是知识创新促使人力资源创新。通过员工培训，使他们接受新思想，掌握新技能，更好地了解自己的工作，重组自己的工作流程，提高工作效率，并将员工的新知识融入企业自身的知识系统之中，保证企业拥有不断更新的人力资源。同时，存在于员工头脑中的知识和技能是难以模仿、难以复制的，作为知识和能力承载者的人力资源是企业所拥有的专门知识、技术和能力的综合体现。这能够保证企业在市场中获得生存和发展的机会，提升核心竞争力。

四、技术创新

技术创新是以创造新技术为目的的创新或以科学技术知识及其创造的资源为基础的创新。前者如创造一种新的激光技术，后者如以现有的激光技术为基础开发一种新产品或新服务，常将它们合二为一，是企业竞争优势的重要来源，企业可持续发展的重要保障。认识技术创新的本质、特点和规律，是技术创新有效管理的重要前提。

（一）技术创新概述

技术创新，指生产技术的创新，包括开发新技术，或者将已有的技术进行应用创新。科学是技术之源，技术是产业之源，技术创新建立在科学道理的发现基础之上，而产业创新主要建立在技术创新基础之上。

技术创新和产品创新有密切关系，又有所区别。技术创新可能带来但未必带来产品创新，产品创新可能需要但未必需要技术创新。一般来说，运用同样的技术可以生产不同的产品，生产同样的产品可以采用不同的技术。产品创新侧重于商业和设计行为，具有成果的特征，因而具有更外在的表现；技术创新具有过程的特征，往往表现得更加内在。产品创新可能包含技术创新的成分，还可能包含商业创新和设计创新的成分。技术创新可能并不带来产品的改变，而仅仅带来成本的降低、效率的提高，例如，改善生产工艺、优化作业过程从而减少资源消费、能源消耗、人工耗费或者提高作业速度。另外，新技术的诞生，往往可以带来全新的产品，技术研发往往对应于产品或者着眼于产品创新；而新的产品构想，往往需要新的技术才能实现。

（二）技术创新的分类

苏塞克斯大学的科学政策研究所（Science Policy Research Unit，SPRU）根据创新的重要性将技术创新分为：

- 渐进性创新（Incremental Innovation）。渐进性的、连续的小创新。
- 根本性创新（Radical Innovation）。开拓全新领域、有重大技术突破的创新。
- 技术系统的变革（Change of Technology System）。这类创新将产生具有深远意义的变革，通常出现技术上有关联的创新群的出现。
- 技术—经济范式的变更（Change in Techno-economic Paradigm）。这类创新将包含很多根本性的创新群，又包含很多技术系统变更。

五、管理创新

管理创新是指组织形成创造性思想并将其转换为有用的产品、服务或作业方法的过程。也即，富有创造力的组织能够不断地将创造性思想转变为某种有用的结果。当管理者说到要将组织变革成更富有创造性的时候，他们通常指的就是要激发创新。

管理创新是指在特定的时空条件下，通过计划、组织、指挥、协调、控制、反馈等手段，对系统所拥有的生物、非生物、资本、信息、能量等资源要素进行再优化配置，并实现人们新诉求的生物流、非生物流、资本流、信息流、能量流目标的活动。

企业管理创新，最重要的是在组织高管层面有完善的计划与实施步骤及对可能出现的障碍与阻力有清醒的认识。

管理创新包括管理思想、管理理论、管理知识、管理方法、管理工具等的创新。何道谊按功能将管理创新分解为目标、计划、实行、检馈、控制、调整、领导、组织、人力九项管理职能的创新。按业务组织的系统，将创新分为战略创新、模式创新、流程创新、标准创新、观念创新、风气创新、结构创新、制度创新。以企业职能部门的管理而言，企业管理创新包括研发管理创新、生产管理创新、市场营销和销售管理创新、采购和供应链管理创新、人力资源管理创新、财务管理创新、信息管理创新等。

有三类因素将有利于组织的管理创新，它们是组织结构、文化和人力资源实践。从组织结构因素看，有机式结构对创新有正面影响；拥有富足的资源能为创新提供重要保证；单位间密切的沟通有利于克服创新的潜在障碍。从文化因素看，充满创新精神的组织文化通常有如下特征：接受模棱两可，容忍不切实际，外部控制少，接受风险，容忍冲突，注重结果甚于手段，强调开放系统。在人力资源这一类因素中，有创造力的组织积极地对其员工开展培训和发展，以使其保持知识的更新；同时，它们还给员工提供高工作保障，以减少他们担心因犯错误而遭解雇的顾虑；组织也鼓励员工成为革新能手；一旦产生新思想，革新能手们会主动而热情地将思想予以深化、提供支持并克服阻力。

第三节　新经济与创新

所谓"新经济"是建立在信息技术革命和制度创新基础上的经济持续增长与低通货膨胀率、低失业率并存，经济周期的阶段性特征明显淡化的一种新的经济现象。20世纪90年代以来，美国经济出现了第二次世界大战后罕见的持续性的高速增长。在信息技术部门的带领下，美国自1991年4月份以来，经济增长幅度达到了4%，而失业率却从6%降到了4%，通胀率也在不断下降。如果食品和能源不计在内的话，美国1999年的消费品通胀率只有1.9%，这种经济现象就被人们表述为"新经济"。美国《商业周刊》1996年年底的一篇文章认为，美国当时的这种"新经济"，其主要动力是信息技术革命和经济全球化浪潮。当前新经济是指创新性知识在知识中占主导、创意产业成为龙头产业的智慧经济形态。

一、互联网+与创新

互联网+是指创新2.0下的互联网发展的新业态，也是知识社会创新2.0推动下的互联网形态演进及其催生的经济社会发展新形态。"互联网+"简单地说就是"互联网+传统行业"，随着科学技术的发展，利用信息和互联网平台，使得互联网与传统行业进行融合，利用互联网具备的优势特点，创造新的发展机会。"互联网+"通过其自身的优势，对传统行业进行优化升级转型，使得传统行业能够适应当下的新发展，从而最终推动社会不断地向前发展。

互联网+是互联网思维的进一步实践成果，推动经济形态不断地发生演变，从而带动社会经济实体的生命力，为改革、创新、发展提供广阔的网络平台。通俗地说，"互联网+"就是"互联网+各个传统行业"，但这并不是简单的两者相加，而是利用信息通信技术及互联网平台，让互联网与传统行业进行深度融合，创造新的发展生态。它代表一种新的社会形态，即充分发挥互联网在社会资源配置中的优化和集成作用，将互联网的创新成果深度融合于经济、社会各个领域之中，提升全社会的创新力和生产力，形成更广泛的以互联网为基础设施和实现工具的经济发展新形态。2015年7月4日，国务院印发《国务院关于积极推进"互联网+"行动的指导意见》。2016年5月31日，教育部、国家语委在京发布《中国语言生活状况报告（2016）》。"互联网+"入选十大新词和十个流行语。

"互联网+"代表着一种新的经济形态，它指的是依托互联网信息技术实现互联网与传统产业的联合，以优化生产要素、更新业务体系、重构商业模式等途径来完成经济转型和升级。"互联网+"计划的目的在于充分发挥互联网的优势，将互联网与传统产业深入融合，以产业升级提升经济生产力，最后实现社会财富的增加。

"互联网+"概念的中心词是互联网，它是"互联网+"计划的出发点。"互联网+"计划具体可分为两个层次的内容来表述。一方面，可以将"互联网+"概念中的文字"互联网"与符号"+"分开理解。符号"+"意为加号，即代表着添加与联合。这表明了"互联网+"计划的应用范围为互联网与其他传统产业，它是针对不同产业间发展的一项新计划，应用手段则是通过互联网与传统产业进行联合和深入融合的方式进行；另一方面，"互联网+"作为一个整体概念，其深层意义是通过传统产业的互联网化完成产业升级。互联网通过将开放、平等、互动等网络特性在传统产业中的运用，通过大数据的分析与整合，试图理清供求关系，通过改造传统产业的生产方式、产业结构等内容，来增强经济发展动力，提升效益，从而促进国民经济健康有序发展。

（一）主要特征

一是跨界融合。"+"就是跨界，就是变革，就是开放，就是重塑融合。敢于跨界了，创新的基础就更坚实了；融合协同了，群体智能才会实现，从研发到产业化的路径才会更垂直。融合本身也指身份的融合，客户消费转化为投资，伙伴参与创新，等等，不一而足。

二是创新驱动。中国粗放的资源驱动型增长方式早就难以为继，必须转变到创新驱动发展这条正确的道路上来。这正是互联网的特质，用所谓的互联网思维来求变、自我革命，也更能发挥创新的力量。

三是重塑结构。信息革命、全球化、互联网业已打破了原有的社会结构、经济结构、地缘结构、文化结构。权力、议事规则、话语权不断在发生变化。互联网+社会治理、虚拟社会治理会是很大的不同。

四是尊重人性。人性的光辉是推动科技进步、经济增长、社会进步、文化繁荣的最根本的力量，互联网的力量之强大也来源于对人性的最大限度的尊重、对人体验的敬畏、对人的创造性发挥的重视。例如，UGC，卷入式营销，分享经济。

五是开放生态。关于"互联网+"，生态是非常重要的特征，而生态本身就是开放的。我们推进"互联网+"，其中一个重要的方向就是要把过去制约创新的环节化解掉，把孤岛式创新连接起来，让创业并努力者有机会实现价值。

六是连接一切。连接是有层次的，可连接性是有差异的，连接的价值是相差很大的，但是连接一切是"互联网+"的目标。

（二）基本内涵

"互联网+"是两化（信息化和工业化）融合的升级版，将互联网作为当前信息化发展的核心特征提取出来，并与工业、商业、金融业、服务业全面融合。这其中的关键就是创新，只有创新才能让这个"+"真正有价值、有意义。正因为此，"互联网+"被认为是创新2.0下的互联网发展新形态、新业态，是知识社会创新2.0推动下的经济社会发展新形态演进。

通俗来说，"互联网+"就是"互联网+各个传统行业"，但这并不是简单的两者相加，而是利用信息通信技术及互联网平台，让互联网与传统行业进行深度融合，创造新的发展生态。

二、"工业4.0"与创新

所谓"工业4.0"（Industry 4.0）是基于工业发展的不同阶段做出的划分。按照目前的共识，工业1.0是蒸汽机时代，工业2.0是电气化时代，工业3.0是信息化时代，工业4.0则是利用信息化技术促进产业变革的时代，也就是智能化时代。

这个概念最早出现在德国，2013年的汉诺威工业博览会上被正式推出，其核心目的是提高德国工业的竞争力，在新一轮工业革命中占领先机，随后由德国政府列入《德国2020高技术战略》中所提出的十大未来项目之一。该项目由德国联邦教育局及研究部和联邦经济技术部联合资助，投资预计达2亿欧元，旨在提升制造业的智能化水平，建立具有适应性、资源效率及基因工程学的智慧工厂，在商业流程及价值流程中整合客户及商业伙伴。其技术基础是网络实体系统及物联网。

德国所谓的工业4.0是指利用物联信息系统（Cyber-Physical System，CPS）将生产中的供应、制造、销售信息数据化、智慧化，最后达到快速、有效、个人化的产品供应。

"工业4.0"已经进入中德合作新时代，中德双方签署的《中德合作行动纲要》中，有关"工业4.0"合作的内容共有4条，第一条就明确提出工业生产的数字化即"工业4.0"对于未来中德经济发展具有重大意义。双方认为，两国政府应为企业参与该进程提供政策支持。

（一）项目内涵

"工业4.0"概念包含了由集中式控制向分散式增强型控制的基本模式转变，目标是建立一个高度灵活的个性化和数字化的产品与服务的生产模式。在这种模式中，传统的行业界限将消失，并会产生各种新的活动领域和合作形式。创造新价值的过程正在发生改变，产业链分工将被重组。

"'工业4.0'为德国提供了一个机会，使其进一步巩固其作为生产制造基地、生产设备供应商和 IT 业务解决方案供应商的地位。"德国工程院院长孔翰宁教授如此评价"工业4.0"。

德国学术界和产业界认为，"工业4.0"概念就是以智能制造为主导的第四次工业革命，或革命性的生产方法。该战略旨在通过充分利用信息通信技术和网络空间虚拟系统——信息物理系统（Cyber-Physical System）相结合的手段，将制造业向智能化转型。

"工业4.0"项目主要分为三大主题：一是"智能工厂"，重点研究智能化生产系统及过程，以及网络化分布式生产设施的实现；二是"智能生产"，主要涉及整个企业的生产物流管理、人机互动及 3D 打印技术在工业生产过程中的应用等。该计划将特别注重吸引中小企业参与，力图使中小企业成为新一代智能化生产技术的使用者和受益者，同时也成为先进工业生产技术的创造者和供应者；三是"智能物流"，主要通过互联网、物联网、物流网，整合物流资源，充分发挥现有物流资源供应方的效率，而需求方，则能够快速获得服务匹配，得到物流支持。

（二）核心特征

"工业4.0"这一名称的含义是人类历史上的第四次工业革命。第一次工业革命是 18 世纪 60 年代至 19 世纪中期掀起的通过水力和蒸汽机实现的工厂机械化；第二次工业革命是 19 世纪后半期至 20 世纪初的电力广泛应用；第三次工业革命是 20 世纪后半期出现的、基于可编程逻辑控制器（PLC）的生产工艺自动化。工业4.0 的定位是可与这些工业革命比肩的技术革新。

"工业4.0"的本质，就是通过数据流动自动化技术，从规模经济转向范围经济，以同质化规模化的成本，构建出异质化定制化的产业。对于产业结构改革，它具有至关重要的作用。

"工业4.0"驱动新一轮工业革命，核心特征是互联。互联网技术降低了产销之间的信息不对称，加速两者之间的相互联系和反馈，因此，催生出消费者驱动的商业模式，而"工业4.0"是实现这一模式的关键环节。"工业4.0"代表了"互联网+制造业"的智能生产，孕育大量的新型商业模式，真正能够实现"C2B2C"的商业模式。

对于即将到来的数据流动自动化趋势，世界主要制造强国的理解各有千秋。典型的就是通用电气（GE）公司推动的"工业互联网"，它更关注产品本身的智能化。

三、工业互联网与创新

（一）工业互联网的定义

"工业互联网"（Industrial Internet）——开放、全球化的网络，将人、数据和机器连接起来，属于泛互联网的目录分类。它是全球工业系统与高级计算、分析、传感技术及互联网的高度融合。

"工业互联网"的概念最早由通用电气于 2012 年提出，随后美国五家行业龙头企业联手组建了工业互联网联盟（IIC），将这一概念大力推广开来。除了通用电气这样的制造业巨头，加入该联盟的还有 IBM、思科、英特尔和 AT&T 等 IT 企业。

工业互联网的本质和核心是通过工业互联网平台把设备、生产线、工厂、供应商、产品和客户紧密地连接融合起来，可以帮助制造业拉长产业链，形成跨设备、跨系统、跨厂区、跨地区的互联互通，从而提高效率，推动整个制造服务体系智能化。它还有利于推动制造业融通发展，实现制造业和服务业之间的跨越发展，使工业经济各种要素资源能够高效共享。国家顶级节点是整个工业互联网标识解析体系的核心环节，是支撑工业万物互联互通的神经枢纽。按照工信部的统一规划和部署，我国工业互联网标识解析国家顶级节点落户在北京、上海、广州、武汉、重庆五大城市。

（二）工业互联网的实质

工业互联网首先要解决全面互联，在全面互联的基础上，通过数据流动和分析，形成智能化变革，形成新的模式和新的业态。互联是基础，工业互联网将工业系统的各种元素互联起来，无论是机器、人还是系统。互联解决了通信的基本问题，更重要的是数据可以端到端地流动，跨系统地流动，并在数据流动技术上充分分析、建模。伯特认为智能化生产、网络化协同、个性化定制、服务化延伸是在互联的基础上，通过数据流动和分析，形成新的模式和新的业态。

这是工业互联网的机理，比现在的互联网更强调数据，更强调充分的连接，更强调数据的流动和集成及分析和建模，这和互联网是有所不同的。工业互联网的本质是要有数据的流动和分析。工业互联网生态系统的持续拓展基于 Predix 及 Predix.io 两大基础。

（三）工业互联网的效应

假设发展情况和互联网大潮时期类似，截至 2030 年工业互联网革命将为全球 GDP 带来 15 万亿美元，相当于在计算全球经济总量时把美国的经济多加了一次。

最令人惊讶的地方在于这一切来源于那些看起来很小的生产力提升。即使是 1% 的生产效率提升，背后潜藏的上升空间也是没有人可以抵挡的。

工业互联网已经不断应用于各个领域，并且开始潜移默化地改变我们的生活。工业互联网将智能设备、人和数据连接起来，并以智能的方式利用这些交换的数据。在通用电气的倡导下，AT&T、思科（Cisco）、通用电气（GE）、IBM、英特尔（Intel）已在美国波士顿宣布成立工业互联网联盟（IIC），以期打破技术壁垒，促进物理世界和数字世界的融合。

四、突破性技术创新应用

突破性技术创新是指基于突破性技术的创新，可能是那些在并不是按照公司主流客户的需求性能改进轨道上进行改进的创新,也可能是暂时还不能满足公司主流用户需求的创新。

突破性技术创新的特征,可以从以下三个方面进行阐述:

● 不确定性大。突破性技术创新不像渐进性技术创新那样——按照主流用户的市场需求对现有的技术进行调整或改进,它是以潜在市场的开发为突破口,建立在一整套不同的科学技术原理之上的一种"突破性"的创新,具有很大的不确定性。这种不确定性主要表现为技术的不确定性和市场的不确定性。技术的不确定性是指突破性技术创新并不是以一定的技术标准、在一定的技术积累基础上按照一定的"技术轨道"来发展的,而是在技术发展路径上的"另辟蹊径",并表现为对原有技术的跨越。市场的不确定性是指突破性技术创新并不是满足现有主流用户的市场需求的,而是满足潜在用户的市场需求的。

● 破坏性大。在渐进性技术创新模式下,一项新技术的出现对现有主导技术来说,只不过是技术互补或者技术拓展,对现有产品、服务或工艺只是进行调整、改良和改进,因而市场上的主导设计并没有发生根本性的变化。突破性技术创新对主导技术不仅仅是简单的替代,而且还是一种跨越,这种跨越在产业发展进程中表现为:在该产业的核心技术轨道上出现了拐点或者新的核心技术,标志着全新产品、服务或工艺的出现,这常常意味着一批企业的消亡,另一批企业的诞生。

● 收益性大。从技术发展史来看,经济中心的转移(意大利→英国→德国→美国)都伴随着一国在某一领域突破性技术创新的成功。英国在纺织技术突破性创新的成功导致了第一次工业革命的发生,并使经济中心从意大利转移至英国;德国在化学领域的突破性创新使其成为新的经济中心;美国在电力技术突破性技术创新的成功使经济中心从德国转移到美国。

【拓展阅读】

疫情催熟的三大"新经济"

(来源:新浪财经,作者:正风)

2019年,我们曾猜想过这个即将到来的庚子年会发生的无数种情况,但未曾想到,一场突发的疫情,竟让它的出场方式变得如此冷酷。

疫情影响下,企业界也掀起了一场"关于生存标准问题的大讨论",即这场危机之后,什么样的企业能够生存下来抑或活得更好,什么样的企业又能够从"危"中寻"机",更替良性的马达,但归根到底大家所讨论的问题其实只有一个,那就是未来的趋势是什么?

问题很清晰,至于答案,却没人会告诉你,因为只有你自己知道答案是什么,你要做出回答,然后起而行之,这也正是商业的魅力所在,它只管给你提出问题,答案要你自己来寻找。当然,没有答案不代表没有探索的方向,疫情之下,一些B端(企业)需求的变化,就很值得我们注意。比如,企业远程办公的需求开始激增,以至于各大服务商不得不增加服务器;前线医护人员接诊压力陡然上升,互联网医疗成为缓解线下压力的一大补充手段;在药物研发、影像诊断及人脸识别等方面,人工智能的价值也再次为人所关注……

可以说,这次疫情正在让ToB行业的格局发生了根本性的变化,而我们探索的方向,其实就蕴藏在这些变化之中。

远程办公领域打响"千团大战"

一直以来都不温不火的远程办公在疫情期间可谓是出尽了风头。出于安全的考虑，国家下达了企业延期复工的通知，再加上各地方在人员流动上的诸多限制，一时间，全国各大企业都面临复工上的难题，此时，对于急需恢复生产工作秩序的企业来说，远程协同办公就变为了某种"刚需"。

数据显示，仅在2月3日开工第一天，全国就有上千万企业、近两亿人选择了远程办公，这直接导致了钉钉在2天内扩容了2万台云服务器，同一天，企业微信也涌入了数百万企业，从正月初一开始，企业微信就一直持续从几十倍到几百倍的扩容。

值得一提的是，一些零售企业还发现利用企业微信可以在店铺被迫关闭的时候继续做生意，商家可以通过企业微信向顾客推荐商品，下单后，再通过快递寄送商品，一时间，企业微信也成了疫情中企业自救的工具。

除此之外，2019年年底发布的"腾讯会议"在助力企业抗疫上也发挥了不小的作用。

据悉，腾讯会议自1月24日起便向所有用户免费开放100人不限时长的举措，随着用户的增长，其团队更是在短短8天内，扩容了超10万台云主机，为政务、教育、医疗及广大中小企业提供了高效、优质的云视频会议服务。

实际上，加入远程办公大战的也不只有这两大巨头，根据天眼查的数据显示，当前国内一共有约4500家云办公企业可以提供远程办公服务，未来，随着线上办公与线下办公的逐步协同，可以预见，一场远程办公领域内的"千团大战"势必会爆发。

所以，在千万家企业客户的需求面前，押注远程办公等企业级服务市场或许也不失为疫情之下的新选择。

人工智能价值得以充分体现

回顾疫情暴发至今各地采取的防控措施，无论是疫情防控宣传、实时体温检测、物资配送，还是医学影像辅助诊断、药物研发等，人工智能都在其中发挥着十分重要的作用。

最近两年，由于应用场景的限制，人工智能技术并不被大多数人所看好，认为人工智能泡沫大于实际价值，但这次疫情期间，越来越多的人感受到了人工智能技术所带来的好处。

1. 药物研发

疫情防控中，为了加快病毒分析和疫苗研发，腾讯、阿里、百度等科技巨头向研究人员免费开放了人工智能算法和算力，用以支持病毒基因测序、新药研发、蛋白筛选等工作，帮助科研机构缩短研发周期。

2. AI影像诊断

国家卫健委发布的《新型冠状病毒感染的肺炎的诊疗方案（试行第五版）》，将CT影像结果纳入临床诊断标准（只限于湖北省）。在这一特殊时期，需要影像科医生更快速、更准确地处理肺部CT影像，但粗略估计，患者单人单次检查至少会产生300张胸部CT影像，医生仅靠肉眼读片难以快速、准确地分析。而腾讯、阿里、华为云等都推出了针对肺部CT影像的人工智能辅助诊断工具，帮助医生快速检测CT影像。例如，搭载腾讯AI医学影像和腾讯云技术的人工智能CT设备在湖北方舱医院成功部署，实现单病例量化结果秒级输出，提升了诊断效率。

此外，无人机、无人车、人脸识别和体温远距离测量机器等人工智能设备在疫情移动巡检和宣传、高污染区物品配送、流动人员管控等环节都得到了大规模应用，为阻断病毒传播提供了强有力的技术支撑。

可以说，这次疫情为人工智能应用提供了试验田，也为人工智能日后普及应用提供了促进因素，相信疫情过后，人工智能或将更加广泛地应用于我们生活的各个方面，也将步入发展新阶段。

互联网医疗迎来了"春天"

疫情让餐饮、酒店、旅游等行业经历"寒冬"，而此前并不活跃的互联网医疗行业却迎来了"春天"。疫情发生以来，互联网医疗相关公司，比如腾讯健康、平安好医生、微医、医联、丁香医生等平台都开通了在线义诊，初筛普通感冒和新型肺炎，既缓解了线下压力、减少了交叉感染，也让更多人体验到了平时少有机会接触的互联网医疗服务。

像腾讯不久前推出的"医院战疫数字化解决方案"就是互联网医疗服务中的一个典型案例。据了解，这套方案聚合了腾讯医疗健康、企业微信、腾讯会议、腾讯云、腾讯安全等产品和服务，同时配备相应物资。其中，企业微信、腾讯会议和Pad、电视终端组成的"不见面"协同办公系统，可以为前线医护人员提供便捷、高效的移动办公环境并减少医护人员及患者交叉感染的风险。

例如，当各大医院派出前线医疗队伍支援武汉等疫情重灾区时，便可采用这套数字化方案实现"武汉前方临床救治，后方多学科远程支持"相结合的远程救治模式。最新消息显示，北京朝阳医院已通过该方案实现了北京和武汉两地的远程多学科会诊，给前线医护人员提供了巨大的支持。

目前这一方案已率先在北京朝阳医院落地试行，朝阳医院的患者有望通过腾讯小程序、公众号等入口进行在线建卡后，通过平台进行线上图文、电话、视频问诊咨询；电子处方药事服务；远程影像等服务，实现医患线上沟通。

此外，为确保人员出行安全更加高效有序，腾讯联合各方所推出的"防疫健康码"也正加速落地，广东、四川、重庆等地方的健康码已实现互通互认，其他省市的互通也在加快推进中。

未来，随着各地健康码的打通，民众出入不同省市只需进行一次健康状况的认证，既加快了复工复产进度，也使国家在疫情期间对信息的统一管理更加精准有效。

业内人士认为，互联网医疗企业在这次疫情中证明了自己的调配、组织、运营能力，向B端、C端证明了它们的可信度和可应用性，不仅提高了医院对远程医疗的认知度，还让其价值在政府和C端公众面前得到验证，是一次很好的"出圈"机会。

疫情过后，随着大众层面的健康卫生需求强劲，再加上社会对远程医疗的进一步认可，相关科技企业如果能在此时发力互联网医疗领域，最后的结果应该不会太差。

所有的变化，都指向了产业互联网

其实，无论是远程办公的兴起还是人工智能价值的体现抑或是互联网医疗的"春天"，所有的变化无不在向外界传递着一个明确的信号：数字化、科技化的产业互联网时代正在加速来临。

所谓"产业互联网"其实是与"消费互联网"相对应的概念，它指的是应用互联网技术进行连接、重构传统行业。消费互联网面向的是个人消费者，其目标是满足个人消费体验，帮助既有产品、服务更好地销售和流通，而产业互联网主要面向企业提供生产型服务。

2018年以前，消费互联网可谓是一路狂奔，但随着人口红利消失，加上国内外宏观经济形势的影响，互联网公司的业绩逐渐滞涨，急需寻求新的增长空间。而以人工智能、云计算、5G等新技术驱动的企业级服务市场逐渐成为掌握数字技术的互联网公司战略布局的重点方向。

例如，2018年9月30日，腾讯进行了自成立以来的第三次重大组织架构调整，将原有七大事业群（BG）进行重组整合，并成立云与智慧产业事业群（CSIG），在外界看来，这也释放了两个信号：一是产业互联网来了，二是腾讯也来了。

企业与用户基本的衣、食、住、行需求不同处在于，需要的专业度更高，技术能力更强，触达的链条更长，但共同之处又在于，企业最后的服务对象还是C端用户。

所以，用C端撬动B端，并结合其企业服务能力和技术能力，被认为是腾讯进军产业互联网的优势所在。

去年11月，腾讯控股发布了截至2019年9月30日的第三季度财报。财报显示，腾讯Q3季度营收达人民币972.36亿元（137.48亿美元），同比增长21%；包括金融科技和企业服务业务在内的To B业务收入占比达到27.52%，基本追平了游戏业务，而且在增长速度方面也呈现出更快的趋势。

此外，其合作伙伴数量也已经突破7000家，覆盖渠道、服务、咨询、研发等各领域。目前，腾讯云有超过200种IaaS、PaaS、SaaS产品，超过90种行业解决方案。这个转变，完全符合马化腾当时在腾讯员工大会上关于产业化联网转型的论述：腾讯组织架构调整的目标，就是要促使企业从消费互联网向产业互联网转型。而这个转型的关键，就是实现To B业务的快速增长。

此前，也曾有人质疑擅长做消费者业务（C端）的腾讯，能否玩转企业级（B端）业务，但这次疫情之下，凭着一手直连10多亿用户，一手提供全面的数字化解决方案的能力，腾讯产业互联网的产品和团队用实力证明了做B端业务腾讯同样是"行家"。想来，这次疫情发生后，腾讯各类产品能够迅速派上用场，其实也是对腾讯一年多来拥抱"产业互联网"成果的一次最好检阅。

结语

德鲁克有一句名言,他说动荡时代最大的危险不是动荡本身,而是仍然用过去的逻辑做事,深以为然。除了生存,这场疫情危机留给企业家们的挑战其实还有变革。因为企业真正的失败往往不是做了某个错误商业决策,而是不再接受改变,不再超越自己原来的观念,不能颠覆自己的商业模式,以至于看不清大的市场形势而犯下方向性错误,这个失败才是真正的失败。

当然,具体的调整可能要根据企业的实际情况去制定,但从大的层面上来看,顺应产业互联网的趋势,拥抱产业互联网的机遇,我们相信,这终归是一个正确的选择。

【单元练习】

1. 创意、创造与创业的区别与联系有哪些?
2. 如何认识知识创新对当前社会经济发展的作用?
3. 互联网+经济有何特征?

第二章 思维定势与传统方法

【学习目标】

1. 掌握思维定势的概念和不同类型,能够区分不同的思维定势种类;
2. 熟悉思维定势的特性;
3. 掌握常用的创新方法与步骤,能够运用创新方法创新性地解决实际问题。

【引导案例】

拿破仑滑铁卢兵败后被流放到圣赫勒拿岛,他的一位善于谋略的密友通过秘密方式给他捎来一副用象牙和软玉制成的国际象棋。拿破仑爱不释手,从此一个人默默地下起了象棋,打发着寂寞痛苦的时光。象棋被摸光滑了,他的生命也走到了尽头。

拿破仑死后,这副象棋经过多次转手拍卖。后来一个拥有者偶然发现,有一枚棋子的底部居然可以打开,里面塞有一张如何逃出圣赫勒拿岛的详细计划!

第一节 思维定势

心理定势指心理上的"定向趋势",它是由一定的心理活动所形成的准备状态,对以后的感知、记忆、思维、情感等心理活动和行为活动起正向的或反向的推动作用。

思维定势（Thinking Set）,也称"惯性思维",是由先前的活动而造成的一种对活动的特殊的心理准备状态,或活动的倾向性。在环境不变的条件下,定势使人能够应用已掌握的方法迅速解决问题。而在情境发生变化时,它则会妨碍人采用新的方法。消极的思维定势是束缚创造性思维的枷锁。

所谓思维定势,就是根据已有的知识、经验,在头脑中形成的一种固定的思维模式,也就是思维习惯。遇到问题,人们会自然地沿着固有的思维模式进行思考。思维受到一个框框的限制,缺乏求异性与发散性,难以打开思路,难以产生出创造性的思维结果。所以,当我们面对一个问题的时候，要警觉头脑思维定势的影响和束缚，要用发展的眼光，怀疑思维定势，肯定它的局限性，要用思维的求异性、发散性压倒思维定势，这样就有可能产生出新的、创造性的思维结果。

有一个叫中谷的日本人就对哥伦布法产生了怀疑：难道鸡蛋就真的不能完整地立起来吗？这就是思维求异。他用放大镜反复观察蛋壳表面，终于找到了把鸡蛋完整立起来的方法，十分简单。许多表示怀疑的人在他的指导下，用很短的时间就把鸡蛋立起来了。至此，哥伦布时代宣告结束。今天，我们已在电视上看到把鸡蛋立在玻璃杯边沿上的表演。这就是突破思维定势的结果，也是思维求异的强烈表现。

一、从众型思维定势

从众型思维定势是指人们不假思索地盲从众人的认知与行为。思维定势的一个重要表现就是从众定势。从众就是服从众人，服从大伙，随大流。受到从众定势的影响，人们一般表现为大家怎样做，我就怎样做；大家怎样想，我就怎样想。骑着自行车来到十字路口，正好赶上红灯，本应停下来，但是看到大家都骑着车往前冲，自己也毫不迟疑地跟着往前冲，这样一种随大流，别人怎么做，我也怎么做，别人怎么想，我也怎么想的思维模式，就是从众型思维定势。从众型思维定势产生的原因，可能是屈服于群体的压力，或是认为随波逐流没错，缺少独立性，难以产生创造性思维。

思维定势的一个重要表现就是"从众定势"。人类是一种群居性的动物，为了维持群体的稳定性，就必然要求群体内的个体保持某种程度的一致性。这种"一致性"首先表现在实践行为方面，其次表现在感情和态度方面，最终表现在思想和价值观方面。然而实际情况是，个人与个人之间不可能完全一致，也不可能长久一致，一旦群体发生了不一致，那怎么办呢？在维持群体不破裂的前提下，可以有两种选择，一是整个群体服从某一权威，与权威保持一致；二是群体中的少数人服从多数人，与多数人保持一致。

本来，"个人服从群体，少数服从多数"的准则只是一个行为上的准则，是为了维持群体的稳定性的。然而，这个准则不久便产生了"泛化"，超出个人行动的领域而成为普遍的社会实践原则和个人的思维原则。于是，思维领域中的"从众定势"便逐渐形成了。不论生活在哪种社会、哪个时代，最早提出新观念、发现新事物的，总是极少数人，而对这极少数人的新观念和新发现，当时的绝大多数人都是不赞同甚至激烈反对的。因为每个社会中的大多数人都生活在相对固定化的模式里，他们很难摆脱早已习惯了的思维框架，对于新事物新观念总有一种天生的抗拒心理。

生活中有不少从众的人，也有一些专门利用人们从众心理来达到某种目的的人，某些商业广告就是利用人们的从众心理，把自己的商品炒热，从而达到目的。生活中也确有些震撼人心的大事会引起轰动效应，群众竞相传播、议论、参与。但也有许多情况是人为的宣传、渲染而引起大众关注的。常常是舆论一"炒"，人们就易跟着"热"。广告宣传、新闻媒介报道本属平常之事，但有从众心理的人常就会跟着"凑热闹"，不加分析地"顺从"某种宣传效应，到随大流跟着众人走的"从众"行为，以致发展到"盲从"，这已经是不健康的心态了。多一些独立思考的精神，少一些盲目从众，以免上当受骗，方为健康的心理。

法伯是法国著名的科学家。他曾做过一个著名的"毛毛虫"试验。这种毛毛虫有一种"跟随者"的习性，总是盲目地跟随前面的毛毛虫走。试验中，法伯把一些毛毛虫放在一个花盆的边缘上，首尾相接，围成一圈，并在花盆周围不到 6 英寸的地方撒了一些毛毛虫最爱吃的松针。毛毛虫开始一个跟着一个，绕着花盆一圈又一圈地走。一小时过去了，一天过去了，毛毛虫们还不停地坚忍地团团转。又过了六天六夜，它们终于因为饥饿和精疲力竭而死去。实验结束后，法伯在笔记中写下了这样一句耐人寻味的话："在这么多毛毛虫中，其实只要有一只稍与众不同，便立刻会避免死亡的命运。"惯性的思维常常使人们陷入僵局，甚至置人们于死地。毛毛虫之死告诉我们的就是这个道理。

二、书本型思维定势

书本型思维定势是指人对书本知识的完全认同与盲从。书本是一种系统化、理论化的知识，是人类经验和体悟的总结。有了书本，前人的间接经验能够很方便地传递给下一代人。有了书本，人类社会的进步才有了坚实的智力支撑。到目前为止，读书仍然是获得前人宝贵的间接经验的最佳方法。但是从另外一个角度来说，书本知识是经过头脑的思维加工、抽象、选取之后所形成的理论，它往往表示一种理想的状态。而且书本知识的形成和作者所处的历史、时代条件、观念都有着直接的关系。而现实世界，我们碰到的每一件事情都是具体的，而且是随着时代和时间的推移发生变化的。我们学习前人的间接经验，要采取具体问题具体分析的方法，而不能够盲从和迷信书本，甚至是成为书本和知识的奴隶。所以孟子说，尽信书，则不如无书。

所谓书本型思维定势，就是在思考问题时不顾实际情况，不加思考地盲目运用书本知识，一切从书本出发，以书本为纲的思维模式。当然，书本对人类所起的积极作用是显而易见的，但是，许多书本知识是有时效性的，随着社会的发展，有些书本知识会过时，知识是要更新的，所以当书本知识与客观事实之间出现差异时，受到书本知识的束缚，死抱住书本知识不放，就会成为思想障碍，失去获得重大新成果的机会。20 世纪 50 年代，美军某科研部门研制一种高频放大管。一查资料发现：如果采用玻璃管，高频放大的极限频率是 25 个计算单位。这就把科研人员难住了，还能不能使用玻璃管呢？为书本所困，很长时间没有进展。后来换了一班新的人马，并且上级指示，不许查阅有关资料，大胆地干，终于研制成功了频率达到

1000个计算单位的高频放大管。

三、经验型思维定势

经验型思维定势是指人们不自觉地用已有的经验和某种习惯了的思维方式去思考已经变化的问题。例如，如果有人问你："动物的血液都是红色的吗？"绝大多数人会不假思索地回答"是"。因为人们生活中经常看到许多动物的血是红色的，但是，在大海深处，有一种名叫鲎的动物，它的血液就是深蓝色的。这是因为它们的红细胞内主要成分是一种血蓝蛋白，而不是血红蛋白。血蓝蛋白中含铜，呈蓝绿色，因此也叫"铜蓝蛋白"。拥有"铜蓝蛋白"的血液当然是蓝色的了。学习成功者的经验，跟随成功者的足迹，就能成功，这是成功学的著名逻辑。当你真正开始实践，才发现很多东西是无法模仿的，这就是生活的逻辑。举一个更简单的例子，有位女孩在跟妈妈学做菜。她发现妈妈在切香肠时，总是将香肠的头尾去掉。她很奇怪，问妈妈为什么。妈妈说："你外婆这样做，我也跟着这样做，不知道为什么，你去问外婆好了。"女孩便拨通了外婆的电话。外婆告诉她："因为从前我们家烤箱的盘子太小，必须将香肠掐头去尾才能放进烤箱。"经验一成不变就会成为束缚。被束缚的思维是不可能产生创新精神的，也是不会有效落实的。

从思维的角度来说，经验具有很大的狭隘性，束缚了思维的广度。这种狭隘性主要有三方面的表现。首先，经验具有时空狭隘性。任何经验总是在一定的时空范围中产生的，而又往往只适应于一定的时空范围；一旦超出这个范围，某种经验能否有效，就要打上一个问号。其次，经验具有主体狭隘性。每一个思维主体，不管经验多么丰富，从数量上说总是有限的，他没有经历过的事情总是无穷多的。这样，当他面临自己所从没遇到过的事物或者问题的时候，他常常会手足无措，如果单凭已有的经验推断，其结果大多是错误的。最后，个人的经验在内容上仅仅抓住了常见的东西，而忽略了少见的、偶然的东西。但是在每一个具体的现实环境中，总会有大量的平常很少见到的、偶然性的东西出现，如果我们仍然用以往的经验来处理，则不可避免地要产生偏差和失误。

通过长时间的实践活动所取得的经验，是值得重视和借鉴的。但是，经验只是人们在实践活动中取得的感性认识，并未充分反映出事物发展的本质和规律。人们受经验定势的束缚，就会墨守成规，失去创新能力。

思维定势是创新的主要障碍。要进行创新创造活动，必须摆脱思维定势的束缚。一个重要的方面就是学习掌握创造性思维方法，提高思维求异、发散、联想、变通的能力，以突破思维定势。

四、权威型思维定势

权威型思维定势是指人们对权威人士的言行的一种不自觉的认同和盲从。人们对权威普遍怀有崇敬的心理，这本来很正常，然而这种崇拜、崇敬的心理，常常会演变为对权威的迷信和盲从，不少人喜欢引证权威的观点，不假思索、不加批判地接受权威的观点。权威型思维定势，一般分为教育权威和专业权威，教育权威是人们在学校教育中形成的权威，另一种是由于社会分工不同和知识技能方面差异所导致的专业权威。

在思维领域，不少人习惯引证权威的观点，不假思索地以权威的是非为是非，一旦发现与权威相违背的观点，就认为是错误的，这就是权威型思维定势。事实上权威也是会犯错误的。大发明家爱迪生曾经极力反对交流电，许多科学家都曾预言飞机是不能上天的。据说，有一次，英国哲学家罗素到中国讲学，一上讲台，他就提出一个问题："2+2=？"，虽然连小学生都知道这个答案，但是大家想：罗素是一个大哲学家，他提这个问题，必有深奥的道理，决不会那么简单。于是面面相觑，竟无一人作答。最后，还是罗素自己说"2+2"就等于4嘛！所以，英国皇家学会的会徽上有一句话："不迷信权威"。

思维中的权威型思维定势是从哪里来的呢？它来自后天的社会环境，是外界权威对思维的一种制约。根据我们的研究，权威型思维定势的形成，主要通过两条途径：一是儿童在走向成年的过程中所接受的"教育权威"。二是由于社会分工的不同和知识技能方面的差异所导致的"专业权威"。"人是教育的产物"。来自教育的权威型思维定势使人们逐渐习惯以权威的是非为是非，对权威的言论不加思考地盲信盲从，其结果正如我们传统的"听话教育"那样：在家听父母的话，在学校听老师的话，在单位听领导的话——而唯独缺少"自我思索、冲破权威、勇于创新"的意识。

权威型思维定势形成的第二条途径，是由深厚的专门知识所形成的权威，即"专业权威"。一般来说，由于时间、精力和客观条件等方面的限制，个人在自己的一生中，通常只能在一个或少数几个专业领域内拥有精深的知识，而对其他大多数领域则知之甚少甚至全然无知；这就是"闻道有先后，术业有专攻"的道理。

某一领域内的权威确立之后，除了会出现不断强化的情况，还会产生"权威泛化"的现象。所谓"权威泛化"，是指把个别专业领域内的权威，不恰当地扩展到社会生活的其他领域之内，这种泛化加剧了人们思维过程的权威型思维定势。

第二节　传统方法

在长期的自然与社会实践中，人们已经创造和发展了很多解决发明问题的方法，例如人们习惯使用的试错法、头脑风暴法、形态分析法和和田十二法等。单独使用这些传统的创新方法曾经收到过较好的发明创新效果。这些创新方法往往要求使用者具有较高的技巧、比较丰富的经验和较大的知识积累量，因此，使用这些方法进行创新的效率普遍不高。特别是当遇到一些较难且复杂的问题时，仅仅依赖灵机一动就很难解决问题了。尤其是在人们对某些问题仍未找到理想的方案时，想只凭经验找到解决方案就显得极为困难。

传统的创新方法基本上都是以心理机制为基础的，它们的程序、步骤、措施大都是为人们克服发明创新的心理障碍而设计的。这些创新方法一般撇开了各领域的基本知识，方法上高度概括与抽象，因此具有形式化的倾向。这些倾向于形式化的传统创新方法，在运用中受到使用者经验、技巧和知识积累水平的制约。

但是，当我们将这些传统的创新方法与 TRIZ 结合在一起的时候，却能收到更好的效果。例如在由具体问题抽象成 TRIZ 的问题模型时，以及将 TRIZ 的解决方案模型演绎成具体解决方案时，都或多或少地需要应用头脑风暴法、形态分析法等方法。因此，我们在倡导推广应用 TRIZ 创新理论的同时，还应该了解和掌握常用的传统创新方法力求做到 TRIZ 创新理论与传统创新方法的有机结合，以获取理想的创新效果。

一、试错法

试错法是指通过不断试验和消除误差，探索具有黑箱性质的系统的方法。这种方法在动物的行为中是不自觉地应用的，在人的行为中则是自觉的。试错法是纯粹经验的学习方法。应用试错法的主体通过间断地或连续地改变黑箱系统的参量，试验黑箱所做出的应答，以寻求达到目标的途径。主体行为的成败是用它趋近目标的程度或达到中间目标的过程来评价的。趋近目标的信息给主体，主体就会继续采取成功的行为方式；偏离目标的信息反馈给主体，主体就会避免采取失败的行为方式。通过这种不断的尝试和评价，主体就能逐渐达到所要追求的目标。

（一）特点

人应用试错法的特点明显地表现在人与黑箱的信息联系方面：①人能按照对黑箱内部结构的预想给黑箱输入信息；②人能充分利用已有的知识，选择信息最大的搜索方式，加速试错行为；③人能用概念把握从黑箱输出的信息。通过对这些反馈信息的分析和综合，人们逐渐获得了对黑箱功能的认识，从而形成了对待黑箱的行为准则。

在科学研究中应用试错法，对于人类认识黑箱系统的功能，并采取相应的对策，具有重要的意义。

（二）典型特征

● 解决问题导向：试错法不试着去探讨为什么某种解法会成功，只要成功解决问题即可。
● 针对某个特定问题：试错法不试着去找出可以被广泛应用、拿来解决其他问题的解法。
● 没有最佳化：试错法只找出某种解法，并不会去尝试出所有的解法，也不会找出问题的最佳解法。

● 仅需最低限度的知识：即便对问题的领域只有少量的知识，试错法仍然可以被拿来应用。

（三）典型案例

很多人都读过爱迪生的发明故事。爱迪生是一位举世闻名的美国电学家和发明家，他除了在留声机、电灯、电话、电报、电影等方面有许多的发明和贡献，在矿业、建筑业、化工等领域也有不少著名的创造和真知灼见。相信每个人都知道爱迪生的那句名言："天才就是百分之二的灵感加上百分之九十八的汗水。"爱迪生不仅有聪慧过人的头脑，更有不懈努力的精神，因此，他得到了巨大的成功。据记载，他在发明电灯时，他和他的助手们历经13个月，用过的灯丝材料有1600多种金属材料和6000多种非金属材料，试验了7000多次，终于找到了有实用价值的灯丝材料，为人类带来了光明。爱迪生的发明，为人类的文明和进步做出了巨大的贡献。他勇于试验、不畏失败的探索精神和执着的研究态度，令人敬佩，值得我们学习。爱迪生发明电灯所采用的方法就是试错法。

二、头脑风暴法

所谓头脑风暴（Brain-storming），是以小组的形式，无限制的自由联想和讨论，产生新观念或激发创新设想。它是由美国创造学家奥斯本（Alex Faickney Osbom）于1939年首次提出的一种激发性思维的方法，并于1953年在《应用想象》一书中正式发表这种激发创造性思维的方法。

所谓头脑风暴，最早是精神病理学上的用语，是指精神病患者的一种胡思乱想的思维状态，在创造学中转化为无限制的自由联想和讨论，其目的在于产生新观念或激发创造性设想。奥斯本借用这个词来形容会议的特点是让与会者敞开思想，使各种设想在相互碰撞中激起脑海的创造性"风暴"。

现在这个词已被全世界认可为"快速大量寻求解决问题构想的集体思考方法"。头脑风暴法根据实施的具体情况不同分为经典头脑风暴法、书写式头脑风暴法、分类式头脑风暴法和细节式头脑风暴法。

（一）经典头脑风暴法

1. 实施步骤

（1）准备阶段：①选定基本议题；②选定参加者（一般不超过10名），并挑选记录员1名；③确定会议时间和场所；④准备好海报纸、记录笔等记录工具；⑤布置场所，将海报纸（大白纸）贴于黑板上，座位的安排以"凹"字形为佳；⑥会议主持人应掌握头脑风暴法的一切细节问题，应彻底了解本法的四大原则、实施要点等。

（2）头脑风暴阶段：①召开头脑风暴会议，主持人首先必须向参加者简介该方法大意，应注意的问题，如四大原则；②让与会人员畅所欲言；③记录员记录参加者所激发出的灵感；④结束会议。

（3）评价选择阶段：①将会议记录整理分类后展示给参加者；②从效果和可行性两个方面评价各点子；③选择最合适的点子，尽可能采用会议中激发出来的点子。

2. 基本原则

经典头脑风暴法适用于收集集体创新信息的场景，在使用过程中需要遵循头脑风暴法的四个基本原则：相互激发、不批评或评判、自由畅想、保证数量。

（二）书写式头脑风暴法

书写式头脑风暴法，适用于团队中存在控制欲特别强的参与者或很内向的参与者，导致权力的严重失衡时，或者研讨的主题较为敏感。

（三）分类式头脑风暴法

分类式头脑风暴法，由引导者划分讨论区间，引导参与者将想法填入各个区间，在同类的第二个想法出现开始，对该区间进行命名，全部完成时优化、归类。

（四）细节式头脑风暴法

细节式头脑风暴法常用于收集信息质量要求较高或需要把握信息精细度的应用场景。在提出开启式问题后，通过反应型提问，不断互动、澄清、探寻、促发问题的深入，不断提高观点信息的质量。

（五）头脑风暴法实施建议

为提高头脑风暴活动的效果，建议如下：

① 肯定每个成员理解了团体正在试图解决的特定问题。问题必须被清楚界定、理解，也必须在规模和范围上有限定。宽泛的、措辞含糊的问题必须在试图寻找可能的解决办法前加以澄清。

② 头脑风暴作为问题全面解决策略的一部分效果最好。反思式思考时，假如成员还不清楚问题，就需要界定和分析问题。像头脑风暴这种创造性解决问题的方法和传统思维之间的不同是使用传统方法的那些人对产生出的可能会解决办法应用了一定的标准。标准可能会抑制团体创造力。不但没有依据已有标准发展出解决办法，成员还在刚产生了一些解决办法后就进行评价。

③ 确定每个成员遵守头脑风暴规则。如果成员停止批评和评价观点，头脑风暴会非常有效。主持者还要注意成员会通过声调、表情或者体态非言语地批评别人。团体中的每个成员

必须感到完全自由交流可能解决问题的思想。如果有几个成员不能停止评价别人的建议，可能的解决途径是：有礼貌地提醒他们遵守规则；要他们安静；要他们记录别人的观点；要他们离开这个组。

④ 小组领导努力引导不太讲话的成员进入讨论，他们有好主意时称赞他们。亲切地称呼他们的名字："小刚，看起来你有了一些好想法，你的建议是什么？"当成员们做得好时，也可以称赞整个小组。

⑤ 抛开对头脑风暴时间的明确限制。如上所述，一定要给足时间，充足的时间比时间太少更好。可以为记录的观点数量设立一个目标："当收集到 60 个想法时，停止头脑风暴。"

⑥ 考虑被称作反向头脑风暴的技巧。请团体成员脑力激荡，想出会使问题更糟的办法和途径，在找出了一系列能使问题更麻烦的途径和因素后，考虑从相反的方面去实施。

⑦ 使用角色风暴法。请每个成员假定角色。如果有人关注社区中的某个问题，请成员假想自己是市长、学校主管或市行政官员角色。如果涉及政府问题，要他们想象自己是行政长官、立法机构成员，甚至是美国总统。新角色的头脑风暴可以帮助开启思维，增加团体创造力。

⑧ 告诉团体将对他们产生的想法怎么处理。不要有了长长的一列观点时结束头脑风暴，这些想法可能被束之高阁。或许可以形成代表委员会来合并观点，去除明显重叠的建议。这个代表委员会也可以评价观点，或决定哪一个观点需要进一步的探索或更多的信息。

⑨ 确信团体需要创造性解决问题的形式。头脑风暴产生观点，但如果团体还没有大量的时间投入进去，更简单、更传统的问题解决方法（如反思思维）可能更好。但不要排斥头脑风暴作为全面问题解决计划的一部分它可能很有用。一些研究者认为，头脑风暴的理想规模是 5 个人。如果团体太大，成员们在贡献创造性想法时会感到羞怯，参与性不足。因此，要先弄清楚头脑风暴是否是你的小组所需要的问题解决的最佳形式。

综上所述，头脑风暴的要点可以总结如下：选择一个需要解决的具体问题；告诉成员抑制评判和价值判断；要团体产生尽可能多的解决办法；要支持受别人的观点启发而产生新的想法；让人记录产生的想法；头脑风暴结束时，评估收集到的各种想法。

三、形态分析法

1943 年第二次世界大战期间，茨维基参加了美国火箭研制小组，他把数学中常用的排列组合原理应用于新颖技术方案的设计中，他将火箭的各个主要部件可能具有的各种形态进行了不同的组合，得到了令人惊奇的结果：他在一周之内交出了 576 种不同的火箭设计方案，这些方案几乎包括了当时所有的制造火箭的可能设计方案。后来才知道，就连美国情报局挖空心思都没能弄到手的德国正在研制的带脉冲发动机的 F-1 型和 F-2 型巡航导弹的设计方案也包括在其中。于是，茨维基的天才受到人们的关注。1948 年，茨维基发表了他的构思技巧——形态分析法。

形态分析法是技术预测方法之一，是系统地探寻生产某种产品的新的技术方案的方法。所谓形态在技术预测中指的是产品的零部件。

（一）主要特点

其特点是把研究对象或问题，分为一些基本组成部分，然后对某一个基本组成部分单独进行处理，分别提供各种解决问题的办法或方案，最后形成解决整个问题的总方案。这时会有若干个总方案，因为是通过不同的组合关系而得到不同的总方案的。所有的总方案中的每一个是否可行，必须采用形态学方法进行分析。

（二）五个步骤

瑞典的茨维基把形态分析法分为 5 个步骤：①明确地提出问题，并加以解释；②把问题分解成若干个基本组成部分，每个部分都有明确的定义，并且有其特性；③建立一个包含所有基本组成部分的多维矩阵（形态模型），在这个矩阵中应包含所有可能的总的解决方案；④检查这个矩阵中所有的总方案是否可行，并加以分析和评价；⑤对各个可行的总方案进行比较，从中选出一个最佳的总方案。此法最大的优点是对一项"未来技术"（即形态模型中的一个总方案）的可行性分析，不足的是当组合个数过多时，即总方案的个数太多时，第④步的可行性研究就比较困难，这种方法既可用来探索新技术，也可以估计出实现新技术的可能性，为探索未来描绘出一幅清晰的因果。

（三）通常步骤

（1）明确用此技法所要解决的问题（发明、设计）。
（2）将要解决的问题，按重要功能等基本组成部分，列出有关的独立因素。
（3）详细列出各独立因素所含的要素。
（4）将各要素排列组合成创造性设想。

（四）典型案例——确定汽车前照灯的设计方案

汽车前照灯是汽车的重要部件之一（见图 2-1）。首先，前照灯是汽车的"眼睛"，是汽车漂亮时髦外表的重要特征。其次，有了可靠且性能良好的照明方能提高汽车的夜间行驶速度，同时对确保汽车的安全行驶非常重要。最后，汽车前照灯的结构形式直接影响汽车前端的外形，对构建低空气阻力的流线型车身外廓极为重要。考虑到这些功能，要求对前照灯的外形、光源类型、散光玻璃类型、控制方式等因素的各种形态进行分析，编制形态表（见表 2-1）。

JEEP指南者-卤素灯　　　凯迪拉克XTS-氙气灯　　　奥迪A8L-LED灯

图 2-1　汽车前照灯

表 2-1　前照灯形态表

形态＼因素	前照灯外形	前照灯光源	散光玻璃材质	控制方式
1	方形	卤素灯泡	玻璃	手控开关
2	圆形	气体放电灯	树脂	光感应
3	椭圆形	LED		
4	柳叶形			

根据表 2-1，进行各种可能性组合，得到 4×3×2×2=48 种设计方案。然后，考虑生产成本、质量、可靠性与耐久性、消费者的认可度等，对这些方案分别进行分析对比，从中选出最优的方案。

四、和田十二法

和田十二法，又叫"和田创新法则"（和田创新十二法），是我国学者许立言、张福奎在奥斯本稽核问题表基础上，借用其基本原理，加以创造而提出的一种思维技法。它既是对奥斯本稽核问题表法的一种继承，又是一种大胆的创新。比如，其中的"联一联""定一定"等，就是一种新发展。同时，这些技法更通俗易懂，简便易行，便于推广。

（一）基本信息

- 加一加：加高、加厚、加多、组合等。
- 减一减：减轻、减少、省略等。
- 扩一扩：放大、扩大、提高功效等。
- 变一变：变形状、颜色、气味、音响、次序等。
- 改一改：改缺点、改不便或不足之处。
- 缩一缩：压缩、缩小、微型化。
- 联一联：原因和结果有何联系，把某些东西联系起来。
- 学一学：模仿形状、结构、方法，学习先进。

- 代一代：用别的材料代替，用别的方法代替。
- 搬一搬：移作他用。
- 反一反：能否颠倒一下。
- 定一定：定个界限、标准，能提高工作效率。

（二）普及

如果按这 12 个"一"的顺序进行核对和思考，就能从中得到启发，诱发人们的创造性设想。所以，和田十二法是一种打开人们创造思路从而获得创造性设想的"思路提示法"。"和田十二法"简洁、实用，在我国和其他国家都有许多成功案例。

加一加：南京的小学生丛小郁发现，上图画课时，既要带调色盘，又要带装水用的瓶子很不方便。她想要的是将调色盘和水杯"加一加"，变成一样东西就好了。于是，她提出了将可伸缩的旅行水杯和调色盘组合在一起的设想，并将调色盘的中间与水杯底部刻上螺纹，这样，可涮笔的调色盘便产生了。

缩一缩：石家庄市第一中学的王学青同学发现地球仪携带不方便，便想到，如果地球仪不用时能把它压缩、变小，携带就方便了。他想若应用制作塑料球的办法制作地球仪就可以解决这个问题。用塑料薄膜制的地球仪，用的时候把气吹足，放在支架上，可以转动；不用的时候把气放掉，一下子就缩得很小，携带很方便了。

联一联：澳大利亚曾发生过这样一件事，在收获季节里，有人发现一片甘蔗田里的甘蔗产量提高了 50%。这是由于甘蔗栽种前一个月。有一些水泥撒落在这块田地里。科学家们分析后认为，是水泥中的硅酸钙改良了土壤的酸性，而导致甘蔗的增产。这种将结果与原因联系起来的分析方法经常能使我们发现一些新的现象与原理，从而引出发明。由于硅酸钙可以改良土壤的酸性，于是人们研制出了改良酸性土壤的"水泥肥料"。

定一定：例如，药水瓶印上刻度，贴上标签，注明每天服用几次，什么时间服用，服几格；城市十字路口的交通信号灯红灯停、绿灯行。这些都是一些规定，有了这些规定我们的行为才能准确而有序。我们应该运用"定一定"的方法发现一些有益的规定及执行"规定"。

12 字"加""减""扩""缩""变""改""联""学""代""搬""反""定"，概括了解决发明问题的 12 条思路。

【拓展阅读】

八种最常见的思维，你是哪种？

1. 多学科思维

事物之间都是相互联系的。对于一个具体的问题，如果仅用一种思维方式进行分析和思考，只会得到一个狭隘的结果。

2. 模型思维

模型思维即把我们知识点及处理工作中，思维的过程提炼为模型的能力。有一门很火的课程叫"数学建模",即把生活中遇到的难题,建成数学模型,来量化分析解读。

3. 系统思维

注重关系分析而不是元素分析。一个事物总是同时处于两个维度的集合中,系统化思考,就是要认清这两个维度的关系。从系统和要素、要素和要素、系统和环境的相互联系、相互作用中综合考虑。它具有整体性、结构性、立体性、动态性、综合性的特点。

4. 杠杆思维

很多人喜欢用阿基米德的名言:"给我一个支点,我就能撬动地球!"来描述杠杆效应。所有的信息、物质和能量都是可以用杠杆来撬动的。比如房产投资,就是用首付杠杆来撬动100%的房产,来获得资产的增值。

5. 绝情思维

即培养一种"不以物喜,不以己悲"的超强的自我价值认同感,不以外界环境为转移。很多时候,我们活在世上,总是太在意别人对自己的评价,任何行为动机都是为了满足自己虚弱的自尊心,这是一种自我认同感很低的表现。

6. 批判性思维

对和错,有时只是立场不同。我们看待一件事物,往往不是先看见再去定义,而是先定义后再去看见。由于,我们思维上的漏洞,我们受外界的干扰产生了太多的偏见。客观认识事物,我们要有批判性的思维去分析问题。

7. 对隐藏世界的洞察思维

心理学有一个著名的"冰山理论",事物呈现给我们的,往往只是很小的一部分,大部分通常被掩盖了。要学会培养对隐藏世界的洞察能力,例如我们阅读的过程中往往只看到一些文章的表面,我们要用作者思维去思考问题:写作的背景、写作的动机、写作的手段、写作的策略等,一旦熟练掌握这种技能,我们在学习的过程中将会达到事半功倍的效果。

8. 惯性思维

习惯思维,人们在考虑研究问题时,用固定的模式或思路去进行思考与分析,从而解决问题的倾向。固有的东西是很难打破的,正所谓"不破不立",要想突破自己,就一定要打破固有的、惯性的思维,否则,连自己的思维都还被禁锢在旧有的陈腐里,如何能挑得起生活赋予我们的责任?

思维决定了一个人的能力。决定一个人是人才的方法无论有多少种,其中必不可少的是人才的思维。改变人的是方法,改造人的是思维。思路决定出路,格局决定结局。

【单元练习】

1. 列举近20年的新兴产业,并与传统产业进行对比。
2. 当前社会经济条件下,最适合的投资方案是什么?

第三章 创新思维与技法

【学习目标】

1. 掌握创新的概念和不同类型，能够区分不同的创新种类。
2. 熟悉创新思维的特性，认识到创新思维与一般思维方式的不同。
3. 了解创新能力的含义、特点及构成，掌握创新能力自我培养与开发的途径和方法。
4. 掌握常用的创新方法与步骤，能够运用创新方法创新性地解决实际问题。

第一节 创新思维

思维是一种复杂的心理现象，是人的大脑的一种能力。心理学家认为，思维是人脑对客观事物的概括性的、间接的反应。创新思维就是打破常规，克服习惯性的思维障碍。

一、创新思维的特性

（一）突破性

从创新思维的本质看，它打破传统、常规，开辟新颖、独特的科学思路，升华知识、信念和观念，发现对象之间的新联系、新规律。突破性是创造思维的一个显著特征。

【例】1948年秋天，瑞士人马斯楚跟朋友们一道去登山，坐在草地上吃午餐时，他发现自己和朋友的裤子都沾了好多鬼针草，但大家都没有在意。马斯楚到家后，就将残留在裤子上的鬼针草取出用放大镜仔细观察。他有了新的发现：鬼针草被很多刺掩盖着！"它是不是可以代替纽扣和别针呢？"他顺着这种思路试做了许多钩状的东西，半年后终于研制成功方便扣布：用一块布织成很多钩子，用另一块布织出很多圆球——这两种布合起来，钩子就钩上圆球，产生拉链的效果。他将此发明命名为"免扣带"并申请了专利，然后找织布公司合作制造。因为这种"免扣带"可以广泛用于裙子、内衣、被盖等,所以当它为人们接受后,销售量相当惊人。几年后,马斯楚所得专利净利已超出3亿美元。

案例中,马斯楚正是凭借着另辟蹊径的思路,发现了鬼针草与纽扣的新结合点,突破了事物原有的联系,创造出了新发明。

(二)新颖性

创新思维往往是新颖的、独特的。思路的新颖性是指在思路的选择和思考的技巧上都具有独特之处,表现出首创性和开拓性。思路的新颖性表现为不盲从、不满足现有的方式或方法,需要更多地经过自己独立思考,形成自己的观点和见解,突破前人成果的束缚,超越常规,学会用新的眼光去看待同问题,从而产生崭新的思维成果。如果缺少独立自主的思考,一切循规蹈矩、照章办事,就不可能产生新颖的思路,更谈不上创新。

【例】从前,西部有一个缺水的边远小镇,居民要到2.5千米外的地方去挑水喝。在这里,喝水是人们生活中的一大难事,缺乏劳动力的人家就更困难了。困难就是商机。脑瓜灵活的村民甲看到其中的生意。他挑起水桶,以挑水、卖水为业,每担水卖得2角钱。虽然辛苦点,还算是一条不错的路子。村民乙看了,觉得不能让他一家独占市场,也走上挑水、卖水之路,并且将两个儿子也动员进来,很快占据了市场的大头。

甲想,你家劳动力强,不如我的脑袋瓜好。于是他略加思索,以柔克刚,买来了20副水桶,请了20个闲散劳动力,由他们挑水,自己坐镇卖水,每担水抽成5分钱。这样,既省了力气,又多赚了钱。可时间一长,这些闲散劳动力熟悉了门道,不再愿意被抽成,纷纷单干去了。于是,甲一下子成了光杆司令,且竞争更激烈了。但聪明人是难不住的,甲请人做了两个大水柜车,并租来两头牛,用牛拉车运水,每次40担,效率提高了,成本却降低了,因此赚头更大了,这让其他人看得直眼红。

人们很快看到了"规模经营"的优势,于是纷纷联合起来,或用牛拉车,或用马拉车,参与到竞争中。然而,正当竞争日趋激烈时,人们突然发现,自己的水竟然卖不出去了。原来,甲买来水管,安装了管道,让水从水源直接流到村子里,自己只要坐在家里卖水就行了,且价格大幅度下降,一下子垄断了市场。

在大众都朝着同一个方向去追求时,甲始终能够独立清醒地开拓自己的新道路,先他人一步,占据先机。不盲从、善开拓,新颖性的思维在甲的身上展现得淋漓尽致。

(三)流畅性

创新思维的另一个特点是反应快、想法多,能够在较短的时间里归纳总结,创造出很多想法,在反应速度和思维的丰富程度方面都有较好的表现。在创新思维领域有一个定律:只有很多想法才会有最佳想法。所以大量的不同想法是创新思维的基础和前提。

【例】托马斯·爱迪生一生拥有1039项专利,这个纪录迄今仍无人打破。他给自己和助手确立了创新的定额，每 10 天有一项小发明，每半年有一项大发明。有一次他无意将一根绳子在手上绕来绕去，便由此想起可否用这种方法缠绕碳丝，从而诞生了第一盏具有实用价值的电灯。

如果没有思维的连贯性，没有良好的思维定势，是不会有如此灵敏的反应的。爱迪生的勤于思维因而善于思维，从而不断提出新的构想，使思维保持活跃的姿态。

（四）灵活性

创新思维表现为视角能随着条件的变化而转变，能摆脱思维定势的消极影响，善于变换视角看待同一问题，善于变通与转化，重新解释信息。它反对一成不变的教条，会根据不同的对象和条件，具体情况具体对待，灵活应用各种思维方式。创新视角是多种多样的，要学会转化视角，从不同的视角出发会得出不同的结论。换一个角度，换一种思维，或许一切都会有所不同。

【例】一位顾客进了地毯商店，店老板热情地接待了他。顾客看上了一款地毯，问："这种地毯什么价？"答："每平方米24元8角。"顾客啧啧几声，走了。无疑，他是觉得价格高了。老板的一位朋友在旁观察，批评说："你的待客办法太陈旧了，应该换一种方法。"老板急问其详。这位朋友以营业员的口吻说："先生，这地毯不贵。让您的卧室铺上地毯，一角多钱就够了。"见"顾客"不解，"营业员"解释道："除去床与橱，卧室地毯不过10平方米，248元；地毯寿命为5年，计1800多天，每天不就是一角多钱吗？一支香烟钱都不到。"老板一拍大腿，高兴地说："高！你这一招一定灵。"果然，就换一句话，商店就顾客盈门了。

案例中，老板传统守旧，实话实说，只知商品价格，不知顾客心理。他的朋友则机智灵活、善于创新，避开总价报日价，切中顾客心理。比较而言，价格和目的并没有任何变化，只不过换了种思维方法。

（五）非逻辑性

创新思维往往是在超出逻辑思维、出人意料、违反常规的情形下出现的，它可能并不严密或暂时说不出什么道理。因此，创新思维的产生常常省略了逻辑推理的许多中间环节，具有跳跃性。创新思维的非逻辑性，由于中间环节的省略而呈现飞跃式，有时会显得离谱、不可思议，甚至创新者自己也感到不理解。例如，眉头一皱、计上心来，急中生智等就是创新思维非逻辑性的典型表现。在创新思维活动中，新观念的提出、问题的突破，往往表现为从"逻辑的中断"到"思想的飞跃"。这通常伴随着直觉、顿悟和灵感，从而使创新思维具有超常的预感力和观察力。

【例】美国的迪士尼曾一度从事美术设计，后来他失业了。原本他和妻子住在一间老鼠横行的公寓里，但失业后，因付不起房租，夫妇俩被迫搬出了公寓。这真是连遭不测，他们不知该去哪里。一天，两人呆坐在公园的长椅上，正当他们一筹莫展时，突然从迪士尼的行李包中钻出一只小老鼠。望着小老鼠机灵滑稽的面孔，夫妻俩感到非常有趣，心情一下子就变得愉快了，忘记了烦恼和苦闷。这时，迪士尼头脑中突然闪过一个念头，他对妻子惊喜地大声说道："好了！我想到好主意了！世界上有很多人像我们一样穷困潦倒，他们肯定都很苦闷。我要把小老鼠可爱的面孔画成漫画，让千千万万的人从小老鼠的形象中得到安慰和愉快。"风行世界数十年之久的"米老鼠"就这样诞生了。

就像迪士尼因小老鼠触发灵感一样，许多创造性事物的出现往往是偶然而得的。这种非逻辑性也是创新思维的一大特色和重要来源。

（六）综合性

创新活动一般是在前人的基础上进行的，必须综合利用他人的思维成果。科学技术发展史一再表明，谁能高度综合利用前人的思维成果，谁就能取胜，就能取得更多的突破，做出更多的贡献。正所谓温故而创新，在技术领域，由综合而结出的硕果更是到处可见。所以，综合也是一种创新思维的特性。

【例】英国记者斯温顿不是因为其记者身份让后人记住，而是以一个发明家的身份出现在英国的史册上的。因为，斯温顿发明了战争史上非常重要的装备——坦克。1914年，第一次世界大战中的欧洲战场陷入了僵局，作为战地记者服役的斯温顿看到战场上大批的士兵在敌方的弹雨中伤亡，就思考要如何解决这个问题。一天，他收到了一位朋友的来信，这位朋友在信中把美国的"霍尔特"农用拖拉机描述为"能够像魔鬼一样爬行的美国机器"，斯温顿由此想到，可以制造一种装有大炮、机枪和保护层钢板的重型履带式装备来达到这个目的。他的这一建议被英国陆军部采用。结果一个集合了拖拉机、保护层、机关枪/炮等功能的怪物（坦克）在战场上大展身手，斯温顿也成为了坦克的发明人。

斯温顿正是利用了前人的思维成果，开拓综合性思维，创造出了功能强大的武器。闭门造车有时只会闭塞思路，学会合理地利用前人成果不失为创新创造的一大渠道。

二、创新思维的类型

创新思维类型有很多种，包括想象思维（形象思维）、抽象思维（逻辑思维）、逆向思维、正向思维、发散思维、收敛思维、横向思维、纵向思维、转化思维、简化思维，等等。本节重点介绍几种创新思维。

（一）发散思维与收敛思维

1. 发散思维

发散思维（Divergent Thinking），又称辐射思维、放射思维、扩散思维或求异思维，是指大脑在思维时呈现的一种扩散状态的思维模式。它表现为思维视野广阔，思维呈现出多维发散状，如"一题多解""一事多写""一物多用"等方式，培养发散思维能力。不少心理学家认为，发散思维是创造性思维的最主要的特点，是测定创造力的主要标志之一。

发散思维是创新思维的主要标志和集中表现，是指在创造和解决问题的思考过程中，不局限于一点、一条线索或一部分信息，而是从已知信息出发，不受个人、他人意志或现存方法、方式、范式或规则的约束，尽可能向四面八方扩展。在这种辐射式的思考过程中，找到多种不同的解决问题的方法，进而衍生出尽可能多的结果。

（1）作用

核心性作用：想象是人脑创新活动的源泉，联想使源泉汇合，而发散思维就为这个源泉的流淌提供了广阔的通道。

基础性作用：创新思维的技巧性方法中，有许多都是与发散思维有密切关系的。

保障性作用：发散思维的主要功能就是为随后的收敛思维提供尽可能多的解题方案。这些方案不可能每一个都十分正确、有价值，但是一定要在数量上有足够的保证。

（2）特点

流畅性：流畅性就是观念的自由发挥，指在尽可能短的时间内生成并表达出尽可能多的思维观念及较快地适应、消化新的概念。机智与流畅性密切相关。流畅性反映的是发散思维的速度和数量特征。

变通性：变通性就是克服人们头脑中某种自己设置的僵化的思维框架，按照某一新的方向来思索问题的过程。变通性需要借助横向类比、跨域转化、触类旁通，使发散思维沿着不同的方面和方向扩散，表现出极其丰富的多样性和多面性。

独特性：独特性指人们在发散思维中做出不同寻常的异于他人的新奇反应的能力。独特性是发散思维的最高目标。

【例】2012年4月，黄承松刚从华中科技大学毕业，就创立了"九块邮"，9.9包邮成了国内这一商业模式的首创者。不过，在黄承松看来，人们选品牌货会想到"淘宝"，选电器会想到京东，消费能力好一点的会选"唯品会"。那么，18～35岁群体中，收入差别很大，消费能力也各异，不是每个人会选品牌货，选择低价实惠的群体并不在少数。如果补齐完善这一空间，必将大有可为。2012年8月，黄承松创立的折扣精选特卖网站"卷皮网"正式上线，主要瞄准"草根"消费人群，定位为"低价版唯品会"。卷皮网专注在低端市场，从高性价比入手，与唯品会覆盖中高端市场形成差异化竞争。

说起来容易做起来难，要想做到所有的货品是网络上的最低价并非易事。为了控制成本，一方面与许多品牌厂家建立了很好信任合作关系，其中有10多万大小商家，1000余家独家合作品牌商；另一方面，千方百计地精打细算，努力打造全国首家买手制电商。机会总垂青有准备的人，黄承松的"卷皮网"很快地在电商界崭露头角。2012年，销售收入近1亿多元，2013年销售达7亿元；2014年全年销售收入达25亿元。拥有超过3000万买家会员、移动端App总用户达1500万，成了国内折扣特卖电商第一品牌和国内成长最快的互联网电商企业。

"对创业团队而言，最怕的是丢了最初的创业梦想"，黄承松说，到今天"上卷皮，购便宜"成为老百姓很熟悉的广告语,卷皮团队一直不忘创业之初的梦想:让购物变得更省时、省心、省钱。

如今,卷皮折扣已经完成两轮融资,随着公司规模的不断壮大,商业大潮中的黄承松也将继续迎接挑战,其中的风雨只会比以前更艰难。但他表示,卷皮折扣将一如既往为用户"解渴",关注低收入人群,关注购物体验,关注中国,并最终成为一家"伟大公司"。

2. 收敛思维

收敛思维又称"聚合思维""求同思维""辐集思维""集中思维"。收敛思维是指从已知信息中产生逻辑结论,从现成资料中寻求正确答案的一种有方向、有条理的思维方式。收敛思维法是把广阔的思路聚集成一个焦点的方法。它是一种有方向、有范围、有条理的收敛性思维方式,与发散思维相对应。收敛思维也是从不同来源、不同材料、不同层次探求出一个正确答案的思维方法。因此,收敛思维对于从众多可能性的结果中迅速做出判断、得出结论是最重要的。

（1）概念

收敛思维法也称求同思维,指的是把各种信息聚合起来思考,朝着同一个方向而得出一个正确答案的思维。求同是收敛思维的主要特点,即收敛思维是利用已有的知识经验或常用的方法来解决问题的某种有方向、有范围、有组织、条理性强的思维方式。

收敛思维是创造性思维的基本成分之一,是思维者聚集与问题有关的信息,在思考和解答问题时,进行重新组织和推理,以求得正确答案的收敛式思维方式。例如,学生从书本的各种定论中筛选一种方法,或寻找问题的一种答案；理论工作者依据许多现成的资料归纳出一种结论。

（2）特征

封闭性：收敛思维是把许多发散思维的结果由四面八方集合起来,选择一个合理的答案,具有封闭性。

连续性：发散思维的过程,是从一个设想到另一个设想,具有一定的连续性,而收敛思维是一环扣一环的,具有较强的连续性。

求实性：发散思维所产生的众多设想或方案,一般来说多数都是不成熟的、不实际的。我们必须对发散思维的结果进行有效筛选。被选择出来的设想和方案是按照实用的标准来决定的,是切实可行的,这样的收敛思维就会表现出很强的求实性。

聚焦法：这种思维方式会围绕问题进行反复思考,有时甚至停顿下来,使原有的思维浓缩聚拢,形成思维的纵向深度和强大的穿透力,在解决问题的特定指向上思考,积累一定量的努力,最终达到质的飞跃,顺利解决问题。

【例】1978年,索尼公司总裁盛田昭夫在打网球的时候得到灵感,他意识到人们在户外行动的同时也需要欣赏音乐,所以有必要设计一种能够随身携带的播放器产品。由于盛田昭夫的积极推动,世界上第一台随身听终于在1979年的7月1日由索尼正式推出。30多年来,索尼公司不断对随身听进行改进和创新,针对不同的功能与不同的消费人群,设计出不同的款式，以满足不同消费者的需求。而面对 MP3 与 iPod 的出现，索尼公司在分析与综合考虑各方面因素后，停止生产随身听。

索尼随身听的诞生及其发展，是一个"思维发散—收敛—再发散—再收敛……"的过程。实际上，任何创新活动过程，答题都要经过循环反复多次的思维发散与收敛过程才能很好地解决问题。当然，这种循环不是简单的轮回，而是逐次在更高层次上的发散与收敛。

（二）横向思维与纵向思维

1. 横向思维

横向思维（Lateral Thinking），顾名思义，是指这个人的思维有其横向、往宽处发展的特点。具有这种思维特点的人，思维面都不会太窄，且善于举一反三。有一个形象的比喻：这种思维就像河流一样，遇到宽广处，很自然地就会蔓延开来，但欠缺的是深度不够。一个横向思维的人，他的思路打开了，有的会很有逻辑性，有的则可能较散漫无序，这就需要通过他自体结构的稳定与否来判断。横向思维的缺点是深度不够，但这只是一般性，一个具有横向思维笔迹特征的人，如果他的笔画非常富有弹性，且都有一个统一的重心和指向的话，那么这个人则可能是一个既思路宽广又很有深度的人。

横向思维是一种打破逻辑局限，将思维往更宽广领域拓展的前进式思考模式。它的特点是不限制任何范畴，以偶然性概念来逃离逻辑思维，从而可以创造出更多匪夷所思的新想法、新观点、新事物的一种创造性思维。所谓横向，是因为逻辑思维的思考形态是垂直纵向走向的，而横向思维则可以创造多点切入，甚至可以从终点返回起点式的思考！横向思维其实就是一种难题解决方法，它的职能只有一个，就是创新！横向思维具有如下主要方法。

将事物立体化：进行多个角度审视，不急于判断它是什么，而是思考它可能是什么。

从终点返回起点：先设定抵达终点的目标，然后返回，就可以发现从未走过的新路。

逃离逻辑：从原先思考的事物中脱离出来，不再纠缠于传统的逻辑。

偶然触发：通过随机诞生的概念和各种事物、词汇来触发新的思路。

创意提取：从随机诞生的各种概念中发现并提取具有价值的创意点。

概念交叉：将新诞生的各种新想法、新观点与终点目标进行创意交叉。

横向思维正好与逻辑思维对立，逻辑思维发现有不符合逻辑的就停止思考，而横向思维则继续延伸；逻辑思维的特征是分析，横向思维的特征则是寻找更多答案。

【例】在 20 世纪早期，所有的商店都是店员为顾客提供服务的地方。顾客来到柜台前，店员取出顾客需要的物品。在 20 世纪 20 年代，一位名叫迈克尔·库伦（Michael Cullen）的人采用了一种完全不同的观点。他问了一个这样的问题："如果我们把商店掉一个儿，让顾客自己拿取他们自己需要的物品，他们最后付钱，会是什么样子呢？"毫无疑问，有许多人反对这种观点。"顾客需要服务，他们不想自己做所有的工作。""所有的商品将全部标上价格。""如果没有店员帮助他们，顾客们将会感到困惑。""你让人们在仓库后面转来转去，将会发生什么情况呢？"等。但是库伦坚持这种观点，并创建了世界上第一个超市，即位于新泽西的金库伦商店。

迈克尔·库伦进行了一定的横向思维，通过构思一种全新的顾客服务方式，然后把观点付诸实施的全过程，他使横向思维显示出了威力。

2. 纵向思维

所谓纵向思维，是指在一种结构范围内，按照有序的、可预测的、程式化的方向进行的思维形式，这是一种符合事物发展方向和人类认识习惯的思维方式，遵循由低到高、由浅到深、由始到终等线索，因而清晰明了，合乎逻辑。我们平常的生活学习中大都采用这种思维方式。与横向思维相对应，所谓纵向思维，是指突破问题的结构范围，从其他领域的事物、事实中得到启示而产生新设想的思维方式，它不一定是有序的，同时也不能预测。

纵向思维是指思维从对象不同层面切入，具有纵向跳跃、突破性、递进性、渐变的联系过程特点。具有这种思维特点的人，对事物的见解往往入木三分，一针见血，对事物动态把握能力较强，具有预见性。

纵向思维具有如下特点。

历时性：所谓历时性，如前所述就是指按时间的先后顺序来考察事物，即时间的箭头，由过去到现在，由现在到将来。历时性揭示事物发展的过程性，在考察事物的起源和发生时具有重要作用。历时性思维方法被现代众多学科所运用，如各类发生学理论：人类发生学、认识发生学、思维发生学等。对那些周期性重复的事物，历时性考察尤为重要。

同一性：纵向思维是在事物的历史发展中考察事物，同一性即指历时性所考察的事物必须是同一的，具有自身的稳定性和可比性，而不可将被考察对象在某一阶段，如现在或将来阶段进行"调包"，如果这样，违反纵向思维的同一性，那思维的结果就会失真。

预测性：既然纵向思维是由过去到现在，再由过去和现在推断将来，并把对将来的推断作为指导现在行为的因素，那么它就具有预测性。纵向思维的预测是一种可能性，既可能发生，也可能不发生，可能按照预测的趋势前进，也可能脱离了预测趋势。但这并不是说纵向思维不重要，相反，在现实社会中，由于变化速度加快，周期时间缩短，事物的未来发展通过的可能性很快便可转化为现实性，对事物可能性的预测就显得越来越重要。它对于指导人们的行为、进行决策、规划未来起着越来越大的作用。这是现代思维方式的特点之一，也是现代思维方式的重要功能之一。

纵向思维是关于历史、时间和过程的考察法，它通过历史来考察事物，找寻事物发展的规律和内在逻辑。它是考察事物、社会和人及概念的发展的一种重要的思维过程。

【例】青岛双星鞋业集团的总经理汪海先生被海内外同行尊称为"鞋王"。他曾为"双星"品牌的推广在纽约举行新闻发布会，没想到《美洲时报》有位记者看到他穿一双高档皮鞋，就突然发问汪海现在脚上穿的皮鞋是不是"双星"牌的，没想到汪海先生当即脱下自己漂亮的皮鞋，高高举起，亮出了鞋底上的双星商标，并说"诸位看到了吧，这是地道的双星鞋"，第二天，纽约十多家报纸刊登了"双星"的消息和照片，紧接着，美国8家客户争做"双星"在美国的总代理。

汪海先生此时解决问题的方法就是纵向思维法，因为谁也没有料到记者会问这个问题，而汪海先生召开新闻发布会的用意就是为了扩大"双星"的影响，开拓它的销路。虽然当众脱鞋高高举起，有人认为有伤大雅，但此时的场合已容不下汪海先生既要让大家知道这的确是"双星"，又要再想出其他替换脱鞋、举鞋的举动，所以现场状况使得他以最直接的方式来证明，他一步接着一步，而他最终的目的就是提高品牌的知名度。

（三）正向思维与逆向思维

1. 正向思维

所谓正向思维，就是人们在创造性思维活动中，沿袭某些常规去分析问题，按事物发展的进程进行思考、推测，是一种从已知进到未知，通过已知来揭示事物本质的思维方法。这种方法一般只限于对一种事物的思考。坚持正向思维，就应充分估计自己现有的工作、生活条件及自身所具备的能力，就应了解事物发展的内在逻辑、环境条件、性能等。这是自己获得预见能力和保证预测正确的条件，也是正向思维法的基本要求。

人们在现实生活中，在考虑问题的时候，经常采用的就是正向思维法。正向思维法就是一种人们在创造性思维活动中在分析问题的时候按照某些常规进行，在思考、推测的时候也按事物发展的进程，逐渐从已知进入到未知，通过已知信息来揭示事物本质的思维方法。在思考一般事物时，这种方法是最实用的。

正向思维法是依据事物都是一个过程这一客观事实而建立的。任何事物都有产生、发展和灭亡的过程，都从过去走到现在、由现在进入未来。只要我们能够把握事物的特性，了解其过去和现在，就可以在已掌握的材料的基础上预测其未来。

这种思考问题的方法就是一种以正向思维法为主的方法。所谓"正向思维法为主"是因为任何一个方法，尤其是解决复杂问题的方法都不是某一种单一的方法，而是多种方法的综合运用，只不过某一种方法占主导地位罢了。

正向思维方法虽然一次只限于对某一种事物的思考，但它都是在对事物的过去、现在做了充分分析、对事物的发展规律做了充分了解的基础上，推知事物的变动规律性，对其格局做出正确分析的。

2. 逆向思维

逆向思维是从结果到原因反向追溯的思维状况，即对任何问题哪怕是现成的结论，都不满足于"是什么"，而要多问几个"为什么"，敢于提出不同的意见，敢于怀疑，反其道而行之。从广义上来说，一切与原有思路相反的思维都可以称为逆向思维。人们习惯于沿着事物发展的正方向去思考问题并寻求解决办法。其实，对于某些问题，尤其是一些特殊问题，从结论往回推，倒过来思考，从求解回到已知条件，反过去想或许会使问题简单化。

逆向思维具有如下特点。

普遍性：逆向思维在各种领域、各种活动中都有适用性，由于对立统一规律是普遍适用的，而对立统一的形式又是多种多样的，有一种对立统一的形式，相应地就有一种逆向思维的角度，所以，逆向思维也有无限多种形式。如性质上对立两极的转换：软与硬、高与低等；结构、位置上的互换、颠倒：上与下、左与右等；过程上的逆转：气态变液态或液态变气态、电转为磁或磁转为电等。不论哪种方式，只要从一个方面想到与之对立的另一方面，都是逆向思维。

批判性：逆向是与正向比较而言的，正向是指常规的、常识的、公认的或习惯的想法与做法。逆向思维则恰恰相反，是对传统、惯例、常识的反叛，是对常规的挑战。它能够克服思维定势，破除由经验和习惯造成的僵化的认识模式。

新颖性：循规蹈矩的思维和按传统方式解决问题虽然简单，但容易使思路僵化、刻板，摆脱不掉习惯的束缚，得到的往往是一些司空见惯的答案。其实，任何事物都具有多方面属性。由于受过去经验的影响，人们容易看到熟悉的一面，而对另一面却视而不见。逆向思维能克服这一障碍，往往出人意料，会给人以耳目一新的感觉。

实践证明，逆向思维是一种重要的思考能力。个人的逆向思维能力，对于全面人才的创造能力及解决问题能力具有非常重大的意义。

逆向思维法，不是一种培训或自我培训的技法，而仅仅是一种思维方法或发明方法。人类的思维具有方向性，存在正向与反向之差异，由此产生了正向思维与反向思维两种形式。正向思维与反向思维只是相对而言的，一般认为，正向思维是指沿着人们的习惯性思考路线去思考，而反向思维则是指悖逆人们的习惯路线去思维。

正反向思维起源于事物的方向性，客观世界存在互为逆向的事物，由于事物的正反向，才产生思维的正反向，两者是密切相关的。人们解决问题时，习惯于按照熟悉的常规的思维路径去思考，即采用正向思维，有时能找到解决问题的方法，收到令人满意的效果。然而，实践中也有很多事例，对某些问题利用正向思维却不易找到正确答案，一旦运用反向思维，常常会取得意想不到的功效。这说明反向思维是摆脱常规思维羁绊的一种具有创造性的思维方式。

【例】以前的木工刨床、刨刀做定轴转动，木料做直线平动。刨削木料时，木工将木料推向刨刀，这样的操作方法木工的手很容易受伤。专家们为了改进刨床的这一缺点，提出了许多方案，甚至连光电技术都用上了，也未能从根本上解决问题。只有小学一年级文化程度的木工李林森想，若是木料固定不动，让刨刀既绕轴转动，又让刨刀轴作平行移动，刨木料时不需要工人进料，不就不出事故了吗？他按这个思路改进了刨床，彻底地解决了问题。李林森所采用的就是状态逆向法，变平动的木料为不动，变只做定轴转动的刨刀既作转动又作平动。

青岛海尔集团就生产了一种新型微波炉，将原来食物转动、加热波不动，改为事物不动、加热波转动，名曰：转波炉。目前，出现了一种新式打气筒，一改以往气筒壁不动活塞运动的状态。这两种新产品的出现也是运用了对以往产品状态的逆向思维。

(四)求同思维与求异思维

1. 求同思维

将与问题有关的信息聚合起来，寻找一个正确答案的思维形式，又称求同思维。当问题只有一个正确答案，或只有一个最好的解决方案时，才会发生求同思维。例如，利用公式解题，按照说明书把购买的电子产品的各种性能调试出来，采用的都是求同思维。

"求同"是指在两个以上事物中找到它们的共同之处，运用这种思维，有助于在不同事物之间找到结合点，使新结合的事物在性质、形态、功能等方面有所变化，以获得创新的效益。最初茶杯和暖水瓶各有其功用，是两种不同的用具。现在普遍使用的不锈钢保温杯，便是将两者结合的产物，既有暖水瓶的保温功用，又是携带方便的喝水杯子。用求同思维方法，找到暖瓶与饭盒的结合点，把暖水瓶改成了广口状，成为携带饭菜的保温提桶。再如，把磁疗垫放在鞋里，做出磁疗皮鞋；把录音机和电话机相结合，制造出录音电话；把滚动带和计时器组合起来，做成跑步健身器。这些给人们工作、生活带来方便的用品，在研制过程中，求同思维的作用不可低估。尤其在仿生学研究中，求同思维具有不可代替的地位。如力学仿生，仿照蛋壳、乌龟壳发明了建筑薄壳结构；化学仿生，通过模拟生物酶的催化作用创造了高级催化剂。

求同思维具有如下特点。

一是归一性，是一种求同性的思维过程，即通过求同找到解决问题的方法，而且是唯一最优的那个。

二是程序性，指在解决问题的过程中，先做什么，后做什么，有一定的先后顺序，使解决问题有章法可循。

三是求实性，指信息搜集、分析、论证必须根据客观真理进行，不可随意想象、捏造。

【例】国外有一家烟草公司，试制了一种新型号卷烟，命名为"环球牌"，正准备大张旗鼓的宣传时，却逢该国民众正组织举行全国性的反对吸烟运动，这下怎么办呢？"推广宣传活动"与"反对吸烟运动"是截然相反的两回事，二者之间似乎毫无共同点。经过一番周密的思考策划，为了既打响自己的环球品牌，又不与当前的戒烟浪潮相冲突，他们终于打出这样一条广告："禁止吸烟，连环球牌烟也不例外"。

在这里香烟的品牌被巧妙地联系进了禁止吸烟的宣传中，这样的组合丝毫没有牵强附会之感，相反让人们觉得理应如此，而在这赞同声中，人们也记住了"环球牌"这个名字。

2. 求异思维

求异思维，是指大脑在思维时呈现的一种扩散状态的思维模式。它表现为思维视野广阔，思维呈现出多维发散状，如"一题多解""一事多写""一物多用"等方式，培养发散思维能力。不少心理学家认为，发散思维是创造性思维的最主要的特点，是测定创造力的主要标志之一。

"求异"指在相同或相似的两个以上事物中找出不同之处，这是在科研、科技、产品研制、经营管理、广告宣传、文学创作等工作中能够获得新成效的一种思维方法。有些企业，为了使产品能够在竞争激烈的市场上占有一席之地，便采用"你无我有，你有我廉，你廉我精，你精我专"等生产、经营策略，制定和实施这些策略，自然离不开同中求异的创新思维方法。

求异思维是在思维中自觉地打破已有的思维定势、思维习惯或以往的思维成果，在事物各种巨大差异之间建立"中介"，突破经验思维束缚的思维方法。恩格斯说："辩证法不知道什么绝对分明和固定不变的界限，不知道什么无条件的普遍有效的'非此即彼'，它使固定的形而上学的差异互相过渡，除了'非此即彼'，并且使对立互为中介；辩证法是唯一的、最高度地适合于自然观的这一发展阶段的思维方法。"

所谓求异思维，是指有创见的思维。即通过思维创造性活动，不仅揭露事物的本质及其内在联系，而且在这个基础上产生新颖的、超出一般规律的思维成果。求异思维重在开阔学生思路，启发学生联想，从各方面、各角度、各层次思考问题，并在各种结构的比较中，选择富有创造性的异乎寻常的新构思。求异思维指的是一种逆向性的创造思维，其特征是用不同于常规的角度和方法去观察分析客观事物而得出全新形式的思维成果。求异思维的内涵具有广博的开拓创新性和迁延性，运用求异思维教学能够克服教学模式的凝固化和统一化弊病，冲破陈旧的思维模式，把思维从狭窄、封闭、陈旧相因的体系中解放出来。

求异思维具有如下特点。

普遍性：逆向性思维在各种领域、各种活动中都有适用性，由于对立统一规律是普遍适用的，而对立统一的形式又是多种多样的，有一种对立统一的形式，相应地就有一种逆向思维的角度，所以，逆向思维也有无限多种形式。

批判性：逆向是与正向比较而言的，正向是指常规的、常识的、公认的或习惯的想法与做法。逆向思维则恰恰相反，是对传统、惯例、常识的反叛，是对常规的挑战。它能够克服思维定势，破除由经验和习惯造成的僵化的认识模式。

新颖性：循规蹈矩的思维和按传统方式解决问题虽然简单，但容易使思路僵化、刻板，摆脱不掉习惯的束缚，得到的往往是一些司空见惯的答案。其实，任何事物都具有多方面属性。由于受过去经验的影响，人们容易看到熟悉的一面，而对另一面却视而不见。

【例】在日本，松下电器的熨斗事业部很有权威性，因为它在20世纪40年代发明了日本第一台电熨斗。虽然该部门不断创新，但到了80年代，电熨斗仍进入滞销行列，如何开发新品，使电熨斗再现生机，是当时该部门很头痛的一件事。一天，被称为"熨斗博士"的事业部部长召集了几十名年龄不同的家庭主妇，请他们从使用者的角度来提要求。一位家庭主妇说："熨斗要是没有电线就方便多了。""妙，无线熨斗！"部长兴奋地叫起来，马上成立了攻关小组研究该项目。攻关小组首先想到用蓄电池，但研制出来的熨斗很笨重，不方便使用，于是研发人员又观察、研究妇女的熨衣过程，发现妇女熨衣并非总拿着熨斗一直熨，整理衣物时，就把熨斗竖立一边。经过统计发现，一次熨烫最长时间为23.7s，平均为15s，竖立的时间为8s。于是根据实际操作情况对蓄电熨斗进行了改进，设计了一个充电槽，每次熨后将熨斗放进充电槽充电，8s即可充足，这使得熨斗重量大大减轻。新型无线熨斗终于诞生了，成为当年最畅销的产品。

这个简单的例子告诉我们，求异思维经常会产生意想不到的收获。

第二节　创新技法

创新技法又称为创新方法、创造技法等，据不完全统计，全世界范围内有 300 多种创新方法被提出。这么多创新方法有一个共同的特点，就是它们可以启发人们的创新性思维，加强创新思维的深度和广度，缩短创新探索的过程，促进创新成果的实现和转化。

一、整体思考法

整体思考法，又叫全面思考法，是在各种情况下，考虑所有因素的一种思维方法。当你要做一件事、想一个办法或做一个决定之前，运用整体思考法，能帮你有效地扩展视野，并使你对你的想法所面临的情况进行全面的分析，否则就很容易做错事。

整体思考法是一种重要的动脑方法，在运用它的时候，必然要注意两点：第一，想问题的时候必须要从整体出发，从全面出发，不能仅从局部出发，片面出发。宋真宗大中祥符年间，皇宫失火，一夜之间，大片宫室楼台、殿阁亭榭变成了废墟。为了修复这些宫殿，宋真宗命晋国公丁渭迅速把宫殿修复。这是一项重大工程，困难很大。可丁渭不愧是一个善于思考的人，他首先下令在大街上挖一条土沟，挖出的土作为施工用土，这样就不用到远处去取土了。其次，他把汴水引入新挖的大沟中，大批的木材、石料等建筑材料就可以从水沟里直接运到工地。在建筑任务完成以后，排除堑水，把工地上所有垃圾倒在沟内，填为平地。这就是有名的"一举而三役济"的故事。这个办法"省费以亿万计"，还大大缩短了工程的期限。丁渭所用的思考方法，就是一种整体思考法。如果丁渭不采取这种方法，而是着眼于部分、局部，各自分头解决取土、运输、处理垃圾等问题，那么，不但会造成财政上、时间上的浪费，工程现场很可能还乱成一团，城内的交通秩序也要受到极大的干扰。丁渭正是使用了这种从整体出发考虑问题的动脑方法，产生了如此奇特的效果。第二，当整体利益和局部利益发生矛盾时要坚持整体利益放弃或者牺牲局部利益。例如，在江苏海安县邓庄乡七组，人们可以看到大片稻浪随风起伏，一派丰收景象。令人奇怪的是，就在这片稻浪中，有一块地的水稻稀稀落落，黄矮瘦小，与大片齐刷刷、绿油油的田块形成了鲜明的对照。原来这块土地的耕种者周某在去年秋天稻谷上场后，他将这块面积为 25 亩的田地挖去了一尺表土，卖给了附近的砖瓦厂得了1000 多元。土表面熟土被挖，有机质含量锐减，今年春天的稻苗长得就像枯草，夏熟时稻子的收成每亩还不到 150 斤。水稻栽插后，尽管下足了基肥，用了不少化肥，可是水稻长势仍不见好。为此，有人给周某算了一笔账：夏熟时麦子少收 1000 多斤，损失了 400 多元，而秋熟减产已成定局，损失重大。今后即使加倍施用有机肥，要想使这块地恢复元气，至少需要 5 年时间。经过这么一算，这位中年庄稼汉后悔不已地说："早知这样，当初我真不该赚这块良田的黑心钱啊！"这个农民错在哪里呢？他错就错在思考问题时缺乏整体观念，只顾眼前的利益，不顾长远的利益。他根本不知道也不会运用整体思考的动脑方法去看待问题，目光短浅，必然会吃尽了苦头。

二、奥斯本检核表法

奥斯本检核表法是针对某种特定要求检核表的，主要用于新产品的研制开发。通过引导主体在创造过程中对照九个方面的问题，如表 3-1 所示，进行思考，以便启迪思路、开拓思维想象空间，促进人们产生新设想、新方案的方法。

表 3-1 奥斯本检核表

检核项目	含义
能否他用	现有事物有无其他用途，保持不变能否扩大用途，稍加改变有无其他用途。例如，中国汉朝发明的"被中香炉"是一个铜制的容器，里头放入火炭，置于被中，用于冬天取暖、薰香，这个神奇的铜制容器在被子里怎么翻滚，其四周的环形支架都能保证香炉呈水平放置，丝毫不用担心火炭会倾覆。这个 2 000 多年前的发明，若将其加以改进，则其用途与现代陀螺仪的原理是相同的
能否借用	能否引入其他的创造性设想，能否模仿别的东西，能否从其他领域、产品、方案中引入新的元素、材料、造型、原理、工艺、思路。例如，摩托车使用的前悬挂系统，来源于飞机的鼻端起落架；跑车尾翼的设计是从空气动力学中飞机尾翼的概念引用而来的；根据电吹风的原理，开发出被褥烘干机
能否改变	现有事物做些改变，如颜色、声音、味道、式样、花色、音响、品种、意义、制造方法，改变后效果如何。例如，火柴引入新设想后，开发出一系列新产品，包括防风火柴、长效火柴、磁性火柴、保险火柴等；将电炉改变成"电热毯"；将普通燃油汽车改为太阳能驱动的汽车等
能否扩大	现有事物可否扩大使用范围，能否增加使用功能，能否添加零部件以延长它的使用寿命，或增加长度、厚度、强度、频率、速度、数量、价值。例如，在普通牙膏中掺入药物就可创造一种具有防治口腔、牙齿疾病的药物牙膏
能否缩小	现有事物能否体积变小、长度变短、重量变轻、厚度变薄及拆分或省略某些部分（简单化），能否浓缩化、省力化、方便化、短路化。例如，现行铁路线上的铁轨，其横截面为"工"字形；笔记本电脑就是将台式电脑缩小的产品
能否代替	现有事物能否用其他材料、元件、结构、力、方法、符号、声音代替。例如，我们知道黄金、钻石、珠宝等饰品非常漂亮但价格很贵，于是就有了镀金首饰及各种仿真饰品；制造木筷要消耗大量森林资源，可以用塑料筷子来替代；用纸代替木料做铅笔芯外围的材料；用塑料代替金属制造某些机器零件，等等
能否调整	现有事物能否变换排列顺序、位置、时间、速度、计划、型号、内部元件可否交换。例如，生产和生活中有不少同步现象引起一定的社会问题，企业、机关同时上下班给交通、能源都带来很大压力，从能否更换的思路出发，采取错开上下班时间和轮休的办法，就能解决大问题

续表

检核项目	含义
能否颠倒	现有事物能否从里外、上下、左右、前后、横竖、主次、正负、因果等相反的角度颠倒过来用。例如，人类根据电对磁的效应发明了电动机，反之，又根据磁对电的效应发明了发电机
能否组合	能否进行原理组合、材料组合、部件组合、形状组合、功能组合、目的组合。例如，坦克就是攻击性武器（大炮）、防御性设施（堡垒）和运载工具（机动车）三者的组合；复合材料是多种材料的组合；现代传真机则组合了传真电话、复印等功能

在创新过程中，可以根据表 3-1 中的条目逐一分析问题的各个方面。这有利于提高创新的成功率。大部分人的思维总是自觉和不自觉地沿着长期形成的思维模式来看待事物，对问题不敏感，即使看出了事物的缺陷和问题，也懒于去进一步思考，不爱动脑筋，不进行积极的思维，因而难以有所创新。由于检核表法的设计特点之一是多向思维，用多条提示引导你去发散思考，突破了不愿提问或不善提问的心理障碍，在进行逐项检核时，强迫人们思维扩展，突破旧的思维框架，开拓了创新的思路，有利于提高发现创新的成功率。

比较知名的是奥斯本检核表，我国也有和田十二法。

三、六步创意法

第一步：定义——定义你要解决的问题。创意是针对一个问题的最终方案。对问题的定义，决定了解决问题的方式。问题是创意的基础。错误是由于解决过于狭隘或过于宽泛的问题而导致的。所以，要使用观察法来确定尽可能多的问题，然后将问题按从高级别到低级别进行排序。

第二步：借鉴——从具有类似问题的地方借鉴创意。它们是解决方案的"建筑材料"。使用问题定义，从具有类似的地方借鉴，从竞争对手开始，然后寻找另一个行业，最后再看看其他行业，比如科学、艺术或娱乐，看看它们是如何解决这个问题的。

第三步：组合——连接这些借来的想法。组合是创意的本质，所以，使用上一步借鉴的材料，找到一个适当的比喻来构建新想法。换句话说，使用现有的想法，通过建立比喻，扩展它，形成新概念的框架，然后在比喻失效的情况下丢弃它。

第四步：孵化——将组合孵化成一个解决方案。潜意识更擅长组合。要做到这一点，多给潜意识一点时间，让意识安静下来，这样可以倾听潜意识说话。使用工具，如：睡觉、暂停，把它放在一边，听一听误解的声音。换句话说，通常最有效的思考根本就不是思考。

第五步：判断——确定解决方案的优点和弱点。判断是观点的结果，直觉是判断的结果。使用积极和消极的判断来分析解决方案，确定想法的优缺点。这会带来创造性的直觉。判断一个想法需要做三件事情。第一，找出这个想法的弱点。一旦识别这些弱点，就可以消除这些弱点。第二，找出这个想法的优点。一旦找到这些优点，就能提升它们，保证不会在消除弱点的时候误伤了它们。第三，也是最重要的，即开发出完美的解决方案，因为这是一个具备很多优点但毫无缺陷的解决方案。

第六步：提升——强化优点，消除弱点。创意可以通过试错、调整而进化。它们会自我组织。返回前5个步骤，调整想法，重新定义，重新借鉴，重新组合，重新孵化，重新判断一切。

四、鱼骨图分析法

鱼骨分析法，又名因果分析法，是一种发现问题"根本原因"的分析方法，现代工商管理教育如 MBA、EMBA 等将其划分为问题型、原因型及对策型鱼骨分析等几类先进技术分析。鱼骨图（Fishbone analysis Method）是由日本管理大师石川馨先生所发展出来的，故又名石川图。鱼骨图是一种发现问题"根本原因"的方法，它也可以称为"因果图"。鱼骨图主要用于工商管理中建立分析模型。

（一）类型

- 整理问题型鱼骨图（各要素与特性值间存在的不是原因关系，而是结构构成关系）。
- 原因型鱼骨图（鱼头在右，特性值通常以"为什么……"来写）。
- 对策型鱼骨图（鱼头在左，特性值通常以"如何提高/改善……"来写）。

（二）五个"为什么"

在丰田公司的改善流程中，有一个著名的"五个为什么"分析法。要解决问题必须找出问题的根本原因，而不是问题本身；根本原因隐藏在问题的背后。举例来说，你可能会发现一个问题的源头是某个供应商或某个机械中心，即问题发生在哪里；但是，造成问题的根本原因是什么呢？答案必须靠更深入的挖掘，并询问问题何以发生才能得到。先问第一个"为什么"，获得答案后，再问为何会发生，以此类推，问五次"为什么"。丰田的成功秘诀之一，就是把每次错误视为学习的机会，不断反思和持续改善，精益求精。通过识别因果关系链进行诊断，这个方法的使用前提是对问题的信息要充分了解，下面这个例子可以生动地理解这种方法的特点。

【例】丰田汽车。

丰田汽车公司前副社长大野耐一先生（见图3-1），曾举了一个例子来找出生产线停机的真正原因。

有一次，大野耐一发现一条生产线上的机器总是发生停转事故，虽然修过多次但仍不见好转。于是，大野耐一与工人进行了以下的问答。

一问："为什么机器停了？"

答："因为超过负荷，保险丝就断了。"

图3-1 大野耐一

二问:"为什么超负荷呢?"
答:"因为轴承的润滑不够。"
三问:"为什么润滑不够?"
答:"因为润滑泵吸不上油来。"
四问:"为什么吸不上油来?"
答:"因为油泵轴磨损、松动了。"
五问:"为什么磨损了呢?"
再答:"因为,没有安装过滤器,混进了铁屑等杂质。"

经过连续五次不停地问"为什么",才找到问题的真正原因和解决的方法,即在油泵轴上安装过滤器。如果没有这种追根究底的精神来发掘问题,很可能只是换根保险丝草草了事,真正的问题还是没有得到解决。

【例】杰斐逊纪念堂的外墙。

杰斐逊纪念堂坐落于美国华盛顿,是为纪念美国第一任总统托马斯·杰斐逊而建的,如图3-2所示。1938年在罗斯福主持下开工,至1943年时,杰斐逊纪念堂落成并向公众开放。杰斐逊纪念堂的外墙采用花岗岩,近年来脱落和破损严重,再继续下去就需要推倒重建,要花纳税人一大笔钱,这需要市议会的商讨决议。在议员们投票之前需要请专家分析一下根本原因,并找出一些可行的解决方案。

杰斐逊纪念馆的外墙采用花岗岩,花岗岩经常脱落和破损,专家发现:

(1)脱落和破损的直接原因是外墙需要经常清洗,而清洗液中含有酸性成分。为什么要用酸性清洗液呢?

(2)花岗岩表面特别脏,因此,使用去污性能强的酸性清洗液,究其原因主要是由鸟粪造成的。为什么这个大楼的鸟粪特别多?

(3)楼顶常有很多鸟。为什么鸟愿意在这个大厦上聚集?

(4)大厦上有一种鸟喜欢吃的蜘蛛。为什么大厦的蜘蛛特别多?

图 3-2　美国杰斐逊纪念堂

（5）楼里有一种蜘蛛喜欢吃的虫。为什么这个大厦会滋生这种虫？因为大厦采用了整面的玻璃幕墙，阳光充足，温度适宜。

至此，解决方案就明显而简单了：拉上窗帘。

五个"为什么"分析方法并没有多么玄奥，只是通过一再追问为什么而深入系统，分析根本原因。若能解决问题的根本原因，许多相关的问题就会迎刃而解。

五、资源分析法

资源分析法是通过对企业资源的分析，了解企业在资源上表现出来的优势和劣势，发现在资源使用上的需要所进行的调整。

给你一根蜡烛、半盒图钉、一张说明书，要求你在尽量短的时间内，把这根蜡烛安放在垂直的木板墙上。这就是著名的"邓克尔蜡烛"问题。这个问题的答案有很多种。你可以把说明书折成一个小袋子，然后用图钉固定在木板上，再把蜡烛放进袋子里；或者不用折，直接就把说明书的三条边用图钉固定在木板上，就像我们的上衣口袋一样，然后把蜡烛放进去，你也可以直接把几个图钉钉在墙上（不完全钉入），然后直接把蜡烛安放在图钉上，等等。但是在实验过程中，很少有人能想到把图钉盒钉在木板上，然后把蜡烛安放在图钉盒里。很少有人能够想到这个方法，一个很重要的原因就是大家没有对现有的系统进行资源分析，只把图钉盒看成是装图钉的东西，而没有想到可以把它用作蜡烛托。

（一）资源的分类

设计中的产品是一个系统，任何系统都是超系统中的一部分，超系统又是自然的一部分。在设计过程当中，合理地利用资源可使问题的解更容易接近理想解，如果利用了某些资源，还可能取得附加的、未曾设想的效益。

系统在特定的空间与时间中存在，由物质构成，要应用场来完成某种特定的功能。按自然、空间、时间、系统、物质、能量、信息和功能等将资源分为 8 类，如表 3-2 所示。

表 3-2 资源的分类

序号	类型	意义
1	自然或环境资源	自然界任何存在的材料或场
2	时间资源	系统启动之前、工作之后、两个循环之间的时间
3	空间资源	位置、次序、系统本身及超系统
4	系统资源	当改变子系统的链接、超系统引进新的独立技术时，所获得的有用功能或新技术
5	物质资源	任何用于有用功能的物质
6	能量/场资源	系统中存在的或能产生的场或能量场
7	信息资源	系统中任何存在或能产生的信号
8	功能资源	系统或环境能够实现功能的能力

资源依据其在系统中的作用又可分为内部资源和外部资源。内部资源是矛盾发生在区域内产生的资源。外部资源是不在其系统时间或区域内的资源，依据其在设计当中的应用又可以分为现成资源、派生资源和差动资源。

九屏幕法就是一种资源分析方法，在阿奇舒勒的书中也称为天才思维屏幕，它包括三个层次、9块屏幕、图像和反图像。例如，以铅笔作为前系统，用九屏幕法分析如图 3-3 所示。

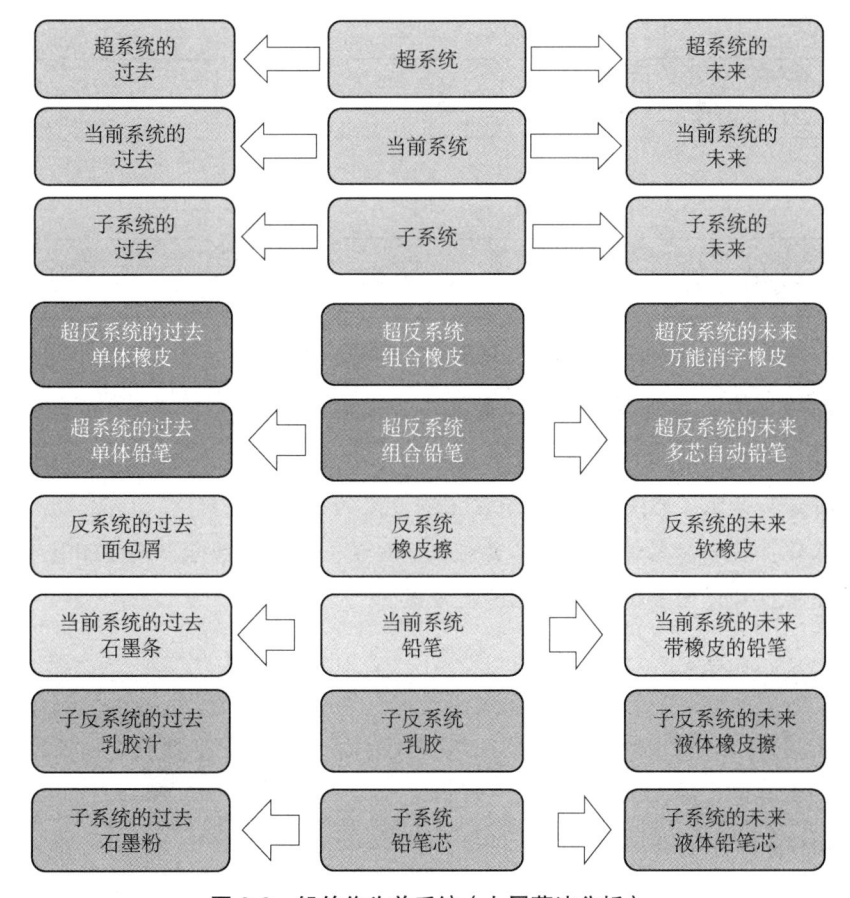

图 3-3 铅笔作为前系统（九屏幕法分析）

【例】九屏幕法分析太空钢笔，如图 3-4 所示。美国航天员在太空中用钢笔写不出字，因为太空中缺乏重力，美国航天局拨款 100 万美元专款攻关，研究在极其秘密的状态下进行。

经过半年多夜以继日的集中攻关，最后研制出一款专用的、十分精密的"太空钢笔"。庆祝会上，美国宇航局的一位官员突生疑问：我们如此费力，那苏联航天员在太空中用什么笔写字呢？谍报人员费尽周折侦查之后回来报告：苏联航天员用的是铅笔。

用九屏幕法来分析：早期宇航员使用铅笔，但字迹容易被擦模糊，保存字迹的可靠性不高；铅笔芯易折断，漂浮在空间站，容易吸入人体；铅笔尖导电，容易引发电器短路。1967 年美国一家私人公司自筹 200 万美元开发出真正的太空笔。笔芯采用密封结构，内部充有一定压力的氮气，靠气体压力（代替重力）把墨水推向笔尖，在失重状态下可正常使用。从"子系统的未来"中可以看到，稳压出水笔芯是很好的解决方案。九屏幕法教会了我们如何做系统化的思考，即要把技术系统看成是一个由过去、现在、将来组成的发展着的动态系统，看成是一个由子系统组成的系统，而其本身也是一个大系统中的子系统。

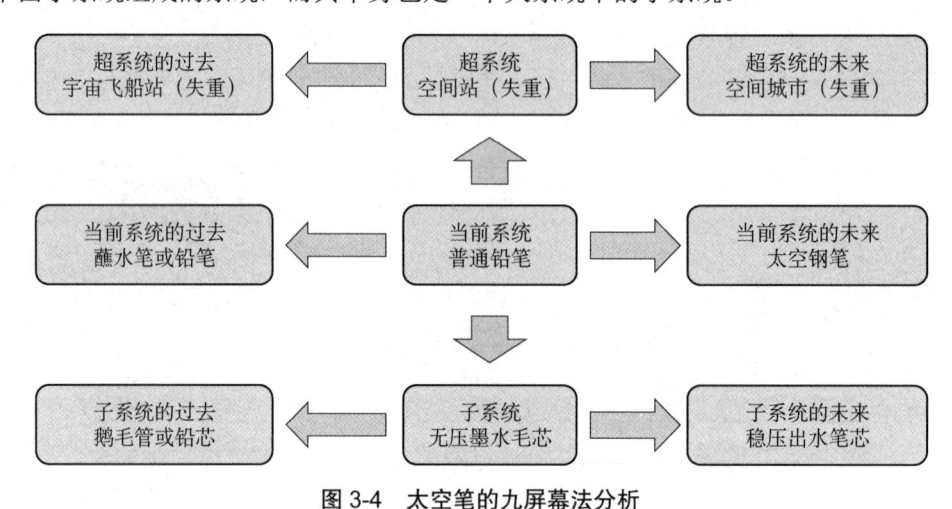

图 3-4　太空笔的九屏幕法分析

【例】如何安全地测量玻璃容器内一条毒蛇的长度（既不能被蛇咬伤，也不能将蛇弄死）？

系统的过去：测量前蛇在爬行、休息或吃东西（喂食时）。

系统的将来：冬眠（空气降温），蜕皮（测量皮的长度）。

利用超系统：玻璃容器（让蛇在容器内上下爬动，根据玻璃容器尺寸测量）、空气。

利用子系统：身体的各个部分（无解决方案）。

（二）资源分析方法

资源分析法包括现有资源分析、资源利用情况分析、资源灵活性分析、资源平衡性分析、战略适应性分析五个步骤。

1. 现有资源分析

现有资源分析的目的是确定企业目前拥有的极有可能获得的资源量。所分析的资源既包括有形资源，也包括无形资源，例如企业形象、企业与外部某些关键人物的关系等。经过分析，可以列出企业拥有和可以获得的资源清单，在这个基础上再进行进一步的资源评价，为制定战略提供可靠依据；根据一些长期从事战略管理的企业的经验，资源清单至少需要包括以下内容。

（1）企业管理力量

包括企业管理部门的构成特征及由此形成的管理优势，企业管理人员专业的分布及平衡情况，管理人员的流动情况，企业内部有关信息和沟通系统的有效程度，高级管理人员制定战略的能力等。

（2）企业职工

包括企业实际职工人数和企业任务对职工的需要量之间的平衡情况，职工的出勤率和流动率，企业有关激励政策的效果等。

（3）市场和营销

包括企业的营销队伍力量，企业对用户需要和对竞争对手的了解程度，企业产品或服务所在市场及在市场上的地位，企业营销组合的成功程度等。

（4）财务

包括企业资本结构的平衡状态，企业的现金流动、债务水平及盈利情况，企业与银行的关系，企业财务对战略成功的影响等。

（5）生产

包括生产效率和规模，存货水平或生产"瓶颈"状态，企业与供应商的关系等。

（6）设施和设备状况

包括设施和设备的满足程度，质量和使用状况，是否有进一步扩大的可能性等。

（7）企业的组织

包括是否需要进行组织再造，是否需要对工作设计进行修改等。

（8）企业形象和企业与外部环境的关系等

在进行资源分析时，我们不但需要分析企业目前已经占有的资源，还要对经过努力可以获得的资源进行分析。

2. 资源利用情况分析

资源利用情况分析的目的是要发现企业的生产效率，即产出与资源投入的比率，也可以用利润和成本的比率表示。在分析时首先要决定使用的效率指标，一般采用一些财务指标。对企业内的不同职能活动还需要采用其他一些指标，如分析营销活动的效率时可以用销售额与广告费用的比率，销售额与销售人员的工资或销售场地面积的比例。分析生产活动的效率时可以用产出数量与废次品或返工产品的比率等指标。

为了客观反映企业资源利用效率，需要将本企业的资源实际利用情况与计划目标进行对比，还需要与企业所在产业的平均情况，以及竞争对手的情况进行比较。

3. 资源灵活性分析

资源灵活性分析的目的是要确定一旦企业内外部环境发生变化，企业在及时对资源进行重新组合和开发新资源,以满足新的需求上的能力。对那些处于多变环境的企业,资源灵活性分析就显得格外重要。资源灵活性分析的有关内容与前面介绍的资源清单内容相同,但是,进行资源灵活性分析时需要着重分析那些对环境变化特别敏感的资源类。

4. 资源平衡性分析

资源平衡性分析主要包括以下三个方面。

首先是业务平衡分析。进行业务平衡分析就是要对企业内部各项业务的所处阶段进行分析,从而确定资源在各项业务之间的分配是否合理。分析的方法是业务组合分析法。

其次是现金平衡分析。分析的内容主要是企业是否拥有必要的现金储备或拥有应付近期现金需要的来源。过高的现金储备会使企业损失部分利益,债务过高会使企业资本结构过于脆弱。而且,不同产业的企业,同一产业不同产业阶段的企业对现金储备的基本要求是不同的。合理的现金储备还需要考虑所在经济环境中现金的流动情况和对现金流动的种种障碍。

最后是企业高级管理人员的平衡分析。管理人员平衡是指企业高级管理人员中是否包括了企业经营中所需要的各项职能,他们是否能采取与企业战略和企业文化一致的管理方法,另外,还要求高级管理人员的构成能适应企业战略的变化。

关于资源平衡分析存在两种观点:一种观点认为,为了保持资源的稳定平衡,需要在企业内设立适当的资源余量。例如,保持一定的安全库存量,以防止物料供应的意外停顿;生产部门,特别是装配环节应保持一定的备件量,以防止废次品;应保持一定的生产能力储备,以应付订货量的突然增加,等等。还有一种观点则认为,设置资源余量只会使企业助长容忍差错和低效率的管理。日本企业采取准时生产制就基于这一观点。

5. 战略适应性分析

战略适应性分析的目的是要了解企业制定的战略是否对内符合企业的内部能力和资源拥有情况,符合企业的组织设计,符合企业长期形成的文化特征;对外是否符合企业所处的环境,并能适应环境的变化。

通过上述分析步骤,企业可以找到内部资源的优势和劣势,发现自己具有竞争力的方面和竞争力的来源。

【单元练习】

1. 创新人才拥有许多方面的素质要求,你觉得哪种最重要,为什么?
2. 创新、创意、创造、发明、发现、革新有何异同?
3. 如何才能找到最适合自己的职业,可以采取哪些步骤和方法?
4. 你对自己的创业想法很有自信,如何找到投资方与你合作?

第四章 TRIZ 创新基本理论与方法

【学习目标】

1. 了解 TRIZ 理论的起源，掌握这一理论的发展脉络；
2. 熟悉 TRIZ 理论核心思想、基本特征，认识到 TRIZ 理论的优势；
3. 了解 TRIZ 解决问题的过程，掌握这一理论的基本哲理；
4. 掌握 TRIZ 理论的主要内容，能够运用这一理论解决实际问题。

TRIZ（俄文：теории решения изобретательских задач 俄语缩写"ТРИЗ"翻译为"发明家式的解决任务理论"，用英语标音可读为 Teoriya Resheniya Izobreatatelskikh Zadatch，缩写为 TRIZ，英文说法：Theory of Inventive Problem Solving，TIPS），可理解为发明式的问题解决理论，也有人缩写为 TIPS。

TRIZ 是由苏联发明家根里奇·阿奇舒勒所提出的，他从 1946 年开始领导数十家研究机构、大学、企业组成了 TRIZ 的研究团体，通过对世界高水平发明专利（累计 250 万件）的几十年的分析研究，基于辩证唯物主义和系统论思想，提出了有关发明问题的基本理论。

第一节 TRIZ 理论的起源

TRIZ 理论最早来源于阿奇舒勒。TRIZ 理论是阿奇舒勒（G. S. Altshuller）在 1946 年创立的，Altshuller 也被尊称为 TRIZ 之父。1946 年，Altshuller 开始了发明问题解决理论的研究工作。Altshuller 发现任何领域的产品改进，技术的变革、创新和生物系统一样，都存在产生、生长、成熟、衰老、灭亡，是有规律可循的。人们如果掌握了这些规律，就能主动地进行产品设计并能预测产品的未来趋势。以后数十年中，Altshuller 穷其毕生的精力致力于 TRIZ 理论的研究和完善。在他的领导下，苏联的研究机构、大学、企业组成了 TRIZ 的研究团体，分析了世界近 250 万份高水平的发明专利，总结出各种技术发展进化遵循的规律模式，以及解决各种技术矛盾和物理矛盾的创新原理与法则，建立一个由解决技术、实现创新开发的各种方法、算法组成的综合理论体系，并综合多学科领域的原理和法则，建立起 TRIZ 理论体系。

20 世纪 80 年代中期前，该理论对其他国家保密，80 年代中期，随着一批科学家移居美国等西方国家，逐渐把该理论介绍给世界产品开发领域，对该领域已产生了重要的影响。

21 世纪，每个国家都不可能离开全球市场而独立发展，在经济全球化的趋势下，有必要在激烈的市场竞争中求生存，而成功生存的法则就在于创新。TRIZ 理论正可以帮助我们实现批量发明创新的夙愿。

第二节 TRIZ 理论核心思想、基本特征和优势

一、TRIZ 理论核心思想和基本特征

现代 TRIZ 理论的核心思想主要体现在三个方面。首先，无论是一个简单产品还是复杂的技术系统，其核心技术的发展都遵循客观的规律发展演变，即具有客观的进化规律和模式。其次，各种技术难题、冲突和矛盾的不断解决是推动这种进化过程的动力。最后，技术系统发展的理想状态是用尽量少的资源实现尽量多的功能。

TRIZ 理论的核心思想主要体现在三个方面：

- 在解决发明问题的实践过程中，人们遇到的各种矛盾及相应的解决方案总是重复出现的，技术系统进化的模式在不同的工程及科学领域交替出现。
- 这种解决技术矛盾的发明原理与方法，虽然数量并不多，但在不同的工业及科学领域交替出现，一般科技人员都可以学习并掌握。
- 创新经常应用行业以外的科学成果来拓展思路、打破思维定势。

二、特点优势

相对于传统的创新方法，比如试错法、头脑风暴法等，TRIZ 理论具有鲜明的特点和优势。它成功地揭示了创造发明的内在规律和原理，着力于澄清和强调系统中存在的矛盾，而不是逃避矛盾，其目标是完全解决矛盾，获得最终的理想解，而不是采取折中或者妥协的做法，而且它是基于技术的发展演化规律来研究整个设计与开发过程的，而不再是随机的行为。实践证明，运用 TRIZ 理论，可大大加快人们创造发明的进程而且能得到高质量的创新产品。它

能够帮助我们系统地分析问题情境，快速发现问题的本质或者矛盾，它能够准确确定问题探索方向，突破思维障碍，打破思维定势，以新的视觉分析问题，进行系统思维，能根据技术进化规律预测未来发展趋势，帮助我们开发富有竞争力的新产品。

相对于传统的创新方法，比如试错法、头脑风暴法等，TRIZ 具有鲜明的特点和优势。TRIZ 的创新思维建立在遵循客观规律的基础上，引导人们沿着一定的维度进行发散思维，在宏观和围观之间往复发散，可以在尺寸、成本、资源等多个维度进行发散思考。从结构、时间及因果关系等多维度对问题进行全面、系统的分析，帮助我们在发散的同时能有效地进行快速的收敛。运用 TRIZ 理论，创新将像从事技术工作一样成为可能；创新不再是专家的"灵光一现"，创新可以持续不断地进行下去；对问题进行系统的分析，高效发现问题的本质，使准确定义问题和矛盾成为可能；对创新问题或矛盾解决提供更合理的方案和更好的创意；打破思维定势，激发创新思维，从更广的视角看待问题；基于技术系统进化规律，准确确定探索方向，预测未来发展趋势，开发新产品；打破知识领域界限，实现技术突破。

TRIZ 的理论核心包括基本理论和原理，具体包括：
- 总论（基本规则、矛盾分析理论、发明的等级）；
- 技术进化论；
- 解决技术问题的 39 个通用工程参数及 40 个发明方法；
- 物场分析与转换原理及 76 个标准解法；
- 发明问题的解题程序（算子）；
- 物理效应库。

总之，TRIZ 是一个包括由解决技术问题，实现创新开发的各种方法到算法组成的综合理论体系，如图 4-1 所示。

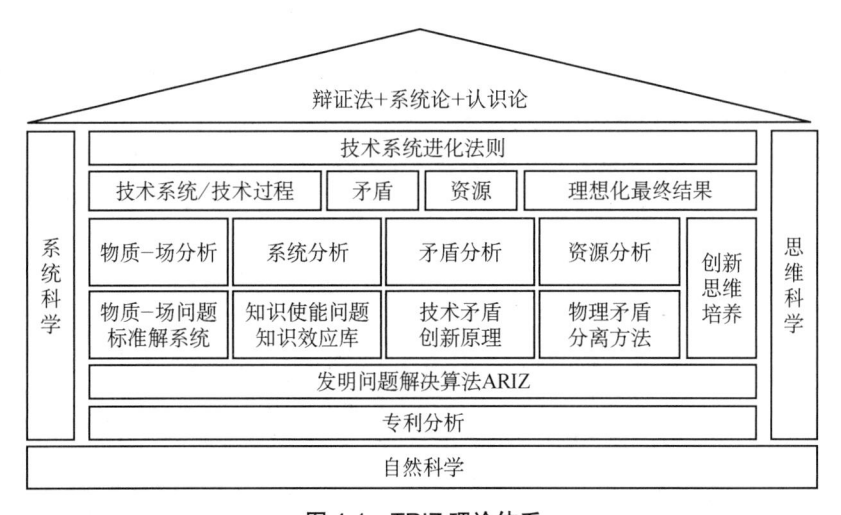

图 4-1 TRIZ 理论体系

【例】：食品烘干机的设计中存在两方面问题，一方面，新型食品烘干机应既能有效利用能源，同时又能提高产品的质量和产量。从有效利用能源的角度考虑，应采用废气循环的干燥系统，但是，随着废气循环量的增加，干燥速率降低，湿物料的干燥时间增加进而使干燥设备的费用增加。另一方面，从提高产品质量的角度来讲，要求所设计的食品烘干机有较高的干燥速率。由于物料干燥时，湿含量是逐渐减小的，在降低至临界湿含量以前，干燥速率最高，因此，采用低临界的湿含量方法，可缩短干燥时间，提高产品的质量。

第三节　TRIZ 解决问题的过程

发明问题解决理论的核心是技术进化原理。按这一原理，技术系统一直处于进化之中，解决冲突是其进化的推动力。进化速度随技术系统一般冲突的解决而降低，使其产生突变的唯一方法是解决阻碍其进化的深层次冲突。

G.S.Altshuller 依据世界上著名的发明，研究了消除冲突的方法，他提出了消除冲突的发明原理，建立了消除冲突的基于知识的逻辑方法，这些方法包括发明原理（Inventive Principles）、发明问题解决算法（Algorithm for Inventive Problem Solving，ARIZ）及标准解（TRIZ Standard Techniques）。

在利用 TRIZ 解决问题的过程中，设计者首先应将待设计的产品表达成 TRIZ 问题，然后利用 TRIZ 中的工具，如发明原理、标准解等，求出该 TRIZ 问题的普适解或称模拟解（Analogous Solution），最后设计者把该解转化为领域的解或特解。

相对于传统的创新方法，比如试错法、头脑风暴法等，TRIZ 理论具有鲜明的特点和优势。它成功地揭示了创造发明的内在规律和原理，着力于澄清和强调系统中存在的矛盾，而不是逃避矛盾，其目标是完全解决矛盾，获得最终的理想解，而不是采取折中或者妥协的做法，而且它是基于技术的发展演化规律研究整个设计与开发过程，而不再是随机的行为。实践证明，运用 TRIZ 理论，可大大加快人们创造发明的进程而且能得到高质量的创新产品。它能够帮助我们系统地分析问题情境，快速发现问题的本质或者矛盾，它能够准确地确定问题的探索方向，不会错过各种可能，而且它能够帮助我们突破思维障碍，打破思维定势，以新的视觉分析问题，进行逻辑性和非逻辑性的系统思维，还能根据技术进化规律预测未来发展趋势，帮助我们开发富有竞争力的新产品。

第四节　TRIZ 理论的基本哲理

TRIZ 理论的基本哲理包括以下 6 条。

（1）所有的工程系统服从相同的发展规则。这一规则可以用来研究创造发明问题的有效解，也可用来评价与预测如何求解一个工程系统（包括新产品与新服务系统）的解决方案。

（2）像社会系统一样，工程系统可以通过解决冲突（Conflicts）而得到发展。

（3）任何一个发明或创新的问题都可以表示为需求和不能（或不再能）满足这些需求的原型系统之间的冲突。所以，"求解发明问题"与"寻找发明问题的解决方案"就意味着在利用折中与调和不能被采纳时对冲突的求解。

（4）为探索冲突问题的解决方案，有必要利用专业工程师尚不知道或不熟悉的物理或其他科学与工程的知识。技术功能和可能实现该功能的物理学、化学、生物学等效应对应的分类知识库可以成为探索冲突问题解的指针。

（5）存在评价每项发明创造的可靠判据，这些判据是：

● 该项发明创造是不是建立在大量专利信息基础上的，基于偶然发现的少数事例的发明项目不是严肃的研究成果。事实证明，一项重大或重要的发明项目通常建立在不少于 1 万项专利（或知识产权/版权）研究的基础上。

● 发明人或研究者是否考虑过发明问题的级别，大量低水平的发明不如一项或少量高水平的发明。因为，低水平的发明只能在简单的情况下运用。

● 该项发明是不是从大量高水平的试验中提炼出来的结论或建议。

（6）在大多数情况下，理论的寿命与机器的发展规律是一致的。因而，试错法很难产生两种或两种以上的系统解。

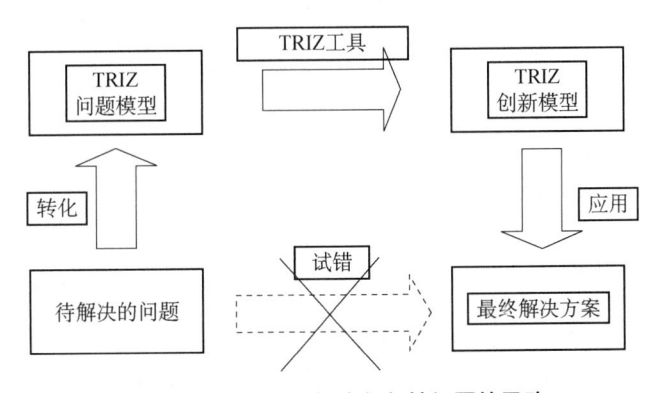

第五节　TRIZ 理论主要内容

TRIZ 理论解决创新性问题的思路在于它采用科学的问题求解方法。首先，要对一个特殊问题加以分析、定义、明确；其次，根据 TRIZ 理论提供的方法，将需要解决的问题转化为一个类似的标准问题；再次，针对不同的标准问题模型，应用 TRIZ 理论已总结、归纳出的类似的标准解决方法，找到对应的 TRIZ 标准解决方案模型；最后，将类似的标准解决方案模型，应用到具体的问题之中，就可以得到最终解决方案（见图 4-2）。当然，某些特殊问题也可以利用头脑风暴法直接解决，但难度会很大。

图 4-2　TRIZ 理论解决创新性问题的思路

一、产品进化理论

TRIZ 中的产品进化理论将产品进化过程分为 4 个阶段：婴儿期、成长期、成熟期、退出期。处于前两个阶段的产品，企业应加大投入，尽快使其进入成熟期，以便企业获得最大效益；处于成熟期的产品，企业应对其替代技术进行研究，使产品取得新的替代技术，以应对未来的市场竞争；处于退出期的产品，企业利润急剧下降，应尽快淘汰。这些可以为企业产品规划提供具体的、科学的支持。

产品进化理论还研究产品进化模式、进化定律与进化路线。应用模式、定律与路线，设计者可较快地确定创新设计的原始构思，使设计取得突破。

二、冲突解决原理

冲突解决原理是获得冲突解决所应遵循的一般规律。TRIZ 引导设计者挑选能解决特定冲突的原理，其前提是要按标准工程参数确定冲突，有 39 条标准冲突和 40 条原理可供应用。在 TRIZ 理论中，将冲突分为三类：管理冲突、物理冲突和技术冲突。

管理冲突是指为了避免某些现象或希望得到某些结果，需要做一些事，但又不知道如何去做。例如，希望提高产品质量，又不知如何去提高。

物理冲突是指为了实现某种功能，一个子系统或元件应具有一种特性，但同时出现了与该特性相反的特性。例如，飞机的机翼应有大的面积以便起飞和降落，但大的面积又影响了飞机的飞行速度。

技术冲突是指一个作用同时导致有用和有害两种结果。例如，要加强桌子的强度就要用厚的板材，但厚板材又增加了桌子的重量。

表 4-1 给出了 40 个发明原理。

表 4-1　40 个发明原理

01. 分割	11. 事先防范	21. 快速作用	31. 多孔材料
02. 抽取（分离）	12. 等势	22. 变害为利	32. 改变颜色
03. 局部质量	13. 反向作用	23. 反馈	33. 同质性
04. 增加不对称性	14. 曲面化	24. 借助中介物	34. 抛弃或再生
05. 组合	15. 动态特性	25. 自服务	35. 改变物理或化学参数
06. 多用性	16. 不足或过度作用	26. 复制	36. 相变
07. 嵌套	17. 多维化	27. 廉价替代品	37. 热膨胀
08. 重量补偿	18. 机械振动	28. 机械系统替代	38. 强氧化作用
09. 预先反作用	19. 周期性作用	29. 气压或液压结构	39. 惰性环境
10. 预先作用	20. 有效持续作用	30. 柔性壳体或薄膜	40. 复合材料

下面介绍发明原理，不仅简要地介绍它们的基本内容，给出一些在工程技术领域的应用

实例，同时也给出一些非工程领域（如管理或商业）的应用实例，以便全面地理解这些原理。发明原理之间不是并列的，是相互融合的，体现了系统进化法则。

（一）发明原理1——分割

1. 将一个物体分成相互间独立的部分

例如，为不同材料（塑料、纸、易拉罐等）的回收设置不同的回收箱。
购物网站了解顾客购买偏好，以识别主力客户和潜在客户。

2. 将一个物体分成容易组装和拆卸的部分

例如，组合家具。当部门规模增大或无法驾驭时，将其"分割"以便于管理。

3. 提高系统的可分性

例如，用可调节百叶窗代替幕布窗帘，改变百叶窗叶片的角度就可以调节外界射入的光线。为提高焊点的强度，用粉末金属熔融焊代替箔焊。将书籍分为多个章节，以改善阅读材料的陈述方式及被读者理解和接受的方式。

（二）发明原理2——抽取（分离）

1. 从物体中抽出产生负面影响的部分或属性

例如，避雷针、吸烟室、企业上市前剥离不良资产。

2. 从物体中抽出必要的部分和属性

例如，隐形眼镜。在机场使用录制的鸟声驱散鸟群。计算机键盘拥有不同的分区，各有不同的功能。将维修和售后服务外包出去。知识管理，将积累的经验或知识萃取出有用的部分并加以整理、整合成资料库，提高未来面临相关或相似问题时的运用效率。

（三）发明原理3——局部质量

1. 将物体、环境或外部作用的均匀结构变为不均匀的

例如，让系统的温度、密度、压力由恒定值改为按一定的速率增长。弹性工作制，让员工选择适合自己的工作时间。

2. 让物体的不同部分各具不同功能

例如，带橡皮的铅笔、带起钉器的榔头、剥线钳。瑞士军刀折叠着多种常用工具，如小刀、剪子、起瓶器、螺丝刀等，不同部分具有不同功能，如图4-3所示。

图4-3　瑞士军刀

3. 让物体的各部分均处于各自的最佳状态

例如，挖掘机将硬度高、耐磨的好钢制成抓爪的部分，其他部分用一般的钢，这样可在降低成本的同时保证抓爪的质量。又如在饭盒中设置间隔，在不同的间隔内放置不同的食物，避免串味。向个人授权，使员工在各自的部门能拥有决策权，各司其职。

（四）发明原理 4——增加不对称性

1. 将物体的对称外形改为不对称的

例如，引入几何特性防止元器件（电源线、USB 接口、手机充电线接口）的不正确使用，如图 4-4 所示。

图 4-4 插头引入不同几何形状

2. 增加不对称物体的不对称程度

例如，将圆形垫片改成椭圆形甚至特别的形状来提高密封程度。差异化服务，使不同顾客能依各自需求调整或自行设计所需的产品或服务，企业所提供的产品或服务由对称变为非对称。利用其他竞争者没有或拥有较其他竞争者更充分的信息提升本身的竞争优势。

（五）发明原理 5——组合

1. 在空间上，将相同物体或相关操作加以组合

例如，组合机床。CT 扫描仪是 X 射线显像与计算机的组合。

2. 在时间上，将相同或相关的操作进行合并

例如，同时分析多项血液指标的医疗诊断仪器。调温水龙头通过将冷、热水按不同比例混合，从而得到不同温度的水流。将有相互联系的组织起来或系统组合起来以完成并行操作，或优势互补。

海尔管理模式是中国传统文化中的管理精髓（东方不亮西方亮、赛马不相马、先难后易）+日本模式（团队意识、吃苦精神）+美国模式（个性舒展、创新精神）的组合。

组合包括原理组合、方案组合、功能组合、形状组合、材料组合、部件组合等。例如，手电筒钟如图 4-5 所示。

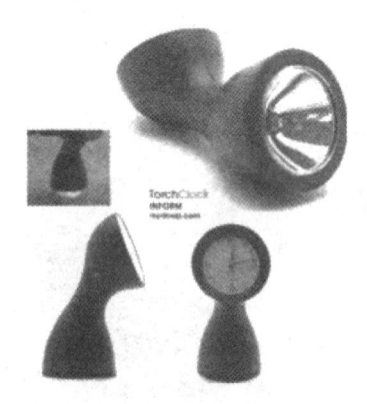

图 4-5 手电筒钟

（六）发明原理 6——多用性

使一个物体具有多种功能，例如，集打印、复印、扫描、传真多种功能的一体机。智能手机 App 是手机完善其功能，为用户提供更丰富的使用体验的主要手段。一站式购物——超市同时提供保险、银行服务、燃料及报纸销售等业务。精简机构，实现一个部门多项职能，

一人多职。满足客户多元化需求，提供多元化服务。工业界的标准是多用性原理的一种常见应用。在某种标准之下生产的零件，在与该标准相协调的系统内具有多用性用途。

（七）发明原理 7——嵌套

将一个物体嵌入另一个物体，然后将这两个物体再嵌入第三个物体，以此类推。

例如，俄罗斯套娃、伸缩式钓鱼竿、拉杆天线、伸缩变焦镜头。飞机起飞后，起落架收起在机身内部。为节省空间，将推拉门推进墙内的空腔中。店中店，将不同较小型商店或柜台置于另一较大型商店内。广告置于杂志内页，安插于节目间。灵活调整组织结构，实现组织结构的扁平化，减少管理层次。

（八）发明原理 8——重量补偿

1. 通过与环境（利用空气动力、流体动力、浮力等）的相互作用，实现物体的重量补偿

例如，潜艇排水实现上浮。不同行业结盟或与竞争者的上游供货商结盟，如国美、苏宁，以弥补本身的不足或相对弱势部分。

2. 将某一物体与另一能提供上升力的物体组合，以补偿其重量

例如，用氢气球悬挂广告条幅。液压千斤顶。用外部因素促进自身发展，用激励法调动员工的积极性和创造性。投资组合包括保守投资和进取投资，以抵消市场压力，保护投资。

（九）发明原理 9——预先反作用

1. 事先施加反作用，以抵消不利影响

例如，在浇筑混凝土之前，对钢筋预先加压应力。预留缝隙的桥梁路面。提前进行专利布局，避免专利侵权。提前分析可预知的确定情况，对不利的及时控制，避免损失。

2. 如果处于或将处于受力状态，预先施加影响

例如，iPod/iPhone 可自动计算，记录听音乐的时间和音量，由程序判定自动降低音量，保护听力。产品开发前，设计师先体验销售和客服工作。

（十）发明原理 10——预先作用

1. 在应用之前，预先对物体（部分或全部）做必要的改变

例如，不干胶粘贴。在外科手术之前，用密封容器对所有的医疗器具进行消毒。新产品上市前分析师邀请消费者一起试用，以了解消费者对新产品的需求度、观感、接受程度。

2. 做预先安排，使之能第一时间在最方便的地方投入使用

例如，高速公路的预收费系统 ETC。邮票上的孔齿（见图 4-6）。药片上的沟槽（以便于切半）。精简生产中的看板管理，企业为降低原材料或零部件的仓储成本根据需要进货。产品研发、服务设计或上市前进行市场调查。

图 4-6　邮票孔齿

（十一）发明原理 11——事先防范

采用事先准备好的应急措施，补偿物体相对较低的可靠性。

例如，汽车安全气囊、游泳救生圈。超市商品贴的防窃磁条。客服与维修中心接受顾客的抱怨，如图 4-7 所示。用预先准备好的应急措施、预案来应对事先不确定的失误和风险。在生产过程中，可建立调节性库存储备，以降低停产的风险。

图 4-7　网上投诉平台

（十二）发明原理 12——等势

改变物体的工作状况，以减少直接将物体提升或下降的需要。

例如，工厂中与操作台同高的传送带、升降机。三峡大坝水闸（见图 4-8）、巴拿马运河等利用注水系统调整水位差，使船平稳过渡。将公交车的车门底部与候车站地面相平，方便残疾人上下车。营销组织力争向新闻媒体传达均衡的公司形象及信息流，消除信息误传。改变环境、方法、工作重点等，使所管理的系统更加和谐。

图 4-8　三峡大坝五级船闸

（十三）发明原理 13——反向作用

1. 用相反的动作，代替所规定的动作

例如，奥斯特发现导线通电可以产生磁场；法拉第逆向思维发现，变化的磁场也会产生电。电冰箱吸收箱内的热量以达到降温的目的。按市场的实际，破除常规，进行逆向管理。

2. 将物体上下颠倒或内外翻转

例如，股市操作中的逆向思维，绝望时做多，而疯狂时做空。用逆排序法制定工作计划。

3. 让物体或环境，可动部分不动，不动部分可动

例如，在加工中心中将工具旋转改为工件旋转跑步机。网上在线教学，学生自己选择章节和授课教师。

（十四）发明原理 14——曲面化

1. 将物体的直线或平面部分用曲面或球面替代，改立方体结构为球形结构

例如，圆珠笔和钢笔的笔尖球形形状，书写均匀、流畅。在建筑中采用拱形或圆屋顶来增加强度。加大与相关单位和地域的联系，扩大管理面，避免单一化。

2. 使用滚筒、球状、螺旋状结构

例如，千斤顶螺旋机构产生升举力。螺丝钉与螺帽采用螺旋相接，增加了结合力和稳定性。流动服务（送餐、图书等）。

3. 改直线运动为螺旋运动，应用离心力

例如，甩干机高速旋转产生离心力，除去衣物中的水分。过山车采用急剧曲线运动产生的向心力，使其不会掉下来。

【例】莫比乌斯圈的应用

1858年，德国数学家莫比乌斯（Mobius，1790—1868）发现：将一个扭转180°后再两头黏接起来的纸条，具有魔术般的性质。因为，普通纸带具有两个面（即双侧曲面），一个正面，一个反面，两个面可以涂成不同的颜色，而这样的纸带只有一个面（即单侧曲面），一只小虫可以爬遍整个曲面而不必跨过它的边缘，如图4-9所示。

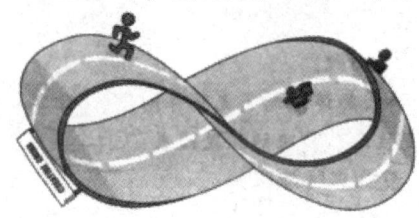

图4-9 莫比乌斯圈

1979年，美国著名轮胎公司百路驰创造性地将传送带制成莫比乌斯圈形状，这样一来，整条传送带环面各处均匀地承受磨损，避免了普通传送带单面受损的情况，使其寿命延长了整整一倍。

针式打印机靠打印针击打色带在纸上留下一个一个的墨点，为充分利用色带的全部表面，色带也常被设计成莫比乌斯圈。

在美国匹兹堡著名肯尼森林游乐园里，就有一部"加强版"的云霄飞车，它的轨道就是一个莫比乌斯圈。

莫比乌斯圈循环往复的几何特征，蕴含着永恒、无限的意义，常被用于设计各类标志。Power Architecture的商标就是一条莫比乌斯圈，甚至垃圾回收标志也是由莫比乌斯圈变化而来的。

（十五）发明原理15——动态特性

1. 调整物体或环境的性能，使其在工作的各个阶段达到最佳状态

例如，飞机自动导航系统。快速反应部队。管理手段因情况而异，不断更新管理观念，随机应变。

2. 分割物体，使其各部分可以改变相对位置

例如，折叠椅、笔记本电脑、安全气囊。

3. 使静止的物体可以移动或具有柔性

例如，检查发动机的内孔窥视仪，医疗检查中用的柔性状结肠镜。舞台上的灯能自动旋转改变照射位置，产生不同的灯光效果。网购货物的快速配送。

（十六）发明原理16——不足或过度作用

如果难以实现百分之百的功效，则应当取得略小或略大的期望效果将问题简单化。

例如，表面贴装技术的锡膏印刷工艺，锡膏印刷机的刮刀涂布上全部是锡膏，而印刷到电路板上的只是钢网开孔对应的焊盘，其他的被钢网阻挡。用针管抽取液体时不能吸入准确的剂量，而是先多吸再将多余的液体排出，这样可以简化操作难度。适当授权于他人，使人尽其才。进入一个新市场，透过所有的媒介，如邮件、报纸、本地杂志、地方电台、本地电视或广告栏等做广告。

（十七）发明原理 17——多维化

1. 将一维变为二维或三维结构

例如，螺旋式楼梯减少占地面积。印制电路板经常采用两面都焊接电子元器件的结构，比单面焊接节省面积。建立具有多样性、多变性和多层次的管理模式。

2. 单层排列的物体，变为多层排列

例如，立体停车场、城市的立体交通（见图 4-10）、组织的层级化。

图 4-10　新型立交桥

3. 将物体倾斜或侧向放置

例如，侧向自卸车。遇到物体，从另一个角度思考解决之道。

4. 利用照射到临近表面或物体背面的光线

例如，从垂直改变到水平的（横向）思考，反之亦然。

【例】3D 晶体管

英特尔公司于 2011 年宣布美籍华人胡正明教授发明"年度最重要技术" ——世界上第一个 3D 晶体管"Tri-Gate"。晶体管是现代电子学的基石，此项发明堪称晶体管历史上最伟大的里程碑式发明，甚至可以说是"重新发明了晶体管"。使用了半个多世纪的 2D 平面结构终于迈入 3D 立体时代。

3D Tri-Gate 晶体管架构能够有效提高单位面积内的晶体管数量，提供同等性能的同时，功耗降低一半，非常适合以轻薄著称的移动设备。它将取代 CPU 领域现有的 2D 架构，手机和消费电子等移动领域都将应用这一技术。22nm 的 3D Tri-Gate 晶体管立体结构在单位面积上承载更多的晶体管数量，助 Ivy Bridge 晶体管数量成功突破 10 亿。

(十八)发明原理 18——机械振动

1. 使物体处于振动状态

例如,电动剃须刀、电动牙刷(见图 4-11)。选矿使用筛选机通过振动筛去不需要的东西,留下矿石。在高频炉中对液体金属进行电磁搅拌,使其混合均匀。许多让人们惧怕的事(如波动、骚动、不平衡)都是创造力的来源。正确处理波动因素,使目标系统不断处于改进状态。

2. 提高物体振动频率

例如,振动刻刀。用多种形式(新闻稿、企业内网、会议等)进行交流。

3. 利用共振现象

例如,用超声波共振来破碎胆结石或肾结石。超声波测距仪、超声波探伤仪。核磁共振成像。广告促销应打动消费者的心(产生共鸣)。

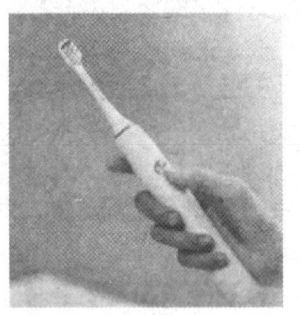

图 4-11 电动牙刷

4. 用压电振动代替机械振动

例如,石英晶体振荡驱动高精度的钟表。喷墨打印机由压电晶体振动控制喷墨。聘请外部专家进行咨询。

(十九)发明原理 19——周期性作用

1. 用周期性动作或脉冲,代替连续动作

例如,用脉冲式的声音代替连续警报声。农业中滴灌代替连续放水。潮汐运输流量计划以缓和繁忙运输区的进出。有些企业采用 CEO 轮岗制度。

2. 如果动作是周期性的,改变其运动频率

例如,变频空调。调频收音机。在工厂里,使处于瓶颈地位的工序持续运行,达到最好的生产状态。灵活利用产品的周期性,调整状态。用周期规律的行为代替连续行为。不定期审计。

3. 利用脉冲间隙来执行另一个动作

例如,挖煤机钻头充上水并加上脉冲压力,以便更好更容易地挖煤。实施每月或每周汇报而不是年度审查。淡季时加强员工培训,以便旺季能应付自如。

【例】如何清除飞机跑道上的积雪

问题描述:在下大雪的时候,机场往往用强力鼓风机来清除跑道上的积雪。但是,如果在积雪量很大的情况下，强力鼓风机往往不能有效地清除积雪。

解决方法：可以用"周期性动作"原理来解决这个技术矛盾，如图4-12所示。

脉冲装置让空气流按照一定的脉冲频率排出。这种脉冲气流的除雪效率是相同功率、连续气流除雪效率的两倍。

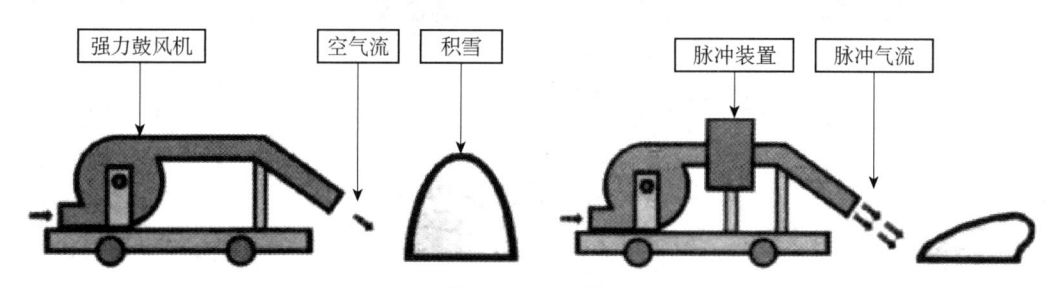

图4-12 使用脉冲装置能更有效除雪

（二十）发明原理20——有效持续作用

1. 消除空间或间歇性动作

例如，打印头在回程中也执行打印动作，如点阵打印机、喷墨打印机。油轮向中东运去水，运回石油。使组织持续有效地工作，对组织持续改进，消除不足和无用工作。

2. 物体的各个部分同时满载工作，以提供持续可靠的性能

例如，汽车在路上停车时，飞轮（或液压系统）储存能量，使发动机运转平稳。

（二十一）发明原理21——快速作用

将危险或有害的作业在高速下运行。

例如，牙医使用高速电钻，避免烫伤口腔组织。快速切割塑料，在材料内部的热量传播之前完成，避免变形。高温瞬时灭菌设备。照相用闪光灯。提高当事人的快速反应能力，及时消除不利因素和突发事件。解雇员工的最好方式——当机立断！不要将解雇过程拖得太长。

（二十二）发明原理22——变害为利

1. 将有害的要素相结合进而消除有害的作用

例如，摩擦焊接。潜水中采用氦氧混合气体，以避免单独使用造成昏迷或中毒。碱性液体通过管道时会在管道内壁留下沉积物，而酸性液体通过管道时会腐蚀管道内壁。让碱性液体和酸性液体轮流同时从管道通过，就会同时解决这两种问题。

2. 利用有害的因素，得到有益的结果

例如，废热发电（见图4-13）。海潮发电。让员工多参加职业培训，虽然成本不菲，但有利于提升企业的竞争力。

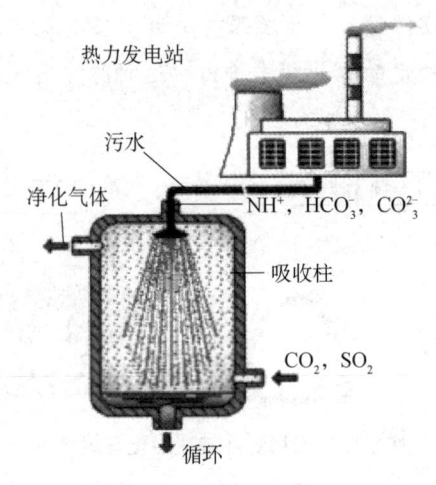

图 4-13　废热发电

3. 增大有害性的幅度，直至有害性消失

例如，逆火灭火。中医"以毒攻毒"疗法。

（二十三）发明原理 23——反馈

1. 在系统中引入反馈

例如，盲道。音乐喷泉，随着音乐节奏快慢、声音的高低信息传递给水流控制系统，使喷泉随着音乐而变化。应用反馈机制调整管理系统，鼓励下级和用户反映情况。

2. 如果已引入反馈，改变其大小或作用

例如，宇宙飞船的反馈系统将船内船外的一切情况报告给地面接收装置。
管理评价方式，由考虑预算多少的差异，改为评价提高用户满意度（见图4-14）。

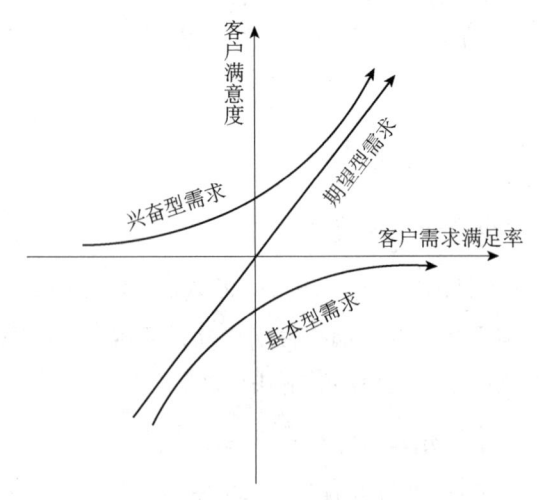

图 4-14　KANO 用户满意度模型

（二十四）发明原理24——借助中介物

1. 使用中介物实现所需动作

例如，用拨子弹月琴，防止琴弦对手的伤害。科幻电影中机甲战士的模拟驾驶装备。将非核心的工作（如清洁服务、运输）外包出去。通过中介机构向委托人提供服务。

2. 将一物体与另一容易去除物暂时结合在一起

例如，在化学反应中加入催化剂。饭店上菜时用的托盘。

（二十五）发明原理25——自服务

1. 物体通过执行辅助或维护功能，为自身服务

例如，红外感应水龙头（见图4-15）、自动柜员机（ATM）、快餐店客户自助服务。石英表利用穿戴者运动之动能实现自我充电。通过附加功能实现内部循环。

2. 利用废弃的能量与物质

例如，火箭在冲出大气的过程中，每一节燃料用完后就会将壳体自动解体落回地面。将麦秸或玉米秆等直接填埋用作下一季庄稼的肥料。雇用退休但有经验的人员。

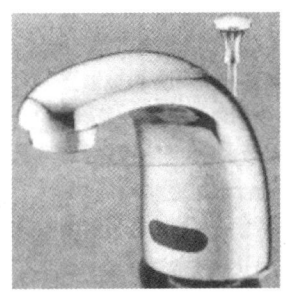

图4-15 红外感应水龙头

（二十六）发明原理26——复制

1. 用简单而廉价复制品代替难以得到、复杂、昂贵、不方便、易损坏的物体

例如，风洞实验中的模型飞机（见图4-16）、汽车、桥梁、自行车运动员、虚拟现实系统（如飞行模拟器，如图4-17所示）。用能力相符的人填补空岗，将别的企业管理制度应用到本企业。

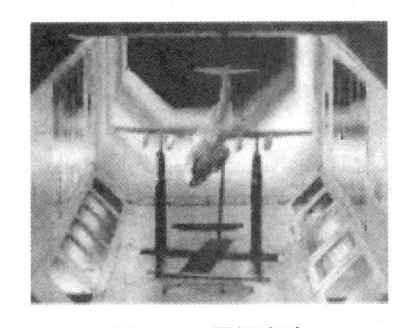

图4-16 风洞实验　　　　图4-17 飞行模拟器

2. 用光学拷贝（图像）代替物体或物体系统，可按一定比例放大或缩小

例如，利用影子测量高楼。用卫星图像替代实地考察。个人数据放在网站上，随时随地可调用。

3. 如果已使用了可见光复制品，用红外线或紫外线复制品替代

例如，利用紫外光诱杀蚊蝇。

（二十七）发明原理 27——廉价替代品

用廉价物体代替昂贵物体，实现相同的功能。

例如，一次性物品（如纸杯、注射器等）。数值仿真用于作业分析（虚拟战争游戏、虚拟商业发展、策略规划模型）。大量雇用短期打工人员促销或收割。用低廉的虚拟系统代替实物。

（二十八）发明原理 28——机械系统替代

1. 用光学系统、声学系统、电磁学系统或影响人类感觉的系统，代替机械系统

例如，声控灯，由声控开关系统替代机械开关，省时省电。视频会议节省费用。使组织形式由非生态式向生态式转化，增强自我适应能力。

2. 使用与物体相互作用的电场、磁场、电磁场

例如，电磁场替代机械振动混合粉末，使粉末混合得更加均匀。儿童磁铁手写板。移动互联网。

3. 用可变场代替恒定场，运动场代替静止场，结构化场代替非结构化场

例如，变频空调。

4. 使用场和被场激活的颗粒

例如，通过交变的磁场加热含有铁磁材料的物质，当温度超过居里点后，材料变成顺磁性的，并且不再吸热，如磁悬浮列车，如图 4-18 所示。

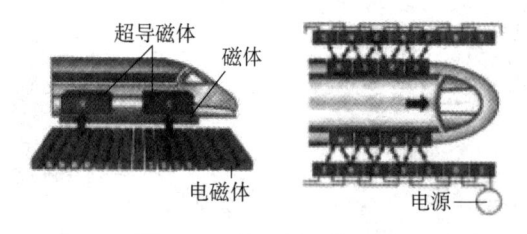

图 4-18 磁悬浮列车原理

思维导图是应用于记忆、学习、思考等的思维"地图"，有利于人脑扩散思维的展开。

（二十九）发明原理 29——气压或液压结构

将物体的固定部分用气体或流体替代。

例如，气垫运动鞋，减少运动对足底的冲击（见图 4-19）。将车辆减速时的能量储存在液压系统中，在加速时使用这些能量。液压传动挖掘机。组织弹性的（流动的）组织架构而非固定的阶层式架构。使组织趋于灵活且富有弹性，在决策和处理问题时有可调余地。

图 4-19　气垫运动鞋

（三十）发明原理 30——柔性壳体或薄膜

1. 使用柔性壳体或薄膜替代传统的三维结构

例如，用在手机、PC 等智能产品的触摸屏、薄膜开关（轻触、防水）。薄膜太阳能电池。

2. 使用柔性壳体或薄膜，将物体与环境隔离

例如，蔬菜大棚。在蓄水池表面覆一层双极材料（上表面为亲水性的，下表面为疏水性的）的薄膜，减少水的蒸发。以人为本，市场为导向，将软性要素整合为一体。在技术合作中区分技术秘诀和一般知识。

（三十一）发明原理 31——多孔材料

1. 使物体变为多孔或加入多孔物体

例如，泡沫金属（失重条件下，在液态的金属中通入气体，气泡将不"上浮"，也不"下沉"，均匀地分布在液态金属中，凝固后就成为轻得像软木塞似的泡沫钢），用它做机翼，又轻又结实。纤维、蜂窝煤。泡沫陶瓷过滤片如图 4-20 所示。

图 4-20　泡沫陶瓷过滤片

2. 若物体的结构是多孔结构，在多孔结构中填入有用的物质

例如，用多孔的金属网吸走接缝处多余的焊料。以植物纤维为原料制成的吸声板用以解决建筑物的隔声问题，从而消除噪声。增强与外单位及用户的联系。吸收有用信息，优化资源配置。

(三十二)发明原理 32——改变颜色

1. 改变物体或环境的颜色

例如,灯会、烟火。酒店或餐厅用绿色或其他自然色装饰,给人一种回归自然的感觉。

2. 改变物体或环境的透明度或可视性

例如,感光玻璃,随光线改变其透明度。透明绷带不必取掉便可观察伤情。增加管理透明度,实施监控管理。

3. 在难以观察的物体中使用着色剂或发光物质

例如,紫外光笔辨别伪钞,pH 试纸。在半导体的处理过程中,采用照相平版印刷术将透明材料改成实心遮光板。同样地,在丝绢网印花处理中,将遮盖材料由透明改成不透明。表彰先进,激励他人。

(三十三)发明原理 33——同质性

相互作用的物体采用同一材料或特性相近的材料。

例如,用金刚石切割钻石。利用品牌策略及品牌延伸,实施管理的扩大化。波音公司的共同工作小组——导入顾客和供货商参与设计。

(三十四)发明原理 34——抛弃或再生

1. 采用溶解、蒸发等手段摒弃已完成功能的多余部分,或在工作过程中直接改变它们

例如,可溶性的药物胶囊。火箭点火起飞后,某些部件上的泡沫保护结构完成其作用后在太空中蒸发。

2. 在工作过程中直接补充物体被消耗的部分

例如,自动铅笔。抛弃和修改无用的或低效率的组织,修复被损伤的组织。

(三十五)发明原理 35——改变物理或化学参数

1. 改变物体的物理状态

例如,将氧气、氮气或石油气从气态转换成液态,以减小体积。管理人员、结构等随外界和内部的变化而变化,以适应发展。

2. 改变物体的浓度或密度

例如,液态洗手液替代固体肥皂,前者比后者浓度高,可以定量控制使用,减少浪费。

3. 改变物体的柔性

例如，硫化橡胶改变了橡胶的柔性和耐用性。增加产品各模块的兼容性，以适应不同市场。

4. 改变物体的温度或体积等参数

例如，温度升高到居里点以上，铁磁体会变成顺磁体。烹饪食品（利用升温改变食品的色、香、味）。激起员工对公司未来的信心，让员工充分介入战略计划或获得优先认股权等。

【例】柔性制造系统（Flexible Manufacturing System，FMS）

随着人们对产品的功能与质量的要求的提高，产品更新换代的周期越来越短，产品的复杂程度也随之提高，传统的大批量生产方式受到了挑战。因为在大批量生产方式中，柔性和生产率是相互矛盾的。只有品种单一、批量大、设备专用、工艺稳定、效率高，才能形成规模经济效益；反之，多品种、小批量生产，设备的专用性低，在加工形式相似的情况下，频繁地调整工夹具，工艺稳定难度增大，生产效率势必受到影响。为了同时提高制造工业的柔性和生产效率，使之在保证产品质量的前提下，缩短产品生产周期，降低产品成本，最终使中小批量生产能与大批量生产抗衡，柔性自动化系统便应运而生。

自从1954年美国麻省理工学院第一台数字控制铣床诞生后，20世纪70年代初柔性自动化进入了生产实用阶段。几十年来，从单台数控机床的应用逐渐发展到加工中心、柔性制造单元、柔性制造系统和计算机集成制造系统，使柔性自动化得到迅速发展。

（三十六）发明原理36——相变

利用物质相变时产生的某种效应，如体积改变、吸热或放热。图4-21所示为热管散热器。

例如，水凝固成冰时体积膨胀，可利用这一特性进行无声爆破。在两千多年前，汉尼拔·巴卡在进军罗马时，巨大的石头挡住了前进通道，晚上他将水泼在石头上，整夜的寒冷使水冰冻，并且膨胀，石头分裂成很多小块，就容易搬走了。电源的保险丝，当电路短路时产生高温，保险丝熔化实现自动断电，防止发生危险。决策者利用系统由一个阶段向另一个阶段过渡期的特点，调整战略。

图4-21 热管散热器

（三十七）发明原理——热膨胀

1. 使用热膨胀或冷却收缩特性

例如，温度计利用热胀冷缩的原理测量温度。装配钢双环时，可使内环冷却收缩，外环升温膨胀，再将两环装配，待恢复常温后，内外环紧紧装配在一起了。利用经济或产品的热度扩大市场份额。

2. 组合使用不同热膨胀系数的材料

例如，热敏开关（两条黏在一起的金属片，由于两片金属的热膨胀系数不同，对温度的敏感程度也不一样，温度改变时会发生弯曲，从而实现开关的功能）。

（三十八）发明原理38——强氧化作用

1. 用富氧空气替代普通空气

例如，为持久在水下潜水，向水下呼吸器中储存浓缩空气。水下呼吸器中通过使用氮氧混合气体来延长潜水时间。为组织注入新鲜血液。

2. 用纯氧替代空气

例如，用高压纯氧杀灭伤口细菌。为创意团队提供休闲和愉悦的宽松环境。

3. 将空气或氧气用电离放射线处理，产生离子化氧气

例如，在化学实验中使用离子化气体加速化学反应。空气过滤器通过电离空气来捕获污染物（见图4-22）。

4. 用臭氧替代离子化氧气

例如，臭氧溶于水中可以去除船体上的有机污染物。某些个体在任何组织之内都是变革的"催化剂"，敢于创新，不断播撒变革的种子。

图 4-22 空气过滤器

（三十九）发明原理39——惰性环境

1. 用惰性环境替代通常的环境

例如，在硅材料的生产过程中，氮气和氩气作为保护气体和载流气体。用惰性气体填充灯泡，做成霓虹灯。

2. 在物体中添加惰性或中性添加剂

例如，添加泡沫吸收声振动，如高保真音响。

3. 使用真空环境

例如，真空包装食品，延长储存期。创造一种免于干扰的环境，以便团队成员能够畅所欲言。

（四十）发明原理40——复合材料

用复合材料替代均质材料。

例如，用复合的环氧树脂/碳素纤维制成的高尔夫球杆其重量更轻，强度更高，且比金属更具有柔韧性。玻璃纤维制成的冲浪板，比木质板更轻，便于控制运动方向，也易于制成各种形状。产品开发团队与不同的文化和地域结合，满足不同的国际市场需求。

为了方便发明人有针对性地利用 40 个发明原理，德国 TRIZ 专家统计出 40 个发明原理的适用场合，如表 4-2 所示。

表 4-2 40 个发明原理的适用场合

适用场合	发明原理
适用频率最高	01.分割，02.抽取（分离），10.预先作用，13.反向作用，15.动态特性，18.机械振动，19.周期性作用，28.机械系统替代，32.改变颜色，35.改变物理或化学参数
应用于设计场合	01.分割，02.抽取（分离），03.局部质量，04.增加不对称性，05.组合，07.嵌套，08.重量补偿，13.反向作用，15.动态特性，17.多维化，24.借助中介物，26.复制，31.多孔材料
有利于大幅度降低成本	01.分割，02.抽取（分离），03.局部质量，05.组合，10.预先作用，16.不足或过度作用，20.有效持续作用，25.自服务，26.复制，27.廉价替代品
提高系统效率	10.预先作用，14.曲面化，15.动态特性，17.多维化，18.机械振动，19.周期性作用，20.有效持续作用，28.机械系统替代，29.气压或液压结构，35.改变物理或化学参数，36.相变，37.热膨胀，40.复合材料
消除有害作用	02.抽取（分离），09.预先反作用，11.事先防范，21.快速作用，22.变害为利，32.改变颜色，33.同质性，34.抛弃或再生，38.强氧化作用，39.惰性环境
易于操作和控制	12.等势，13.反向作用，6.不足或过度作用，23.反馈，24.借助中介物，25.自服务，26.复制，27.廉价替代品
提高系统协调性	01.分割，03.局部质量，04.增加不对称性，05.组合，06.多用性，07.嵌套，08.重量补偿，30.柔性壳体或薄膜，31.多孔材料

三、物质—场分析标准解

Altshuller 对发明问题解决理论的贡献之一是提出了功能的物质—场（Substance-field）描述方法与模型。其原理为，所有的功能都可分解为两种物质及一种场，即一种功能由两种物质及一种场的三元件组成。产品是功能的一种实现，因此，可用物质—场分析产品的功能，这种分析方法是 TRIZ 的工具之一。

依据该模型，Altshuller 等提出了 76 种标准解，并分为如下 5 类。

● 不改变或仅少量改变已有系统：13 种标准解。
● 改变已有系统：23 种标准解。
● 系统传递：6 种标准解。
● 检查与测量：17 种标准解。
● 简化与改善策略：17 种标准解。

由已有系统的特定问题，将标准解变为特定解即为新概念。

四、效应

效应指应用本领域特别是其他领域的有关定律解决设计中的问题。如采用数学、化学、生物、电子等领域中的原理解决机械设计中的创新问题。

在解决实际问题的过程中,往往需要多个不同专业的知识,如各种各样的物理效应、化学效应或几何效应,以及这些效应的某些方面。我们可以借助科学效应对应表,通过如下 5 个步骤解决实际问题。

(1)问题分析。首先根据问题的实际情况定义出解决此问题所需要的功能,并建立"How To"模型。"How To"模型是描述问题系统所需功能的一种定义问题的方法,其基本形式为"如何+动词+名词",例如如何提高温度、如何测量压强等。

(2)查找功能代码。从 30 个标准"How To"模型(功能代码表)中选择与问题所需功能相关的模型代码,构建问题模型。30 个标准"How To"模型是阿奇舒勒对众多专利问题中要实现的功能加以归纳总结而提出的。

(3)查询科学效应。结合科学效应对应表,根据"How To"问题模型代码查找相应的 TRIZ 推荐的科学效应和现象。

(4)效应取舍。对 TRIZ 推荐的多个科学效应和现象逐一筛选,找到适合本问题的科学效应。

(5)方案制定。查找该科学效应的详细解释,结合专业知识与行业经验,将该效应应用于问题解决,形成最终的解决方案。

例 1:感温汤匙

前几天,尹问特的妈妈答应邻居帮忙照料小婴儿。患感冒的妈妈悉心看护小婴儿,吃饭时还细心地盛起食物舔一舔、吹一吹,确保食物不烫,才喂给小婴儿吃。尹问特觉得这样做很容易把感冒病菌传染给婴儿,要是给妈妈戴上口罩给婴儿喂食,又不能感知食物的温度。该怎么办?

尹问特想着能不能把汤匙改造一下。他决定借助科学效应对应表对问题加以分析。分析得出,关键问题是如何让汤匙感知温度。根据 30 种"How To"模型查找与之相关概念的模型。由于该问题主要实现的功能是感应温度,可以快速地选择模型一测量温度(F01),借助科学效应对应表,查找对应的科学效应,有热膨胀、热双金属片、汤姆逊效应、热电现象、热电子发射、热辐射、电阻、热敏性物质、居里效应、巴克豪森效应、霍普金森效应等共 12 个,详细研究每个效应的解释后选择热敏性物质。由于热敏性物质在受热时能发生极速变化,可用来表示温度变化。尹问特将汤匙头部材料改为一种热可塑橡胶的感温材料,这种材料的颜色能根据温度的变化而变化,当食物超过一定温度(一般婴儿进食温度为 30~40℃),汤匙就会变色,据此设计出了一款可感应温度的汤匙。

例 2:结冰的电线

下雪了,大雪不一会儿就给大地铺上了一层厚厚的白色地毯。尹问特透过窗子看着这美丽的景色，突然发现外面的输电线也铺满一层冰霜，雪这样压着输电线很危险，容易造成线路跳闸、输电线路塔损坏等严重后果，应及时清除冰雪。

以往，人们为了能快速、有效地去除地面上的雪，通常会在地面上撒盐使冰雪融化，但应用于输电线上不太可行。尹问特觉得不如用科学效应来解决这个题。他分析了该问题的关键——如何（在寒冷的冬天）去除电线上的冰雪。除了撒盐，加热升温是融解冰雪的不二之选。通过查找科学效应对应表，查找到提高温度（F03），根据效应对应表，推荐的科学效应有电磁感应、电介质、焦耳—楞次定律、放电、电弧、吸收、发射聚焦、热辐射、珀耳帖效应、热电子发射、汤姆逊效应、热电现象等。经过逐一分析，尹问特选择了电磁感应效应——闭合电路的导体在磁场中作切割磁感线的运动时，导体中就会产生电流。由于强输电线具有交变的磁场，选择铁氧体环作为闭合导体，铁氧体就可以产生感应电流，并伴有焦耳热的产生，借助电磁感应带来的热量可以使冰雪迅速融解。

但考虑铁氧体环会常年为电线加热，天气炎热时会对输电线造成损害，需要进一步结合居里效应——磁物质加热到一定的临界温度，由于金属点阵的热运动加剧，磁畴遭到破坏时，铁磁物质将转变为顺磁物质，磁滞现象消失。结合铁磁性材料的临界点（简称居里点），当外界温度低于0℃时能产生电磁感应，对输电线加热，融解冰雪，高于0℃时磁性消失，不产生任何反应。尹问特有效结合电磁感应效应和居里效应解除了冰雪给输电线带来的隐患，对输电线的搭建、维护起到了重要的作用。[①]

五、ARIZ：发明问题解决算法

TRIZ 理论认为，一个问题解决的困难程度取决于对该问题的描述或程式化方法，描述得越清楚，问题的解就越容易找到。TRIZ 中，发明问题求解的过程是对问题不断描述、不断程式化的过程。经过这一过程，初始问题最根本的冲突被清楚地暴露出来，能否求解已很清楚，如果已有的知识能解决该问题则该问题有解，如果已有的知识不能解决该问题则该问题无解，需等待自然科学或技术的进一步发展。该过程是靠 ARIZ 算法实现的。

ARIZ（Algorithm for Inventive-Problem Solving）称为发明问题解决算法，最初由阿奇舒勒于 1977 年提出，是 TRIZ 的一种主要工具，是发明问题解决的完整算法，该算法采用一套逻辑过程逐步将初始问题程式化。该算法特别强调冲突与理想解的程式化，一方面技术系统向着理想解的方向进化，另一方面如果一个技术问题存在冲突需要克服，该问题就变成了一个创新问题。

ARIZ 中，冲突的消除有强大的效应知识库的支持。效应知识库包含物理、化学、几何等效应。作为一种规则，经过分析与效应的应用后问题仍无解，则认为初始问题定义有误，需对问题进行更一般化的定义。应用 ARIZ 取得成功的关键在于没有理解问题的本质前，要不断地对问题进行细化，一直到确定了物理冲突为止。该过程及物理冲突的求解已有软件支持。

[①] 江帆，黎斯杰. 今天你创新了吗？TRIZ 创新小故事[M]. 北京：知识产权出版社，2017（12）：153-156.

在 ARIZ 基础理论中，有以下 3 条原则。
- ARIZ 是通过确定和解决引起问题的技术矛盾来实现的。
- 问题解决者一旦采用 ARIZ 来解决问题，其惯性思维因素必须被加以控制。
- ARIZ 也需要不断地获得广泛的、最新的知识基础的支持。

随着 ARIZ 的提出，后期经过多次完善才形成比较完善的理论体系。其包括九大步骤：①分析问题；②分析问题模型；③陈述 IFR 和物理矛盾；④动用物质—场资源；⑤应用知识库；⑥转化或替代问题；⑦分析解决物理矛盾的方法；⑧利用解法概念；⑨分析问题解决的过程等。

六、常规问题与发明问题

产品设计是要解决问题的。如果产品的初始状态与理想状态之间存在距离，则称为问题，设计过程是解决问题的过程，是使产品由初始状态通过单步或多步变换实现或接近理想状态的过程。如果实现变换的所有步骤都已知，则称为"常规问题"（Routine Problem），如果至少有一步未知，则称为"发明问题"（Inventive Problem）。解决常规问题的设计是常规设计，解决发明问题的设计是创新设计。

【单元练习】

1. 你能简单解释一下什么是 TRIZ 理论吗？
2. 结合你了解的案例，说明如何用 TRIZ 理论解决问题及其核心是什么。

第五章 创新与创业

当创业者拥有或者能够控制那些稀有的、有价值的、难以复制的和不可替代的资源时，他们就可以为自己所建立的创业企业建立起持久的竞争优势。

——【美】马克·J. 多林格

【学习目标】

1. 让学生充分了解创新创业的基本内涵；
2. 学习创业者的基本素质，理解创新与创业的关系；
3. 学习贝尔宾团队角色理论，明晰在创业团队中各个角色的定位；
4. 学习如何组建一支创业团队，让团队中各个角色发挥最大的价值；
5. 创业团队的组建和管理，通过本章教学，使学生了解创业过程中的资源需求和资源获取方法，掌握创业资源管理的技巧和策略。

【导入案例】

洛克菲勒的女婿

在美国的一个农村，住着一位老人，他有三个儿子。大儿子、二儿子都在城里工作，小儿子和他住在一起，父子俩相依为命。突然有一天，一个成功的商人找到老人，对他说："尊敬的老人家，我想把你的小儿子带到城里去工作。"老人气愤地说："不行，绝对不行，你走吧！"这个人接着说："如果我在城里给你的儿子找个对象呢？"老人摇摇头："不行，快走吧！"这个人又说："如果你未来的儿媳妇是洛克菲勒的女儿呢？"老人想了又想，终于被让儿子当上洛克菲勒女婿的这件事打动了。过了几天，这个人找到了美国首富石油大亨洛克菲勒，对他说："尊敬的洛克菲勒先生，我想给你女儿找个对象。"洛克菲勒说："你快走吧！"这个人又说："如果你未来的女婿是世界银行的副总裁呢？"洛克菲勒于是同意了。又过了几天，这个人找到了世界银行的总裁，对他说："尊敬的总裁先生，您应该马上任命一个副总裁。"总裁说："不必了，这里这么多副总裁，我为什么还要任命一个副总裁呢，而且必须是马上？"这个人说："如果你任命的这个副总裁是洛克菲勒的女婿呢？"总裁当然同意了。这个小故事反映出当代企业家配置资源的最佳方式。

——摘自陈思亮.洛克菲勒的女婿[J]. 现代交际，2007（12）：29，30.

思考题：

1. 成功的商人如何将老人的小儿子变成了洛克菲勒的女婿？
2. 这个案例给了你哪些启示？

第一节　创业的基础是创新

创业的本质在于把握机会、创造性的资源整合、创新和快速行动。所以说创业的本质是创新，创新是创业的灵魂，两者之间存在密切的内在联系。

狭义的创业是一个经济学的范畴，是指主体以创造价值和就业机会为目的，通过组建一定的企业组织形式，为社会提供产品服务的经济活动。这种创业对创新的要求并不高，更多强调的是有组织的经济活动。

创新是以新思维、新发明和新描述为特征的一种概念化过程。创意起源于拉丁语，它原意有三层含义，第一，更新；第二，创造新的东西；第三，改变。只要是创业，就有一个从无到有的过程，所以说创新是创业的基础，创业推动着创新，也推动着社会进步，如图5-1所示。

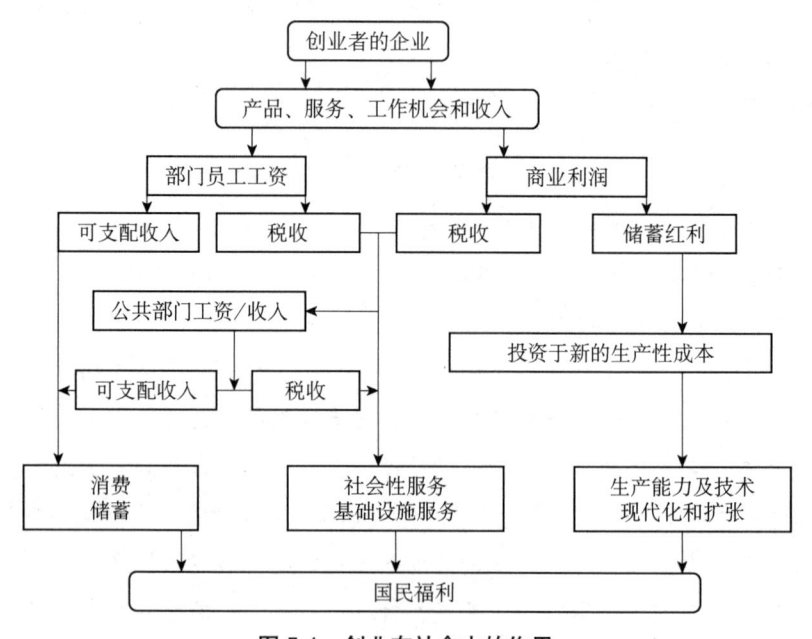

图 5-1　创业在社会中的作用

一、创业的含义

创业是创业者对自己拥有的资源或通过努力对能够拥有的资源进行优化整合,从而创造出更大经济或社会价值的过程,创业是一种劳动方式,也是一种需要创业者运营、组织、运用服务技术、器物作业的思考推理和判断的行为。

创业必须要贡献时间并付出努力,承担相应的财务的、精神的和社会的风险,并获得金钱的回报、个人的满足和独立自主。创业是创造具有更多价值的新事物的过程。创业需要贡献必要的时间,付出极大的努力。

对于一个真正的创业者,创业过程不但充满了激情、艰辛、挫折、忧虑、痛苦和徘徊,而且还需要付出坚持不懈的努力,当然渐进的成功也将带来无穷的欢乐与分享不尽的幸福。

创业是基于创新基础上的活动,既不同于单纯的创新,也不同于单纯的创业。创新强调的是开拓性与原创性,而创业强调的是通过实际行动获取利益的行为。因此,在创新创业这一概念中,创新是创业的基础和前提,创业是创新的体现和延伸。

二、创新创业的基本含义

创新创业是指基于技术创新、产品创新、品牌创新、服务创新、商业模式创新、管理创新、组织创新、市场创新、渠道创新等方面的某一点或几点创新而进行的创业活动。创新是创新创业的特质,创业是创新创业的目标。创新创业是基于创新基础上的创业活动,既不同于单纯的创新,也不同于单纯的创业。创新强调的是开拓性与原创性,而创业强调的是通过实际行动获取利益的行为。

因此,在创新创业这一概念中,创新是创业的基础和前提,创业是创新的体现和延伸。

创新创业与传统创业的根本区别在于创业活动中是否有创新因素。这里的创新不仅指的是技术方面的创新,还包含管理创新、知识创新、流程创新、营销创新等方面。

总之,只要能够给资源带来新价值的活动就是创新。在某一方面或者某几个方面进行创新并进而创业的活动,就是创新创业。没有在任何方面进行创新的创业就属于传统创业。

创新创业的特点包括以下几点。

1. 高风险

创新创业是建立在创新基础上的创业,但是创新受到人们现有认知、行为习惯等方面的影响,会面临被接受的阻碍,因而创新创业会面临比传统创业更高的风险。正如彼得·德鲁克所言:真正重大的创新,每成功一个,就有 99 个失败,有 99 个闻所未闻。

2. 高回报

创新创业是通过对已有技术、产品和服务的更优化组合,对现有资源的更优化配置。能够给客户带来更大、更多的新价值，从而开创所在创业领域的"蓝海"，获取更多的竞争优势，也获取更大的回报。

3. 促进上升

创新创业是在创新基础上的创业活动，创新是创业的基础和前提，同时创业又是创新成果的载体和呈现，并在创业活动过程中，不断优化资源配置、总结提炼，以实现创新的更新与升级。创新带动创业，创业促进创新。

第二节　创业与创业者

一、创业的基本要素

人才、技术、资本与市场是构成创业的四大核心要素，四者中又以人才最为重要。一个成功的创业家需要熟悉各种人才、市场、财务和法律，并通过取得人才，成功地经营所创立的事业。

人才：人才在创业的过程和今后的发展中都极为重要。认识、发现并利用人才是创业者进行创业的关键环节。现代风险资本的奠基人——乔治·多里奥认为："宁可考虑向有二流主意的一流人物投资，绝不向有一流主意的二流人物投资。"确实，不是一个拥有技术的科学家或工程师就能够创业成功的。创业，不仅需要好的技术，更需要其他素质与能力。因此，创业者及合作伙伴们的素质与能力是创业成功的第一要素。

技术：什么是技术？技术是将知识运用到实践中的手段、途径、工具或方法。企业之所以存在，是因为社会的需要，社会需要的技术并不完全等同于科学家眼中的科学技术。社会需要的技术既有建立在科学基础上的技术，又必须是能够满足社会实际需要的技术。因此，仅有技术水平上的高技术，并不一定能够创业成功。如果选择的技术虽然符合实际，在创业之初显得非常火热，但这样的技术已趋于普适的技术，很快就会度过技术的生命周期。所以，应该以市场需要为选择技术的中心，比较适宜的选择是：在市场中已经显现出应用前景，但还没有应用，或是技术在市场上刚刚出现，即技术只需超前于市场半步。总之，技术应考虑是否有独特性、创新性，是否有竞争力，是否能带来高利润，他人仿效的难易程度等。

资本：从创业的角度，创业资本是创业的关键要素。中国台湾地区一家企业咨询公司总结了近千家创业失败的原因，创业资金的匮乏是重要的原因。正如人云：不是有钱就有了一切，但是，没有钱什么事也做不成。无论多么好的技术或多么好的创意，没有钱都只能是空想。

市场：企业的存在是因为能够满足市场的需要，如果没有市场需求，那么，新创的企业就没有生存的价值，自然也就不能生存。市场是要在创业之前明确认定并充分考证的，考证的因素有市场的容量、相同产品之间的竞争力、潜在的市场生长力、市场的持续发展力。

二、什么是创业者

创业者是指某个人发现某种信息、资源、机会或掌握某种技术，利用或借用相应的平台或载体，将其发现的信息、资源、机会或掌握的技术，以一定的方式，转化、创造成更多的财富、价值，并实现某种追求或目标的过程的人。

创业者一词由法国经济学家 Cantillon 于 1755 年首次引入经济学。1800 年，法国经济学家萨伊（Say）首次给出了创业者的定义，他将创业者描述为将经济资源从生产率较低的区域转移到生产率较高区域的人，并认为创业者是经济活动过程中的代理人。著名经济学家熊彼特则认为创业者应为创新者；这样，创业者概念中又加了一条，即具有发现和引入新的更好的能赚钱的产品、服务和过程的能力。

创业者（Entrepreneur）是一种主导劳动方式的领导人，是一种无中生有的创业现象，是一种需要具有使命、荣誉、责任能力的人，是一种组织、运用服务、技术、器物作业的人，是一种具有思考、推理、判断的人，是一种能使人追随并在追随的过程中获得利益的人，是一种具有完全权利能力和行为能力的人。

这是中国香港创业学院院长张世平的最新定义。

中国香港创业学院是世界一流的非营利性的大学后创业教育机构，是创业领袖的摇篮，是创业技术的平台，是创业商品的舞台，是创业者的使命、荣誉、责任及其商品、企业、现金流的样板。

在欧美学术界和企业界，创业者被定义为组织、管理一个生意或企业并承担其风险的人。创业者的对应英文单词是 Entrepreneur，Entrepreneur 有两个基本含义：一是指企业家，即在现有企业中负责经营和决策的领导人；二是指创始人，通常理解为即将创办新企业或者是刚刚创办新企业的领导人。

三、创业者的基本素质要求

心理素质：指创业者的心理条件，包括自我意识、性格、气质、情感等心理构成要素。作为创业者，他的自我意识特征为自信和自主。他的性格应刚强、坚持、果断和开朗。他的情感应更富有理性色素。

身体素质：创业与经营是艰苦而复杂的，创业者工作繁忙，时间长，压力大。如果身体素质不好，必然力不从心，难以承受创业重任。

知识素质：创业者要进行创造性思维，做出正确决策，必须掌握广博的知识，具有一专多能的知识结构。具体来说，创业者应具有以下几个方面的知识，即用足、用活政策，依法行事，用法律维护自己的合法权益；了解科学的经营管理知识和方法，提高管理水平；掌握与本行业本企业相关的科学技术知识，依靠科技增强竞争能力；具备市场经济方面的知识，如财务会计、市场营销、国际贸易、国际金融等；具备一些有关世界历史、世界地理、社会生活、文学、艺术等方面的知识。

能力素质：能力素质是指潜藏在人体身上的一种能力，包括工作能力、组织能力、决策能力、应变能力和创新能力等素质。

当然，这并不是要求创业者必须完全具备这些素质才能去创业，但创业者本人要不断学习，不断提高自身的素质。

四、创业者应具备的能力

组织指挥能力：建立有效快速的指挥机制，使各要素与环节准确无误地高效运转。

谋略决策能力：通过各种渠道认真听取与分析各方面意见，并不失时机地做出科学合理的决策。

创新创造能力：要有强烈的时代感和责任感，敢于开拓进取，不断创新，并保持思维的活跃。不断吸取新的知识和信息，开发新产品，创造新方法，使自己的事业不断充满活力和魅力。

选人用人能力：能够知人善任，善于发现、使用、培养人才，充分调动他们的主观能动性。

沟通协调能力：善于妥善安置，处理与协调各种人际关系，建立和谐的内外部环境。

社交活动能力：创业者在从事经济活动过程中，通过各种社会交往活动，扩大企业影响力，提高企业的经济效益。目前"朋友经济"在招商中的作用日益显现。人脉圈日益成为创业信息、资金、经验的"蓄水池"，有时甚至在商业活动中能起到四两拨千斤的神奇功效。扩大社交圈，通过朋友掌握更多信息、寻求更大发展，日益成为成功创业的捷径。

语言文字能力：语言文字能力主要是指口头表达能力，表现为一个新创企业小业主对演讲、对话、讨论、答辩、谈判、介绍等各方面所具有的技巧与艺术的运用。文字能力主要是指书面文字的表达能力，对创业者来讲主要是指对企业发展规划、战略报告、总结执行等的写作能力。

经营管理能力：创业条件中资金不是至关重要的，最重要的是创业者个人的经营管理能力。经营管理能力是一种较高层次的综合能力，是运筹性能力。它涉及人员的选择、使用、组合和优化，也涉及资金聚集、核算、分配、使用、流动。作为创业者，只有学会效益管理、知人善用及最大化地充分合理地整合资源，才能形成市场竞争优势。

领导决策能力：领导决策能力是一个人综合能力的表现。一个创业者首先要成为一个领导决策者，他如同战场上的指挥员，要具有感召力和决策力及统揽全局和明察秋毫的能力。在混乱不堪的情况下，能比别人更快、更准确地判断问题的所在，并以自己的认识来处理问题。

创新能力：创业实际就是一个充满创新的事业，所以创业者必须具备创新能力，无思维定势，不墨守成规，能根据客观情况的变化，及时提出新目标、新方案，不断开拓新局面。在竞争激烈的市场中，缺乏创新的企业很难站稳脚跟。

五、大学生创业与自我评估

大学生创业是指大学生中的创业者在校学习期间或毕业离校之时发现机会、整合各种资源独立开创或参与开创新企业，提供新产品或新服务，最终实现自身创业目的的一系列活动。随着近期我国不断走向转型化进程及社会就业压力的不断加剧，创业逐渐成为在校大学生和毕业大学生的一种职业选择方式。

大学生作为我国的年轻高级知识人群，有着较为丰富的知识储备和相较于其他高级知识分子所欠缺的创造力。但因为大学生这个群体社会实践经验与能力的欠缺，与创业的成功要素相矛盾，导致大部分大学生创业在初期就自行夭折，使大学生创业成为国家社会共同关注的话题。在"十三五"规划中，也针对这个现象有着相应的论述，给大学生创业这个创业过程带来了众多的机遇与挑战，大学生创业也将在这些机遇和挑战中走向新的高度。

创业成为大多数人孜孜不倦的奋斗目标，对于高校毕业生来说，自主创业是一条光明之路，希望之路，他们拥有创业的相对优势。

1. 具备较好的文化基础和专业知识

大学毕业生在校期间学习的文化基础和专业知识可以为大学生创业提供明显的专业导向，不至于在创业实践中感到茫然不知所措。

2. 认识深刻，心理成熟

目前，有越来越多的高等院校举办了形式多样的创业活动，这对于大学生创业心理成长是很好的锻炼，使他们能够以积极的心态应对将来创业中遇到的挫折和失败。

3. 思维活跃，思想开放

大学生正值青春年少，精力充沛，思维活跃，思想开放，接受新事物的能力比较强，也善于分析生活中出现的新事物，正是由于这些特点才有利于大学生的创业活动。

4. 与时俱进，敢于创新

自主创业本身就是一项创新性很强的事业，需要大学生在实践中不断摸索，而大学生的创新意识和创造性思维为他们自主创业、抓住创业中的机遇提供了很好的优势。

5. 政府的大力支持

目前大学生创业的社会环境已经成熟，国家和地方行政主管部门与高校相应出台了一系列对大学生创业的保护性法规和优惠政策,为学生提供信息咨询、商务顾问等多方面的服务,这为大学生创业创造了很好的社会环境。

创业是一个与社会及人息息相关的系统工程,要想创业成功,创业者的组织能力和社会交往能力是关键因素之一。大学生创业,很多时候都是因为一时的冲动,没有经过深思熟虑,更没有经过大量的市场和社会环境的调查分析。同时,大学生缺乏创业必备的综合素质,没有专业的技能和指导,对市场动向把握不准,过于追逐创新而偏离实际,资金匮乏,因此很多大学生创业的激情在刚开始就被种种挫折与困难浇灭,最终以失败而告终。创业需要勇气和毅力,但这样的勇气和毅力都必须建立在个人较高的创业素质和能力之上,否则也只能算是蛮干。

综合众多创业的范例不难发现,大学生创业要具备知识、技能和素质三点,其中知识可以学习和积累,技能可以训练,唯独素质最难培养。这种素质是一种勇于进取,面对困难具有坚忍顽强的人生态度,也是一种服务于社会和客户的价值观与灵活多变的思维方式。因此梦想创业的大学生,在学生时代就要有意识地服务别人,通过积极参与集体活动,从小训练与人沟通能力、组织计划能力,创业时就容易先人一步,获得成功。

对于大学生创业,既要考虑到社会环境、市场环境,又要考虑到自身的情况,同时要采取各种措施尽可能地使风险最小化。这是大学生创业最根本也是最基础的准备。与此同时,大学生创业还必须要具备一定的思维高度,要学会根据实际变换自己的经营策略,还要对同行业竞争者的经营动态进行调查并分析,以此来作为自己调整经营战略的一个依据,并综合形成对自己的经营实际情况的优势规划,使自己始终处于一个相对平稳的发展状态。这种思维高度直接应用于创业实践的每一个环节,拥有一定的思维高度,能直接决定企业的发展壮大,关系到创业的成败与否,因此,大学生想要创业就必须要有这样的一种思维高度。

俗话说没有规矩不成方圆,而对于大学生来说亦是如此,团队的组建机遇与规则同在。在许多大学,一系列创新创业的相关比赛相继开展,为大学生提供了一个交流的平台。大学生创业的成功和学校方面有离不开的关系,在校园里拥有良好的创业指导和校园创新创业宣传是大学生自主创业成功的必要基础。学校方面更应当加强自我意识,认清这一点的重要性,加大对在校大学生的校园创业意识教育培训,这样一来,一方面可以充实在校大学生的知识体系,另一方面也提高了大学生的创业意识,使得大学生更容易走出大学,走向社会。毕竟有好多知识是学校传授不了的,需要让在校大学生走出校园,亲身经历和感受,这样才能更进一步激发大学生的创业热情。另外,学校可以专门组建大学生创业研究团队负责通知学生最前沿的创新创业消息,并且可以给大学生一些创业建议,这样一来,学校收到有关大学生创业通知的时候可以第一时间传达到学生手中,让学生更好地了解最新的创新创业消息,从而使得学生可以立足于自己的观点而又符合大方向地去创新创业,在荷枪实弹中锻炼大学生的创新创业能力。

俞敏洪说过要把创业转变成对生活的一种态度。我很喜欢俞敏洪说的人生励志:我们有两种生活方式,第一种像草一样活着,尽管活着但永远也长不大,人们可以踩你,因为你毕竟只是一棵草,不会因为你疼痛而去怜悯你;第二种我要像树一样成长,即便你现在什么都不是，但只要你有树的种子，即使一时被人踩到泥土中间，你依然能够吸收泥土的养分突破地表长成一棵参天大树。创业亦是如此，即使自己还没有成功，但只要坚持，找到正确的探索方向，不屈不挠，成功一定会属于你。

创业之路很漫长，既是一个完善自己的过程，也是使自己融入社会、认知社会、把握市场行业动向的过程。纵观无数创业者的经历，我们都可以得出创业的以上结论，只有具备了这些，才能成为一个真正的合格的创业者，才能在激烈的市场竞争中处于不败的地位。

第三节　创业团队的组建和管理

创业团队是为进行创业而形成的集体。它使各成员联合起来，在行为上形成彼此影响的交互作用、在心理上意识到其他成员的存在及彼此相互归属的感受和工作精神。这种集体不同于一般意义上的社会团体，它存在于企业之中，因创业的关系而连接起来却又超乎个人、领导和组织之外。优秀创业团队具有的基本因素有：一个胜任的团队带头人；彼此十分熟悉，能够相互很好配合的团队成员，创业所必需的足够的相关技能。

创业过程是创业者在创建自己的企业时通常要经历的基本步骤。在创业过程中所涉及的知识与技能，与一般的管理职能并不完全相同。创业者必须能够发现、评估新的市场机会，并进一步将其发展为一个新创企业，在这一过程中确实有着许多对现存企业进行管理时所未给予重视或不那么重要的知识与技能。创业过程一般包含四个阶段：识别与估价市场机会；准备并撰写经营计划；确定并获取企业所需资源及管理新创企业。

一、创业团队的概念

创业团队是指在创业初期（包括企业成立前和成立早期），由一群才能互补、责任共担、愿为共同的创业目标而奋斗的人所组成的特殊群体。

现代企业，需要的是少走从前的弯路，而从一开始就走规范化管理道路，因此，创业者在注册公司时就应该组建创业团队。一个好的创业团队对新创科技型企业的成功起着举足轻重的作用。新型风险企业的发展潜力（以及其打破创始人的自有资源限制，从私人投资者和风险资本支持手中吸引资本的能力）与企业管理团队的素质之间有着十分紧密的联系。一个喜欢独立奋斗的创业者固然可以谋生，然而一个团队的营造者却能够创建出一个组织或一个公司，而且是一个能够创造重要价值并有收益选择权的公司。

创业团队的凝聚力、合作精神、立足长远目标的敬业精神会帮助新创企业度过危难时刻，加快成长步伐。另外，团队成员之间的互补、协调及与创业者之间的补充和平衡，对新创科技型企业起到了降低管理风险、提高管理水平的作用。

一项针对 104 家高科技企业的研究报告指出，在年销售额达到 500 万美元以上的高成长企业中，有 83.3%是以团队形式建立的；而在另外 73 家停止经营的企业中，仅有 53.8%的企业有数位创始人。这一模式在一项研究中表现得更为明显：100 家创立时间较短、销售额高于平均数倍的企业中 70%有多位创始人。

Arild Aspelund 对新创技术型公司的创业团队研究表明，创业是一个包含众多人的组织的形成过程，特别是这个过程更为复杂的技术型公司要求输入更多的能力。Arild Aspelund 还研究了团队成员在创业过程中的不同阶段个人经历、能力和资源控制水平对新企业死亡率的影响，他们认为，创业团队的素质能提高新创企业的生存状况；对技术型公司的影响最大的并不是团队本身的大小，而是团队成员的经历。另外，广泛的经验问题比团队的异质性影响更大。

二、创业团队的 5P 要素

创业团队的 5P 要素为创业目标、创业人员、创业团队的定位、权限、创业计划。

1. 创业目标（Purpose）

创业团队有一个明确的目标，目标引导团队成员的思想和行为。没有目标，团队就没有存在的价值。

2. 创业人员（People）

人是构成创业团队最核心的力量，三个或者三个以上的人就可以构成团队。

目标是通过人员具体实现的，所以人员的选择是创业团队中非常重要的一个部分，在一个团队中可能需要有人出主意，有人定计划，有人实施，有人组织协调，还有人监督团队工作的进展，评价团队最终的贡献，不同的人通过分工来共同完成团队的目标，因此在人员选择方面要考虑到人员的知识、能力和经验如何，技能是否互补。

3. 创业团队的定位（Place）

创业团队的定位包含两层意思：一是创业团队的定位，确定团队在企业中处于什么位置，由谁选择和决定团队的成员，团队最终应对谁负责等；二是个体的定位，对团队成员进行明确分工，确定各自承担的责任。

4. 权限（Power）

在创业团队当中，一是团队领导人的权力。团队领导人的权力大小与创业团队的发展阶段相关。一般来说，在创业团队发展的初期，领导权相对比较集中，团队越成熟，领导者拥有的权力相应越小。二是团队权力。要确定整个团队在组织中拥有的决定权，比方说财务决定权、人事决定权等。

5. 创业计划（Plan）

计划是对达到目标所做出的安排，是未来行动的方案，可以把计划理解成目标实施的具体工作程序。

三、创业团队的类型

创业团队大致分为 3 个类型：星状创业团队、网状创业团队和从网状创业团队中演化来的虚拟星状创业团队。

星状创业团队一般在团队中有一个核心主导人，充当领军的角色。网状创业团队的成员一般在创业之前都有密切的关系，比如同学、亲友、同事、朋友等，一般都是在交往过程中，共同认可某一创业想法，并就创业达成了共识以后，开始共同进行创业。

虚拟星状创业团队是由网状创业团队演化而来的，基本上是前两种的中间形态。在虚拟星状创业团队中，有一个核心成员，但是该核心成员地位的确立是团队成员协商的结果，因此核心人物某种意义上说是整个团队的代言人，而不是主导型人物，其在团队中的行为必须充分考虑其他团队成员的意见。

大学生作为创业团队的主力军，其创业类型主要包括生存性创业、发展性创业、变革性创业三种，其内涵如图 5-2 所示。

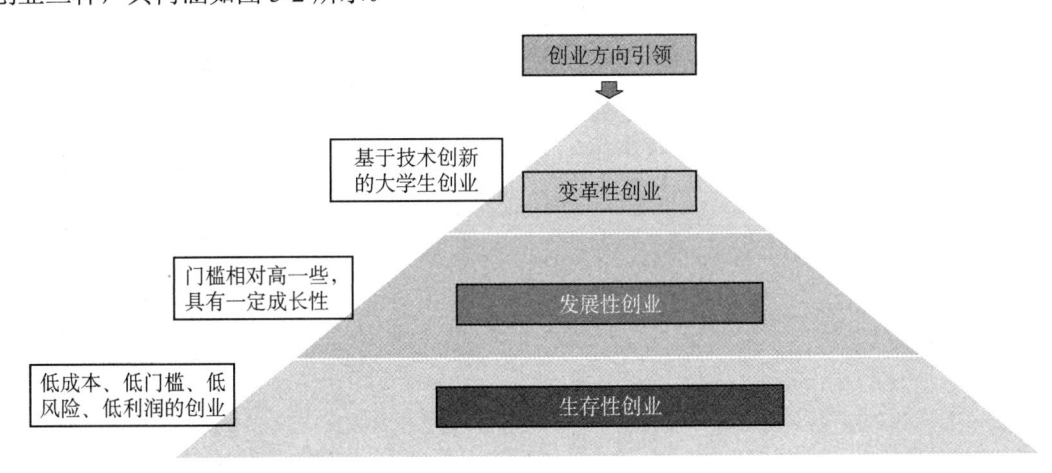

图 5-2　大学生创业类型

【扩展阅读】

贝尔宾团队角色理论

团队角色理论叫作贝尔宾团队角色理论（Belbin Team Roles），贝尔宾（Dr. Raymond

Meredith Belbin）是英国的一个教授，他在 1981 年出版了一本书《团队管理：他们为什么成功或失败》，在这本书中他提出了这套团队角色模型。

其基本思想是：没有完美的个人，只有完美的团队。人无完人，但团队却可以是完美的团队，只要适当地拥有如下各种角色。

很少有人只有一种特性，大多数人都同时具有多种特性，但一般在两到三种特性方面表现突出，一共分了 9 种团队角色，如表 5-1 所示。

表 5-1 9 种团队角色介绍

角色类型	典型特征	积极特性	能容忍的弱点	在团队中的作用
智多星 PL Plant	有个性；思想深刻；不拘一格	才华横溢；富有想象力；智慧；知识面广	高高在上；不重细节；不拘礼仪	提出批评并有助于引出相反意见
外交家 RI Resource Investigator	性格外向；开朗；热情；好奇心强；联系广泛；消息灵通，是信息的敏感者	有广泛联系人的能力；不断探索新的事物；勇于迎接新的挑战	事过境迁；见异思迁；兴趣马上转移	提出建议，并引入外部信息（一个很好的比喻是：RI 对于团队的作用，就像天线对于电视机，RI 就是团队的天线，就是用来接收外界信号的。注意 RI 和 PL 的区别：PL 的想法大都是原创自己想的，RI 则更可能是他个性喜欢接受新鲜事物，因此 RI 更擅长整合外界新鲜信息）；接触持有其他观点的个体或群体；参加磋商性质的活动
协调员 CO Coordinator	沉着；自信；有控制局面的能力	对各种有价值的意见不带偏见地兼容并蓄；看问题比较客观	在智能及创造力方面并非超常	时刻想着团队的大目标，明确团队的目标和方向；选择需要决策的问题，并明确它们的先后顺序；帮助确定团队中的角色分工、责任和工作界限；总结团队的感受和成就，综合团队的建议
推进者 SH Shaper	思维敏捷；坦荡；主动探索	积极；主动；有干劲；随时准备向传统、低效率、自满自足挑战；有紧迫感；视成功为目标；追求高效率	好激起争端；爱冲动；易急躁；容易给别人压力；说话太直接，虽然 SH 总是就事论事，却经常伤人不伤己	寻找和发现团队讨论中可能的方案。SH 一旦找到自己认为好的方案或模式，会希望团队都接受这一方案或模式，因此 SH 会强力地向团队成员推销自己认为好的方案或模式；使团队内的任务和目标成形；推动团队达成一致意见，并朝向决策行动；经常自觉不自觉地，SH 在团队中扮演一个二领导的角色，即 SH 可能不是名义上的领导（CO 一般是领导），但 SH 却给人二老板的感觉

续表

角色类型	典型特征	积极特性	能容忍的弱点	在团队中的作用
监督员 ME Monitor Evaluator	清醒；理智；谨慎	判断力强；分辨力强；讲求实际	缺乏鼓动和激发他人的能力；自己也不容易被别人鼓动和激发；缺乏想象力，缺乏热情	分析问题和情景；对繁杂的材料予以简化，并澄清模糊不清的问题；对他人的判断和作用做出评价；基本上 ME 就是那种特喜欢给别人泼冷水的人；ME 们靠着其强大的分析判断能力，敢于直言不讳地提出和坚持异议；但 ME 对于一个成功的团队是非常必要的，因为 ME 就是团队的守门员，一个没有守门员的球队是没法赢的
凝聚者 TW Team Worker	擅长人际交往；温和；敏感，是人际关系的敏感者（注意 RI 是外界信息的敏感者）	有适应周围环境及人的能力；能促进团队的合作；倾听能力最强	在危急时刻往往优柔寡断，一般很中庸	给予他人支持，并帮助别人；打破讨论中的沉默；采取行动扭转或克服团队中的分歧
实干家 CW Company Worker	保守；顺从；务实可靠	有组织能力、实践经验；工作勤奋；有自我约束力	缺乏灵活性，应变能力弱；对没有把握的主意不感兴趣	把谈话与建议转换为实际步骤；考虑什么是行得通的，什么是行不通的；整理建议，使之与已经取得一致意见的计划和已有的系统相配合；实干家就是好的执行者，能够可靠地执行一个既定的计划，但却未必擅长制定一个新的计划
完美主义者 FI Completer Finisher	勤奋有序；认真；有紧迫感	理想主义者；追求完美；持之以恒	常常拘泥于细节；焦虑感（注意和 SH 的不同，SH 有紧迫感，但 FI 是焦虑感）；不洒脱	强调任务的目标要求和活动日程表；在方案中寻找并指出错误、遗漏和被忽视的内容；刺激其他人参加活动，并促使团队成员产生时间紧迫的感觉
专家 Specialist	诚实、自我做起、专注、能在急需时带来知识和技能		专业领域比较狭窄，只懂自己擅长的特殊专业领域，对其他事情兴趣不大	

简要的总结就是 9 个角色如下。

协调者（CO：Coordinator）：成熟、自信、可信赖、能明确目标、能促进决策。但不一定是最聪明的人。

培养者（PL：Plant）：有创造力、有想象力、善于打破常规、解决困难问题。可接受的弱点：不善与普通人交往。

塑造者（SH：Shape）：有活力、外向、易激动、爱挑战、爱施压、困难面前寻找各种办法。可接受的弱点：容易发脾气。

协力工作者（TW：Team Worker）：爱社交、温和、善解人意、乐于助人、倾听、营造力、避免不合。可接受的弱点：在棘手环境下优柔寡断。

完善者（FI：Completer Finisher）：吃苦耐劳、尽职尽责、严肃、善于发现错误、守时。可接受的弱点：有时过度忧虑、不愿授权他人。

贯彻者（CW：Company Worker, or Implementer）：守纪律、可信赖、保守、高效、把想法变为行动。可接受的弱点：有些固执。

资源调查者（RI：Resource Investigator）：性格外向、热情、健谈、探索机会。可接受的弱点：一时热情后很快失去兴趣。

专家（Specialist）：诚实、自我做起、专注、能在急需时带来知识和技能。可接受的弱点：专业领域比较狭窄。

监督评价者（ME：Monitor evaluator）：冷静、有战略眼光、有判断力、看事情全面、善于做出判断。可接受的弱点：缺乏推动和鼓舞他人的能力。

四、如何组建一支优秀的创业团队

在组建一个团队时，主要工作有以下六点。

1. 明确创业目标

创业团队的总目标就是要通过完成创业阶段的技术、市场、规划、组织、管理等各项工作实现企业从无到有、从起步到成熟。总目标确定之后，为了推动团队最终实现创业目标，再将总目标加以分解，设定若干可行的、阶段性的子目标。

2. 制定创业计划

在确定了一个个阶段性子目标及总目标之后，紧接着就要研究如何实现这些目标，这就需要制定周密的创业计划。创业计划是在对创业目标进行具体分解的基础上，以团队为整体来考虑的计划。创业计划确定了在不同的创业阶段需要完成的阶段性任务，通过逐步实现这些阶段性目标来最终实现创业目标。

3. 招募合适的人员

招募合适的人员也是创业团队组建最关键的一步。关于创业团队成员的招募，主要应考虑两个方面：一是考虑互补性，即考虑其能否与其他成员在能力或技术上形成互补。这种互补性的形成既有助于强化团队成员间彼此的合作，又能保证整个团队的战斗力，更好地发挥团队的作用。一般而言，创业团队至少需要管理、技术和营销三个方面的人才。只有这三个方面的人才形成良好的沟通协作关系后，创业团队才可能稳定高效；二是考虑适度规模，适度的团队规模是保证团队高效运转的重要条件。团队成员太少则无法实现团队的功能和优势，而过多又可能会产生交流的障碍,团队很可能会分裂成许多较小的团体,进而大大削弱团队的凝聚力。一般认为,创业团队的规模控制在 2～12 人之间最佳。

4. 职权划分

为了保证团队成员执行创业计划、顺利开展各项工作,必须预先在团队内部进行职权的划分。创业团队的职权划分就是根据执行创业计划的需要,具体确定每个团队成员所要担负的职责及相应所享有的权限。团队成员间职权的划分必须明确,既要避免职权的重叠和交叉,也要避免无人承担造成工作上的疏漏。此外,由于还处于创业过程中,面临的创业环境又是动态复杂的,会不断出现新的问题,团队成员可能会不断更换,因此创业团队成员的职权也应根据需要不断地进行调整。

5. 构建创业团队制度体系

创业团队制度体系体现了创业团队对成员的控制和激励能力,主要包括了团队的各种约束制度和各种激励制度。一方面,创业团队通过各种约束制度(主要包括纪律条例、组织条例、财务条例、保密条例等)指导其成员避免做出不利于团队发展的行为,实现对其行为进行有效地约束、保证团队的秩序稳定。另一方面,创业团队要实现高效运作有效的激励机制(主要包括利益分配方案、奖惩制度、考核标准、激励措施等)是必需的,使团队成员看到随着创业目标的实现,其自身利益将会得到怎样的改变,从而达到充分调动成员的积极性、最大限度发挥团队成员作用的目的。要实现有效的激励首先就必须把成员的收益模式界定清楚,尤其是关于股权、奖惩等与团队成员利益密切相关的事宜。需要注意的是,创业团队的制度体系应以规范化的书面形式确定下来,以免带来不必要的混乱。

6. 团队的调整融合

完美组合的创业团队并非创业一开始就能建立起来的,很多时候在企业创立一段时间以后随着企业的发展逐步形成。随着团队的运作,团队组建时在人员匹配、制度设计、职权划分等方面的不合理之处会逐渐暴露出来,这时就需要对团队进行调整融合。由于问题的暴露需要一个过程,因此团队调整融合也应是一个动态持续的过程。在进行团队调整融合的过程中,最为重要的是要保证团队成员间经常进行有效的沟通与协调,培养强化团队精神,提升团队士气。创业团队组建流程图如图 5-3 所示。

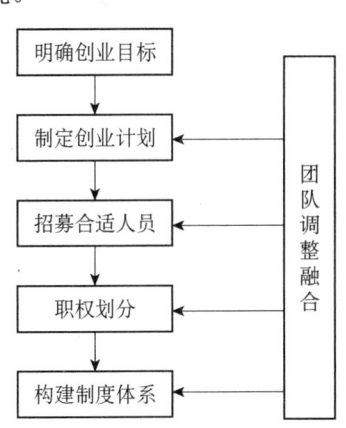

图 5-3 创业团队组建流程图

在组建一个团队时,应着重关注以下几点:团队功能要求、性格要求、年龄要求、资源要求、退出机制。

(1)团队功能要求。如上所述,创业团队有自身的任务和目标,则应具备与任务和目标相关的功能。

创业团队组建时应考虑三点：第一，企业的主要功能应完备；第二，各主要功能应协调，应避免长板特长短板特短的情况；第三，应格外注意作为关键成功要素的功能。所谓主要功能应完备，指的是团队成员职责及特长应能涵盖企业执行的基本方面，如营销与销售、企业内部管理、技术和产品等。所谓各主要功能协调，避免长板特长短板特短，指的是任何一方面功能缺失或弱化，都会在或近或远的时间，对企业发展产生或大或小的问题，严重的可能直接导致创业失败。这就是通常所称的"木桶理论"的概念。

创业企业的关键成功要素与正常运作企业并非完全相通。营销或销售功能、融资能力及现金控制能力和战略方向把握能力三方面格外重要。创业企业往往可能出现的情况是：产品好，有独特的技术，但没有适当的产品定义，接触最终客户的能力弱，最终导致产品或技术胎死腹中；企业思路清晰了，融资能力差，不知道怎么做商业计划、不具备融资方面的任何信息或关系资源；或者一笔业务随意放款，导致现金流出现问题；或者在某笔具体的银行操作上，出现假汇票、空头支票等。这些都有可能使创业企业陷入致命危机。企业有好的产品或技术，营销及销售能力也比较强，但在创业初期对自身定位、发展方向等没想清楚，或者在经营中有什么业务就做什么，导致资源分散，主业不清，最终丧失机会或资源配置失当。

（2）性格要求。为保证团队的整体协调，团队各成员间性格应能互补。对性格有不同的分类方法，如激进、中庸、保守三类；力量型、和平型、完美型和活泼型四类。

在创业团队组建时需要考虑性格互补的因素，团队中激进的、中庸的、温和的都会有，激进者有冲劲、想法多，但持久力稍弱，沟通时易急躁，温和者则更关注风险问题，耐久力强，但不易兴奋，对机会不敏感，中庸者则要扮演两者间的平衡器，调动温和者的激情和参与度，提醒激进者关注风险。

团队里力量型者有助于公司"冲锋"，和平型者有助于团队"空气湿润"，完美型者有助于团队严谨和推进计划，活泼型者有助于团队"气氛轻松"、推广公司形象。另外技术或产品负责人应有完美型者的素质，同时兼具活泼型者的创新想法和力量型的推进决心，销售及市场负责者应有力量型者的推进力度、完美型者的计划性。

（3）年龄要求。年龄互补是很多创业者没有注意到的或者说在创业时很难实现的重要的因素。年龄和阅历、经验、行为方式、信任度及社会资源都有重要的关系。一般而言，年轻者更有冲劲、更具创新性，年长者更稳重、执行起来比较不折不扣；年轻者容易盲目，年长者容易保守；年长者较年轻者更容易给客户或合作者信赖感；年长者社会资源、客户关系资源也应该相对年轻者为多。以上虽非绝对，却有一定的规律可循。

（4）资源要求。这里的资源主要指客户资源、资金资源及政府、行业、新闻等方面的资源。

资源方面是创业时必须考虑的非常重大的问题。资源和前述功能要求有一定关系，但也有明显区别。最重要的区别是资源要求多多益善。互补原则在这里不适用，但长短板原则依旧适用。

（5）退出机制。天下没有不散的筵席。在组建团队时就应考虑好成员的退出机制，可以保障团队成员更安心、积极地为企业工作，可以更好地保障所创立企业的长治久安、不至于因有关成员退出而元气大伤，使团队成员有公平的回报、为其实现当初创业时的梦想提供保障。国内很多企业创业期能共患难，但成功后分利不均，导致不能同甘而分崩离析甚至反目成仇，还有很多企业因创业成员间离开而蒙受巨大损失等，可能或多或少都和退出机制没有解决好有关系。

一般而言，创业团队成员退出有以下原因：①所创立企业过渡到正常经营管理状态，有些成员因其能力已经不适应更大规模、更规范的企业经营管理的需要。②创业团队成员因自身兴趣、个人发展、环境变化等多方面原因，需要退出。③有些成员不认可公司目标、策略，或做事方法不同，价值观背离，要求退出。④创业成员间磨合出现问题，创业活动难以正常进展，创业团队解散。

退出机制应考虑的关键因素有：①吐故纳新、新老交替，实现平稳过渡；②合理保障退出者的利益，对其贡献给予合理肯定，使现有团队和公司其他人员更有信心和积极性；③努力避免有成员在公司运转的关键环节，特别是生死攸关的环节贸然退出，使团队能保持相当意义上的稳定性与联系性，维护公司利益、规避风险，也维护坚守者的合理利益；④退出成员在公司工作期间的成果与资源应能由公司掌握。

例如，有的公司为保证团队成员为公司服务1年以上，他们的做法是将股份部分以期权来体现，其中一半为现权，另一半作为全部团队成员的决策资产，只有成员在公司服务时间超过一年才能按其所占比例取得期权的这部分股份。当然，这种做法要同时与《公司法》规定相配套，进行相应的技术处理。这是考虑到初创期会在一年以上如有成员提前退出将导致不可预见的巨大损失而定的。因此，企业的团队要从以下几个方面进行管理。

第一，选拔才干。选择一个合作伙伴最重要的就是看这个人的才干，那么什么是才干呢？这里的才干是一个人思考问题的方法。它不是通过培训学习就可以拥有的，是一个人天生的特质。例如，到饭店吃饭，向服务员要了两瓶啤酒，一个优秀的服务员不仅做到顾客没说的东西，而且会尽量站在顾客的角度去考虑顾客需要什么，这样把顾客服务到最好！同样一个网站技术员，不仅要做到网站策划所提出的要求，而且要考虑如何才能提高用户的体验度，然后把这些反馈给策划员，毕竟技术员在做技术的过程中会有很多策划员想不到的东西。

第二，界定结果。每个人都有自己的工作方式，没有必要去限制每个人如何去做某件事，给他固定的程序。只要告诉他你希望得到的结果，并且要在什么时间完成即可。奖励完成任务的，惩罚未完成任务的。这样作为一个团队的领导，你才可以抽出更多的时间思考企业的发展战略，而不会把时间都浪费在具体的事务上，而作为下属，通过自己的方式完成任务，心情也会比较愉快。

第三，发挥优势。观察团队中的每个人的行为，适当地调整团队成员的角色，以使他们充分发挥自己的优势。很多人并不知道自己适合做什么，而你在长期观察中会更知道他能够做什么，他做什么会让他有更大的成就。

第四，因才适用。如果团队成员在某个职位做得很出色，他不一定能够胜任上一级的角色。每个职位都有英雄。一个饭店服务员做得很成功，每个她所服务的客人都很满意，回头率很高，那么她不一定适合做领班，她不一定具有领导能力。一个优秀的网站技术员，并不一定能够胜任网站的技术总监职位，这个职位需要具有更多从大处考虑问题的思维。

五、团队管理技巧和策略

（1）立即摆脱表现欠佳的人员。如果能马上摆脱这些成员，那么会为自己节省很多时间，也会与其他团队成员的关系更为友好。

（2）让对该职位领域拥有优良态度和优秀技能及十分重视细节和后续贯彻工作的人填补空缺职位。许多企业在招聘时，很重视工作态度和技能，但在判断个人对细节和后续贯彻工作的重视程度方面做得很差。

（3）为团队设定愿景并设立达成愿景的里程碑。如果你是团队领导者，这表明，为团队设定目标就是你的职责之一。这个目标不一定是重大的成功，只要描绘在未来几周/月/年想要完成的事情即可。

（4）跟进并提醒团队在前往里程碑的路上做得如何。这一条听起来简单，但许多团队领导者会忘记告知团队成员，在完成计划的过程中，他们的表现如何。如果通报情况的时间间隔太长，那么人们的注意力就会飘散到其他地方。

（5）同意遵守会议规则。会议应该准时开始和结束，同样，团队成员不能在开会时迟到。这一点不能在团队内部搞差别待遇。就算迟到的是团队里的明星销售人员，他（她）也应该和其他人一样，为自己的迟到负责。

（6）定期与每位团队成员进行面谈。拥有顶级团队的最佳上司明白"定时报到"的重要性，也应该掌握每位团队成员的情况。如果做不到，那么团队成员之间就会逐渐产生隔阂。

（7）减少全员会议的次数，更多地与相应的工作人员进行小规模会议。顶尖人才讨厌自己的宝贵时间被无休止的会议所侵占，而且这些会议他们真的没必要参加。如果只和最需要的人开会，会议数量越少，团队也会越快乐。

（8）进行年度绩效评估，并讨论团队成员的发展需求。这是高绩效团队和低绩效团队之间的一个重大区别。是否进行及时的绩效评估是团队绩效的重要预报器。最优秀的团队领导者会为此花时间，团队成员也会重视这件事，并在他们需要进步的领域做得更好。

【单元练习】

1. 什么是创业团队？
2. 创业团队的作用优势是什么？
3. 组建创业团队时应该注意什么？
4. 优秀创业团队的开发包括哪些内容？

第六章 创业机会与创业风险

创业要大成,一定要找到能让猪飞上天的台风口。勤奋、努力加坚持等,这些只是成功的必要条件,最关键的是在对的时候做对的事情。

——雷军

【学习目标】

1. 掌握创业机会的内涵、特征、来源和不同类型,识别创业机会;
2. 熟悉市场调查的概念、目的、内容和方法,明晰市场调查的步骤;
3. 学会科学评价创业机会,做出创业选择;
4. 掌握创业风险的概念、特征和类型,熟练运用策略有效管控创业风险。

第一节 创业机会的识别

大四男生"玩"出千万元营业额网店

教育部加大学生自主创业支持力度,日前,教育部下发《教育部关于做好2015年全国普通高等学校毕业生就业创业工作的通知》,通知要求,全面推进创新创业教育和自主创业工作。作为经济大省,浙江省大学生自主创业出了不少经典案例,最近,大四男生丁奔就成了许多同学羡慕的对象。

5000元启动金,玩票开出淘宝店

去年3月,丁奔带着玩票心态开出第一家卖棉拖的淘宝C店。而到今年9月,他已经运营管理着三家天猫店。在不到三个半月的时间里,三家店的营业总额已经近千万元。

今年22岁的丁奔,是浙江工业大学之江学院商学院工商管理专业学生,台州椒江人。用他的话说,开淘宝店也是误打误撞的。

开淘宝店,是因为大学好哥们的父母是做棉拖批发生意的,可以作为货源提供。虽然淘宝上卖棉拖的淘宝店已经泛滥,但丁奔一算,合租学校里的小仓库、淘宝押金加部分货款差不多 5000 元的成本就够了。"投入不多,可以试试看。"

去年三月,他拉回第一批 12 个款式的 700 双棉拖。"第一步先拉同学朋友成本价买,两三天后,慢慢有客户来问价,我干脆就亏本卖,赚人气。"

"棉拖利润低,生意好的时候,一天也就挣三四百元,差的时候就几十元。"丁奔把这个阶段形容为一个人的小打小闹。

但在这期间,他也意识到:小规模的棉拖淘宝店在激烈的竞争中是难以生存下来的,必须依附大的平台。他开始花大量时间钻研网店的运营规则和技巧。

成功的秘诀:态度诚恳+有想法

转机发生在今年 9 月。"原先从批发商处进货,要比出厂价贵两三元,没有价格竞争力。"回到老家创业的丁奔,想办法找到了同在台州的拖鞋生产厂家,没想到,厂家也正想找人合作运营电商平台。

"我向厂长提出,运营成本我承担,利润均分的合作方案。这相比其他运营团队提出几十万元运营费,再利润抽成的办法,要更有竞争力。"丁奔说。在多次争取后,合作谈成了。

好运在半个月后再次降临。"偶然的机会,我得知还有其他天猫店店主也在这家厂进货,就辗转联系上了对方。"没想到,两人第一次见面就非常投机,聊了十几个小时。这位有 2 家天猫店,去年销售额达 100 多万元的店主,当即和丁奔提出合作意向。

"其实当时我很矛盾。一方面怕耽误学业,也怕同时经营 3 个店,步子太大,风险太大。另一方面,合作对方的天猫店规模大,当时开给我的条件不算好,但我很看重这个学习机会。"但 3 个月后的今天,丁奔很庆幸自己最终选择了合作。他用坐时光机来比喻合作的好处,这两家天猫店在运营的 3 个月里,销售额达到了近 700 万元。运营过这类规模的天猫店后,他在运营自己那家销售额 200 多万元的天猫店时,能更好地把握和预判了。"例如我现在会花两三万元一天的推广费来为自己的天猫店做推广,压力很大。如果没有运营过另外两家天猫店,我估计没有这个心理承受力。"

(资料来源:《今日早报》2015 年 1 月 5 日 A0022 版)

一、创业机会的内涵

创业机会主要是指具有较强吸引力的、较为持久的、有利于创业的商业机会,创业者据此可以为客户提供有价值的产品或服务,并同时使创业者自身获益。

创业机会是一种新的"目的—手段(Means-End)"关系,它能为经济活动引入新产品、新服务、新原材料、新市场或新组织方式。

二、创业机会的特征

有的创业者认为自己有很好的想法和点子，就对创业充满信心。有想法有点子固然重要，但是并不是每个大胆的想法和新奇的点子都能转化为创业机会的。许多创业者因为仅仅凭想法去创业而失败了。那么如何判断一个好的商业机会呢？《21世纪创业》的作者杰夫里·A.第莫斯教授提出，好的商业机会有以下四个特征。

第一，它很能吸引顾客。

第二，它能在你的商业环境中行得通。

第三，它必须在机会之窗（注：机会之窗是指商业想法推广到市场上去所花的时间，若竞争者已经有了同样的思想，并把产品已推向市场，那么机会之窗也就关闭了）存在的期间被实施。

第四，你必须有资源（人、财、物、信息、时间）和技能才能创立业务。

三、创业机会的来源

创业的根本目的是满足顾客需求。而顾客需求在没有满足前就是问题。寻找创业机会的一个重要途径是善于去发现和体会自己与他人在需求方面的问题或生活中的难处。比如，上海有一位大学毕业生发现远在郊区的本校师生往返市区交通十分不便，创办了一家客运公司，就是把问题转化为创业机会的成功案例。

（一）变化带来机会

创业的机会大都产生于不断变化的市场环境，环境变化了，市场需求、市场结构必然发生变化。著名管理大师彼得·德鲁克将创业者定义为那些能"寻找变化，并积极反应，把它当作机会充分利用起来的人"。这种变化主要来自产业结构的变动、消费结构的升级、城市化的加速、人口思想观念的变化、政府政策的变化、人口结构的变化、居民收入水平的提高、全球化趋势等诸多方面。比如居民收入水平提高，私人轿车的拥有量将不断增加，这就会派生出汽车销售、修理、配件、清洁、装潢、二手车交易、陪驾等诸多创业机会。

（二）创造发明带来机会

创造发明提供了新产品、新服务，更好地满足顾客需求，同时也带来了创业机会。比如随着电脑的诞生，电脑维修、软件开发、电脑操作的培训、图文制作、信息服务、网上开店等创业机会随之而来，即使你不发明新的东西，你也能成为销售和推广新产品的人，从而给你带来商机。

(三)竞争产生机会

如果你能弥补竞争对手的缺陷和不足,这也将成为你的创业机会。看看你周围的公司,你能比他们更快、更可靠、更便宜地提供产品或服务吗?你能做得更好吗?若能,你也许就找到了机会。

(四)新知识、新技术的产生蕴藏机会

例如,随着健康知识的普及和技术的进步,围绕"水"就带来了许多创业机会,上海就有不少创业者加盟"都市清泉"而走上了创业之路。

四、创业机会的类型

(一)复制型创业

复制原有公司的经营模式,创新的成分很低。例如,某人原本在餐厅里担任厨师,后来离职自行创立一家与原服务餐厅类似的新餐厅。新创公司中属于复制型创业的概率虽然很高,但由于这类型创业的创新贡献太低,缺乏创业精神的内涵,不是创业管理主要研究的对象。这种类型的创业基本上只能称为"如何开办新公司",因此很少会被列入创业管理课程中学习的对象。

(二)模仿型创业

这种形式的创业,创新的成分也很低,但与复制型创业的不同之处在于,创业过程对于创业者而言具有很大的冒险成分。例如,某一纺织公司的经理辞掉工作,开设一家当下流行的网络咖啡店。这种形式的创业具有较高的不确定性,学习过程长,犯错机会多,代价也较高昂。这种创业者如果具有适合的创业人格特性,经过系统的创业管理培训,掌握正确的市场进入时机,还是有很大机会可以获得成功的。

(三)安定型创业

这种形式的创业,虽然为市场创造了新的价值,但对创业者而言,本身并没有面临太大的改变,做的也是比较熟悉的工作。这种创业类型强调的是创业精神的实现,也就是创新的活动,而不是新组织的创造,企业内部创业即属于这一类型。例如,研发单位的某小组在开发完成一项新产品后,继续在该企业部门开发另一项新品。

(四)冒险型创业

这种类型的创业,除了对创业者本身带来极大改变,个人前途的不确定性也很高;对新

企业的产品创新活动而言，也将面临很高的失败风险。冒险型创业是一种难度很高的创业类型，有较高的失败率，但成功所得的报酬也很惊人。这种类型的创业如果想要获得成功，必须在创业者能力、创业时机、创业精神发挥、创业策略研究拟定、经营模式设计、创业过程管理等各方面，都有很好的搭配。

五、影响创业机会识别的因素

创业机会识别是创业领域的关键问题之一。从创业过程角度来说，它是创业的起点。创业过程就是围绕着机会进行识别、开发、利用的过程。识别正确的创业机会是创业者应当具备的重要技能。

创业机会以不同形式出现。虽然以前的研究中，焦点多集中在产品的市场机会上，但是在生产要素市场上也存在机会，如新的原材料的发现等。许多好的商业机会并不是突然出现的，而是对于"一个有准备的头脑"的一种"回报"。在机会识别阶段，创业者需要弄清楚机会在哪里和怎样去寻找。

（一）现有的市场机会

对创业者来说，在现有的市场中发现创业机会，是很自然和较经济的选择。一方面，它与我们的生活息息相关，能真实地感觉到市场机会的存在；另一方面，由于总有尚未全部满足的需求，在现有市场中创业，能减少机会的搜寻成本，降低创业风险，有利于成功创业。现有的创业机会存在于：不完全竞争下的市场空隙、规模经济下的市场空间、企业集群下的市场空缺等。

1. 不完全竞争下的市场空隙

不完全竞争理论或不完全市场理论认为，企业之间或者产业内部的不完全竞争状态，导致市场存在各种现实需求，大企业不可能完全满足市场需求，必然使中小企业具有市场生存空间。中小企业与大企业互补，满足市场上不同的需求。大中小企业在竞争中生存，市场对产品差异化的需求是大中小企业并存的理由，细分市场及系列化生产使得小企业的存在更有价值。

2. 规模经济下的市场空间

规模经济理论认为，无论任何行业都存在企业的最佳规模或者最适度规模的问题，超越这个规模，必然带来效率低下和管理成本的提升。产业不同，企业所需要的最经济、最优成本的规模也不同，企业从事的不同行业决定了企业的最佳规模，大小企业最终要适应这一规律，发展适合自身的产业。

3. 企业集群下的市场空缺

企业集群主要指地方企业集群，是一组在地理上靠近的相互联系的公司和关联的结构，它们同处在一个特定的产业领域，由于具有共性和互补性而联系在一起。集群内中小企业彼此间发展高效的竞争与合作关系，形成高度灵活专业化的生产协作网络，具有极强的内生发展动力，依靠不竭的创新能力保持地方产业的竞争优势。

（二）潜在的市场机会

潜在的创业机会来自新科技应用和人们需求的多样化等。成功的创业者能敏锐地感知社会大众的需求变化，并能够从中捕捉市场机会。

新科技应用可能改变人们的工作和生活方式，出现新的市场机会。通信技术的发展，使人们在家里办公成为可能；互联网的出现，改变了人们工作、生活、交友的方式；网络游戏的出现，使成千上万的人痴迷其中，乐此不疲；网上购物、网络教育的快速发展，使信息的获取和共享日益重要。

需求的多样化源自人的本性，人类的欲望是很难得到满足的。在细分市场里，可以发掘尚未满足的潜在市场机会。一方面，根据消费潮流的变化，捕捉可能出现的市场机会；另一方面，根据消费者的心理，通过产品和服务的创新，引导需求并满足需求，从而创造一个全新的市场。衍生的市场机会来自经济活动的多样化和产业结构的调整等方面。

首先，经济活动的多样化为创业拓展了新途径。一方面，第三产业的发展为中小企业提供了非常多的成长点，现代社会人们对信息情报、咨询、文化教育、金融、服务、修理、运输、娱乐等行业提出了更多更高的需求，从而使社会经济活动中的第三产业日益发展。由于第三产业一般不需要大规模的设备投资，它的发展为中小企业的经营和发展提供了广阔的空间。另一方面，社会需求的易变性、高级化、多样化和个性化，使产品向优质化、多品种、小批量、更新快等方面发展，也有力地刺激了中小企业的发展。

其次，产业结构的调整与国企改革为创业提供了新契机。党的相关报告中指出，"要深化国有企业改革，进一步探索公有制特别是国有制的多种有效实现形式，大力推进企业的体制、技术和管理创新。除极少数必须有国家独资经营的企业外，积极推进股份制，发展混合所有制经济。"因此，随着国企改革的推进，民营中小企业除了涉足制造业、商贸餐饮服务业、房地产等传统业务领域外，将逐步介入中介服务、生物医药、大型制造等有更多创业机会的领域。

六、常见创业机会的识别方法

面对具有相同期望值的创业机会，并非所有潜在创业者都能把握。成功的机会识别是创业愿望、创业能力和创业环境等多因素综合作用的结果。

首先，创业愿望是机会识别的前提。创业愿望是创业的原动力，它推动创业者去发现和识别市场机会。没有创业意愿，再好的创业机会也会视而不见，或失之交臂。

其次，创业能力是机会识别的基础。识别创业机会在很大程度上取决于创业者的个人（团队）能力，这一点在《当代中国社会流动报告》中得到了部分佐证。报告通过对1993年以后私营企业主阶层变迁的分析发现，私营企业主的社会来源越来越以各领域精英为主，经济精英的转化尤为明显，而普通百姓转化为私营企业主的机会越来越少。国内外研究和调查显示，与创业机会识别相关的能力主要有：远见与洞察能力、信息获取能力、技术发展趋势预测能力、模仿与创新能力、建立各种关系的能力等。

最后，创业环境的支持是机会识别的关键。创业环境是创业过程中多种因素的组合，包括政府政策、社会经济条件、创业和管理技能、创业资金和非资金支持等方面。一般来说，如果社会对创业失败比较宽容，有浓厚的创业氛围；国家对个人财富创造比较推崇，有各种渠道的金融支持和完善的创业服务体系；产业有公平、公正的竞争环境，那就会鼓励更多的人创业。

个人投资创业要善于抓住好机会，把握住了每个稍纵即逝的投资创业机会，就等于成功了一半。下面介绍常见的创业机会的识别方法。

（一）变化就是机会

环境的变化，会给各行各业带来良机，人们透过这些变化，就会发现新的前景。这些变化可以包括：产业结构的变化，科技进步，通信革新，政府放松管制，经济信息化、服务化，价值观与生活形态化，人口结构变化。以人口结构因素变化为例，可以举出以下一些机会：为老年人提供健康保障用品，为独生子女服务的业务项目，为年轻女性和上班女性提供的用品，为家庭提供文化娱乐用品等。

（二）把握前沿热点

随着科技的发展，开发高科技领域是时下热门的课题，例如，美国近年来设立的风险性公司中与互联网相关的占25%，医疗和遗传基因类公司占16%，半导体、电子零件类公司占13%，通信类公司占9%。但是，公司机会并不只属于"高科技领域"。在运输、金融、保健、饮食、流通这些所谓的"低科技领域"也有机会，关键在于开发。

（三）寻找机会要点

集中盯住某些顾客的需要就会有机会。机会不能从全部顾客身上去找，因为共同需要容易识别，基本上已很难再找到突破口。而实际上每个人的需求都是有差异的，如果我们时常关注某些人的日常生活和工作，就会从中发现某些机会。因此，在寻找机会时，应习惯把顾客进行分类，如政府职员、菜农、大学教师、杂志编辑、小学生、单身女性、退休职工等，认真研究各类人员的需求特点，机会自见。

（四）追求"负面"就会找到机会

所谓追求"负面"就是着眼于那些大家"苦恼的事"和"困扰的事"。人们总是迫切希望解决，如果能提供解决的办法，实际上就是找到了机会。例如，双职工家庭，没有时间照顾小孩，于是就有了家庭托儿所；没有时间买菜，就产生了送菜公司。这些都是从"负面"寻找机会的例子。

第二节　市场调查

郭敬明，这个伴随着"80后"成长的名字，如今他的小说也影响着"90后"，并开始被"00后"所喜爱，我们在这里不评判他的文学水平、导演水平，以及身高，单以一个创业者的身份来看，他是极其成功的。

郭敬明大学时期便开始创业，虽然他常年霸占着中国作家收入排行榜榜首，但是他在商业上的成功甚至让他的作家身份也黯然失色。如果你只是觉得这个瘦弱的男人只会玩弄一些小女生喜欢的华而不实的文字，那么你就太小看他了，郭敬明绝对有着惊人的商业嗅觉。郭敬明在大学时便成立"岛"工作室，出版一系列针对自己小说受众的杂志与期刊，而后成立柯艾文化传播有限公司，逐渐建立起自己的商业版图。

而且，以今天各个期刊与杂志纷纷转型产业链服务来看，郭敬明早在2005年就察觉了这一点，从那时起他就为刊物读者提供"立体服务"，例如，推出音乐小说《迷藏》，推出小说主题的写真集，拍摄《梦里花落知多少》偶像剧，在青春读物的基础上打造了一条属于自己受众的文化消费产业链，开始深耕产业布局。而今，郭敬明已经用自己的小说《小时代》拍出了电影，第一部便直奔5亿元的票房……知乎上有人这么描述郭敬明"其实中国的年轻人并没有什么本质的变化。对于大学和社会的幻想，对于爱情和成功的畅想，对于华服美食的渴望，是每一代中学生的必由之路。真正重要的其实仍是郭敬明本人。他或许是中国这二十年来唯一一个认真去满足上述需求的作者。"——真正伟大的创业者是干什么的？满足大众的需求。

（资料来源：光明校园传媒微信公众号 2017-6-27）

一、什么是市场调查

市场调查是指用科学的方法，有目的、系统地搜集、记录、整理和分析市场情况，了解市场的现状及其发展趋势，为企业的决策者制定政策、进行市场预测、做出经营决策、制定计划提供客观、正确的依据。

（一）常见的市场调查

常见的市场调查如表 6-1 所示。

表 6-1　常见的市场调查

类别	定义
消费者调查	针对特定的消费者做观察与研究，有目的地分析他们的购买行为、消费心理演变等
市场观察	针对特定的产业区域做对照性的分析，从经济、科技等有组织的角度来做研究
产品调查	针对某一性质的相同产品研究其发展历史、设计、生产等相关因素
广告研究	针对特定的广告做其促销效果的分析与整理
客户满意度调查	利用问卷或访谈来量化客户对产品的满意程度
销售预测	找到最大需求层面后，判断能够销售多少产品或服务

（二）常见的市场研究

常见的市场研究如表 6-2 所示。

表 6-2　常见的市场研究

形式	定义
市场测试（Test Marketing）	在产品上市前，提供一定量的试用品给指定消费者，透过他们的反应来研究此产品未来市场的走向
概念测试（Concept Testing）	针对指定消费者，利用问卷或电话访谈等其他方式，测试新的销售创意是否有其市场
神秘购物（Mystery Shopping）	安排隐藏身份的研究员购买特定物品或消费特定的服务，并完整记录整个购物流程，以此测试产品、服务态度等
零售店审查（Store Audits）	用以判断连锁店或零售店是否提供妥当的服务
需求评估（Demand Estimation）	用以判断产品最大的需求层面，以找到主要客户
分销审查（Distribution Channel Audits）	用以判断可能的零售商、批发业者对产品、品牌和公司的态度
价格调整测试（Price Elasticity Testing）	用来找出当价格改变时，最先受影响的消费者
象限研究（Segmentation Research）	将潜在消费者的消费行为、心理思考等用人口统计的方法分为象限来研究
消费者购买决定过程研究（Consumer Decision Process Research）	针对容易改变心意的消费者进行分析，什么因素影响他买此产品，以及他改变购买决定时的行为模式
品牌命名测试（Brand Name Testing）	研究消费者对新产品名的感觉
品牌喜好度研究（Brand Equity）	量化消费者对不同品牌的喜好度

以上这些市场研究的形式是依"解决问题"的方式来分类的。此外也有不同的分类方式，如"探索性的""决定性的"。"探索性"的方式比较注重在问题的解码和分析上面，并强调结

论式的洞见和领悟。而所谓"决定性"的研究经常用来推断整体的消费者。"探索性的"和"决定性的"市场研究所形成的都是第一手资料。市调公司经常用这两种方式当作公司的主要业务来进行大型的研究，所耗费的金钱和时间都相当巨大。而第二手资料是指研究这些已出版的第一手资料之后所进行的分析，需要的财力较小，但往往不是市场分析师想要的完美形式。

二、市场调查的目的

1. 有助于更好地吸收国内外先进经验和最新技术，改进企业的生产技术，提高管理水平

当今世界，科技发展迅速，新发明、新创造、新技术和新产品层出不穷，日新月异。这种技术的进步自然会在商品市场上以产品的形式反映出来。通过市场调查，可以得到有助于我们及时地了解市场经济动态和科技信息的资料信息，为企业提供最新的市场情报和技术生产情报，以便更好地学习和吸取同行业的先进经验和最新技术，改进企业的生产技术，提高人员的技术水平，提高企业的管理水平，从而提高产品的质量，加速产品的更新换代，增强产品和企业的竞争力，保障企业的生存和发展。

2. 为企业管理部门和有关负责人提供决策依据

任何一个企业都只有在对市场情况有了实际了解的情况下，才能有针对性地制定市场营销策略和企业经营发展策略。在企业管理部门和有关人员要针对某些问题进行决策时，如进行产品策略、价格策略、分销策略、广告和促销策略的制定，通常要了解的情况和考虑的问题是多方面的，主要有本企业产品在什么市场上销售较好，有发展潜力；在哪个具体的市场上预期可销售数量是多少；如何才能扩大企业产品的销售量；如何掌握产品的销售价格；如何制定产品价格，才能保证在销售和利润两方面都能上去；怎样组织产品推销，销售费用又将是多少，等等。这些问题都只有通过具体的市场调查，才可以得到具体的答复，而且只有通过市场调查得来的具体答案才能作为企业决策的依据。否则，就会形成盲目的和脱离实际的决策，而盲目则往往意味着失败和损失。

3. 增强企业的竞争力和生存能力

商品市场的竞争由于现代化社会大生产的发展和技术水平的进步，而变得日益激烈化。市场情况在不断地发生变化，而促使市场发生变化的原因，不外乎产品、价格、分销、广告、推销等市场因素和有关政治、经济、文化、地理条件等市场环境因素。这两种因素往往又是相互联系和相互影响的，而且不断地发生变化。因此，企业为适应这种变化，就只有通过广泛的市场调查，及时地了解各种市场因素和市场环境因素的变化，从而有针对性地采取措施，通过对市场因素，如价格、产品结构、广告等的调整，去应付市场竞争。对于企业来说，能否及时了解市场变化情况，并适时适当地采取应变措施，是企业能否取胜的关键。

三、市场调查的内容

市场调查的内容涉及市场营销活动的整个过程，主要包括以下几个方面。

（一）市场环境的调查

市场环境主要包括经济环境、政治环境、社会文化环境、科学环境和自然地理环境等。具体的调查内容可以是市场的购买力水平；经济结构；国家的方针、政策和法律法规；风俗习惯；科学发展动态和气候等各种影响市场营销的因素。

（二）市场需求调查

市场需求调查主要包括消费者需求量调查、消费者收入调查、消费结构调查、消费者行为调查，包括消费者为什么购买、购买什么、购买数量、购买频率、购买时间、购买方式、购买习惯、购买偏好和购买后的评价等。

（三）市场供给调查

市场供给调查主要包括产品生产能力调查、产品实体调查等，具体为某一产品市场可以提供的产品数量、质量、功能、型号、品牌等，生产供应企业的情况等。

（四）市场营销因素调查

市场营销因素调查主要包括产品、价格、渠道和促销的调查。产品的调查主要包括了解市场上新产品开发的情况、设计的情况、消费者使用的情况、消费者的评价、产品生命周期阶段、产品的组合情况等。产品的价格调查主要包括了解消费者对价格的接受情况，对价格策略的反应等。渠道调查主要包括了解渠道的结构、中间商的情况、消费者对中间商的满意情况等。促销活动调查主要包括各种促销活动的效果，如广告实施的效果、人员推销的效果、营业推广的效果和对外宣传的市场反应等。

（五）市场竞争情况调查

市场竞争情况调查主要包括对竞争企业的调查和分析，了解同类企业的产品、价格等方面的情况，他们采取了什么竞争手段和策略，做到知己知彼，通过调查帮助企业确定企业的竞争策略。

四、市场调查的方法

市场调查需要技术支撑，主要包括以下四种技术。

定性营销研究（Qualitative Marketing Research）：最常被使用，简单来说就是从受访者的数字回答中去分析，不针对整个人口也不会做大型的统计。常见的例子有焦点族群、深度访谈、专案进行等。

定量营销研究（Quantitative Marketing Research）：采用假说的形式，使用任意采样并通过样品数来推断结果，这种手法经常用在人口普查、经济力调查等大型的研究。常见的例子有大型问卷、咨询表系统等。

观察上的技术（Observational Techniques）：由研究员观察社会现象，并自行设定十字做法，就是水平式比较（通常是指时间性的比较）与垂直式比较（与同时间不同社会或不同现象比较），常见的例子有产品使用分析、浏览器的分析。

实验性的技术（Experimental Techniques）：由研究员创造一个半人工的环境测试使用者。这个半人工的环境能够控制一些研究员想要对照的影响因子，例如购买实验室、试销会场。

市场调查研究员经常都综合使用上面四种手法，他们可能先从第二手资料（Secondary Data）获得一些背景知识，然后举办目标消费族群访谈（定性研究设计）来探索更多的问题，最后也许会因客户的具体要求而进一步做大范围全国性的调查（定量）。

市场调查这一门学问发展出了很多专门的术语和理论。

阶式分析（Mata-analysis，也叫作 Schmidt-Hunter Technique）就认为应该从多项和多类型的研究观念来做最终的统计。

概念化（Conceptualization），则意味着将隐喻的心理图像转换成清楚的概念。

运算化（Coperationalization）则是由研究员测量特殊并显见的消费者行为之后，转化成概念的一种方式。

精确度（Precision）则是另一种市场调查方式测量的精确度比较。

可靠性（Reliability）意味着市场调查之后资料分析的结果是否符合原本的计划，如不符合则需要重新再调整。

有效性（Validity）则意指在市场调查过程的设计和测量中，时间、地点、人物，是否太过复杂或已经偏离当初的主题，市场研究员为了取得有效数据，经常必须反问自己"是否正在测量原先打算测量的数据呢"。

应用研究（Applied Research）指提出具体而且有价值的假说来满足支付研究费的客户，例如：财力雄厚的香烟公司也许会委任市场调查公司进行一个试图证明香烟有益健康的调查，许多研究员在做此类型的应用研究时，因此往往会面临一定程度的道德担忧。

假市场调查真推销主要是指一种有争议的销售技巧。有些销售人员会假装为市场研究员，表面上进行调查研究，但事实则为促销行为，这种例子最常发生在电话访问中，受访者会感觉对方不停加强销售意图，并企图引起受访者购买的意愿。

假市场调查真募钱则是一种争议性的募集资金行为，有些新公司会伪装成市场调查公司，开假案以取得大量经费。

市场调查的方法主要有观察法、实验法、访问法和问卷法。

（一）观察法（Observation）

观察法是社会调查和市场调查研究的最基本的方法。它是由调查人员根据调查研究的对象，利用眼睛、耳朵等感官以直接观察的方式对其进行考察并搜集资料。例如，市场调查人员到被访问者的销售场所去观察商品的品牌及包装情况。

（二）实验法（Experimental）

由调查人员跟进调查的要求，用实验的方式，对调查的对象控制在特定的环境条件下，对其进行观察以获得相应的信息。控制对象可以是产品的价格、品质、包装等，在可控制的条件下观察市场现象，揭示在自然条件下不易发生的市场规律，这种方法主要用于市场销售实验和消费者使用实验。

（三）访问法（Interview）

访问可以分为结构式访问、无结构式访问和集体访问。

结构式访问是实现设计好的、有一定结构的访问问卷的访问。调查人员要按照事先设计好的调查表或访问提纲进行访问，要以相同的提问方式和记录方式进行访问。提问的语气和态度也要尽可能地保持一致。

无结构式访问没有统一问卷，是由调查人员与被访问者自由交谈的访问。它可以根据调查的内容，进行广泛的交流。例如，对商品的价格进行交谈，了解被调查者对价格的看法。

集体访问是通过集体座谈的方式听取被访问者的想法，收集信息资料，可以分为专家集体访问和消费者集体访问。

（四）问卷法（Survey）

问卷法是通过设计调查问卷，让被调查者填写调查表的方式获得所调查对象的信息。在调查中将调查的资料设计成问卷后，让调查对象将自己的意见或答案，填入问卷中。在一般进行的实地调查中，问答卷采用最广；同时问卷法在网络市场调查中运用较为普遍！

五、市场调查的步骤

市场调查是企业制定营销计划的基础。企业开展市场调查可以采用两种方式：一是委托专业市场调查公司来做；二是企业自己来做，企业可以设立市场研究部门，负责此项工作。市场调研工作的基本过程包括明确调查目标、设计调查方案、明确调查地区范围、抽取样本、收集资料和整理方法、撰写调查报告。下面主要介绍前面几个过程。

（一）明确调查目标

进行市场调查，首先要明确市场调查的目标，按照企业的不同需要，市场调查的目标有所不同，企业实施经营战略时，必须调查宏观市场环境的发展变化趋势，尤其要调查所处行业未来的发展状况；企业制定市场营销策略时，要调查市场需求状况、市场竞争状况、消费者购买行为和营销要素情况；当企业在经营中遇到了问题，这时应针对存在的问题和产生的原因进行市场调查。

（二）设计调查方案

一个完善的市场调查方案一般包括以下几方面内容。

1. 调查目的要求

根据市场调查目标，在调查方案中列出本次市场调查的具体目的要求。例如，本次市场调查的目的是了解某产品的消费者购买行为和消费偏好情况等。

2. 调查对象

市场调查的对象一般为消费者、零售商、批发商，零售商和批发商为经销调查产品的商家，消费者一般为使用该产品的消费群体。在以消费者为调查对象时，要注意到有时某一产品的购买者和使用者不一致，如对婴儿食品的调查，其调查对象应为孩子的母亲。此外还应注意到一些产品的消费对象主要针对某一特定消费群体或侧重于某一消费群体，这时调查对象应注意选择产品的主要消费群体，如对于化妆品，调查对象主要选择女性；对于酒类产品，其调查对象主要为男性。

3. 调查内容

调查内容是收集资料的依据，是为实现调查目标服务的，可根据市场调查的目的确定具体的调查内容。如调查消费者行为时，可按消费者购买、使用、使用后评价三个方面列出调查的具体内容项目。调查内容的确定要全面、具体，条理清晰、简练，避免面面俱到，内容过多，过于烦琐，避免把与调查目的无关的内容列入其中。

4. 调查表

调查表是市场调查的基本工具，调查表的设计质量直接影响市场调查的质量。设计调查表时要注意以下几点：

（1）调查表的设计要与调查主题密切相关，重点突出，避免可有可无的问题。

（2）调查表中的问题要容易让被调查者接受，避免出现被调查者不愿回答或令被调查者难堪的问题。

（3）调查表中的问题次序要条理清楚，顺理成章，符合逻辑顺序，一般可遵循容易回答的问题放在前面，较难回答的问题放在中间，敏感性问题放在最后；封闭式问题在前，开放式问题在后。

（4）调查表的内容要简明，尽量使用简单、直接、无偏见的词汇，保证被调查者能在较短的时间内完成调查表。

（三）明确调查地区范围

调查地区范围应与企业产品销售范围相一致，当在某一城市做市场调查时，调查范围应为整个城市；但由于调查样本数量有限，调查范围不可能遍及城市的每一个地方，一般可根据城市的人口分布情况，主要考虑人口特征中收入、文化程度等因素，在城市中划定若干个小范围调查区域，划分原则是使各区域内的综合情况与城市的总体情况分布一致，将总样本按比例分配到各个区域，在各个区域内实施访问调查。这样可相对缩小调查范围，减少实地访问工作量，提高调查工作效率，减少费用。

（四）抽取样本

调查样本要在调查对象中抽取，由于调查对象分布范围较广，应制定一个抽样方案，以保证抽取的样本能反映总体情况。样本的抽取数量可根据市场调查的准确程度的要求确定，市场调查结果准确度要求越高，抽取样本数量应越多，但调查费用也越高，一般可根据市场调查结果的用途情况确定适宜的样本数量。实际市场调查中，在一个中等以上规模城市进行市场调查的样本数量，按调查项目的要求不同，可选择 200~1000 个样本，样本的抽取可采用统计学中的抽样方法。具体抽样时，要注意对抽取样本的人口特征因素的控制，以保证抽取样本的人口特征分布与调查对象总体的人口特征分布相一致。

（五）收集资料和整理方法

市场调查中，常用的资料收集方法有调查法、观察法和实验法，一般来说，前一种方法适宜于描述性研究，后两种方法适宜于探测性研究。企业做市场调查时，采用调查法较为普遍，调查法又可分为面谈法、电话调查法、邮寄法、留置法等。这几种调查方法各有其优缺点，适用于不同的调查场合，企业可根据实际调研项目的要求来选择。资料的整理方法一般可采用统计学中的方法，利用 Excel 工作表格，可以很方便地对调查表进行统计处理，获得大量的统计数据。

第三节　创业机会的评价

王学集出生于浙江温州，毕业于浙江理工大学。大学时和 2 位同学一起创业，大三时正式发布 phpwind 论坛程序，2004 年大学毕业的王学集成立公司，公司亦命名为 phpwind，中文名"杭州德天信息技术有限公司",专门提供大型社区建站的解决方案。目前,phpwind已成为国内领先的社区软件与方案供应商,PW6.3.2 版本的推出更在社区软件领域树立起一个极高的技术壁垒,phpwind8.0 系列版本则推动了社区门户化。

phpwind 于 2008 年 5 月被阿里巴巴以约 5000 万元的价格收购,现在隶属于阿里云计算有限公司,为阿里云计划提供了强有力的支持。

(资料来源:光明校园传媒微信公众号 2017-6-27)

创业者自身的特征及想法固然重要,但并不是每个想法都能转化为创业机会的。许多创业者仅凭想法去创业,也对创业充满信心,但最终却失败了。不是每个创业机会都会给创业者带来益处,每个创业机会都存在一定的风险,因此,创业者在利用创业机会之前要对创业机会进行科学的分析与评价,然后做出选择的决策。

关于评价指标,引用较多的是 Timmons 的评价框架。Timmons 总结一个包含了 7 类分项指标的创业机会评价框架,在国内外的创业研究中,涉及创业机会评价时,所参考和引用的也主要是这一评价框架。

Timmons 机会识别指标的优点很全面,但也存在缺点。缺点主要有两项:其一,指标多而全,导致主次不够清晰,实践中在对创业机会进行评价时,实际上难以做到能够对各个方面的指标进行量化设置权重、最后实现综合评分的效果;其二,各维度划分不尽合理,存在交叉重叠,这也在一定程度上影响了机会评价指标的有效性。

鉴于这一情况,林嵩在《创业机会识别研究》中提出的创业机会评价指标,弥补了现有研究中创业机会识别指标之不足。一方面,林嵩承认创业机会需要从不同侧面予以综合评价,另一方面,这些不同侧面的机会特征存在主次之分,其重要程度存在较大差异。这就是说,在识别机会时需要把重点放在某些更为重要的指标上,对其正确识别评价后,再结合其他方面的特征做出整体判断。在林嵩的模型中,创业机会可以从三个层次进行分析和评价:一是创业机会的核心特征,即产品和市场。这一层次的特征属于创业机会的自然属性,不依赖于创业者或者创业机会的其他特征而存在,相反,创业机会的其他特征却往往需要与其核心特征相匹配,才能创造出最大价值;二是创业机会的支持要素,即团队、资源和商业模式。这是创业机会评价指标的第二个层次,也是创业者或者创业团队能够有效开发创业机会的支持条件;三是创业机会的成长预期,即财务指标和收获条件。这是创业机会评价指标的第三个层次,成长预期是创业者对于创业机会的潜在价值的最终判断。只有符合创业者心中的标准,创业机会才能真正付诸行动。

一、主观评价创业机会的价值

创业者对机会的评价来自他们的初始判断,而初始判断通常就是假设加简单计算。牛根生在谈到牛奶的市场潜力时说:民以食为天,食以奶为先,而我国人均喝奶的水平只是美国的几十分之一。也许这就是他对乳制品机会价值的直观判断。这样的判断看起来不可信，甚至会觉得有些幼稚，但却是有效的。如果都要进行周密的市场调查，经常会难以把握机会。假设加简单计算只是创业者对机会的初始判断，进一步的创业行动还需依靠调查研究，对机会价值做进一步的评价。

二、客观评价创业机会的价值

当一个创业机会出现后，如何才能判断这个机会到底好不好呢？或者当同时遇到几个创业机会时，如何才能判断出哪一个创业机会更加好呢？这就涉及对创业机会进行评价的问题。

创业机会评价就是通过一系列方法对创业机会进行全面考察和综合分析，最后做出一个比较科学的结论。世界上并不存在百分百好的创业机会，对于创业者来说，任何创业机会都各有利弊，而且都存在一定的风险。创业者在利用创业机会之前一定要对创业机会进行科学分析与评价，然后做出选择。只有这样才能最大限度地避免创业的盲目性和随意性，增加创业成功的概率。

三、创业机会的评价维度

对于创业机会，可以从很多维度进行评价。一般来说，可主要从如下几个维度进行评价。

（一）盈利时间

有价值的创业机会可能是该项目在两年内可以达到盈亏平衡或者取得正现金流。如果取得盈亏平衡和正现金流的时间超过3年，那对于创业者的要求就高了，因为大多数创业者支撑不了这么长的时间，其他的投资者和合作伙伴也没有这么长时间的耐心，这种创业机会的吸引力就大大降低了。除非有其他方面的重大利好，一般要求创业机会具有较短的获得盈利时间。

（二）市场规模和结构

如果市场规模和价值小，往往是不足以支撑企业长期发展的。而创业者若进入一个市场规模巨大而且还在不断发展的市场，即使只占有很小的一个份额，也能够生存下来度过发展期，并且存在竞争对手也不用担心，因为市场足够大，构不成威胁。一般来说，市场规模和价值越大，创业机会越有价值。

（三）资金需要量

大多数有较大潜力的创业机会需要相当大数量的资金来启动，只需少量或者不需要资金的创业机会是极其罕见的。如果需要过多的资金，这样的创业机会就缺乏吸引力，有着较少或者中等程度的资金需要量的创业机会是比较有价值的，创业者需要根据自身的资金实力和可以动用的资源来评价创业机会，超出能力范围的不应考虑。

（四）投资收益

创业的目标就是要获得收益，这就要求创业项目能够有合理的盈利能力，包括较高的毛利率和市场增长率。毛利率高说明创业项目的获利能力强，市场增长率表明了市场的发展潜力，使得投资的回报增加。如果每年的投资收益率能够维持在 25%以上，这样的创业机会是很有价值的；而如果每年的投资收益率低于 15%，是不能够对创业者和投资者产生很大吸引力的。

（五）成本结构

竞争优势的来源之一就是成本，较低的成本会给创业企业带来较大的竞争优势，使得该创业机会的价值较高。创业企业靠规模来达到低成本是比较可行的，低成本的优势大多来自技术和工艺的改进及管理的优化，创业机会如果有这方面的特质，对于创业者来说是非常有利的。

（六）进入障碍

如果创业机会面临着进入市场的障碍，那么就不是一个好的创业机会。比如存在资源的限制、政策的限制、市场的准入控制等，都可能成为市场进入的障碍，削弱了创业机会。但是，对于进入障碍要进行辩证的分析，进入障碍小是针对创业者自身的。如果创业者进入以后，不能够阻止其他企业进入市场，这也不是一个好的创业机会。

（七）退出机制

有吸引力的创业机会应该有比较理想的获利和退出机制，便于创业者和投资者获取资金及实现收益。没有任何退出机制的创业企业和创业机会是没有太大吸引力的。

（八）控制程度

如果能够对渠道、成本或者价格有较强的控制，这样的创业机会比较有价值。如果市场上不存在强有力的竞争对手，控制的程度就比较大。如果竞争对手已有较强的控制能力，例如，把握了原材料来源、独占了销售渠道、取得了较大的市场份额、对于价格有较大的决定权，在这种情况下，新创企业的发展空间就很小。除非这个市场的容量足够大，而且主要竞争者在创新方面行动迟缓，时常损害客户的利益，才有可能进入。

（九）致命缺陷

创业机会不应该有致命的缺陷，如果有一个或者多个致命的缺陷，将使得创业机会变得没有价值。

第四节　创业风险

现在中国最长的一条排队队伍，估计就是 ofo 退押金的队伍了。

根据 ofo 页面显示，线上排队人数已经突破 1000 万，ofo 总部的退押金队伍也从五楼排到一楼，又从大堂一直延伸至大楼门口的马路上，可能高达 19 亿元的待退押金或许会成为压垮 ofo 的最后一根稻草。

ofo 创始人戴威在内部信中坦陈自己处于"痛苦和绝望中"，这其实也是一封公开信，向 1000 多万排队退押金的用户承诺 ofo "为我们欠着的每一分钱负责，为每一个支持过我们的用户负责。"戴威甚至表示为了维持运营，"1 块钱要掰成 3 块钱花。"

（数据来源：搜狐网络官方号 2018-12-21）

创业风险来自于与创业活动有关因素的不确定性。在创业过程中，创业者要投入大量的人力、物力和财力，要引入和采用各种新的生产要素与市场资源，要建立或者对现有的组织结构、管理体制、业务流程、工作方法进行变革。这一过程中必然会遇到各种意想不到的情况和各种困难，从而有可能使结果偏离创业的预期目标。

一、创业风险的概念与特征

创业的风险主要有以下几个方面。

风险一：项目选择太盲目

大学生创业时如果缺乏前期市场调研和论证，只是凭自己的兴趣和想象来决定投资方向，甚至仅凭一时心血来潮做决定，一定会碰得头破血流。

大学生创业者在创业初期一定要做好市场调研，在了解市场的基础上进行创业。一般来说，大学生创业者资金实力较弱，应选择启动资金不多、人手配备要求不高的项目，从小本经营做起比较适宜。

风险二：缺乏创业技能

很多大学生创业者眼高手低，当创业计划转变为实际操作时，才发现自己根本不具备解决问题的能力，这样的创业无异于纸上谈兵。一方面，大学生应去企业打工或实习，积累相关的管理和营销经验；另一方面，积极参加创业培训，积累创业知识，接受专业指导，提高创业成功率。

风险三：资金风险

资金风险在创业初期会一直伴随在创业者的左右。是否有足够的资金创办企业是创业者遇到的第一个问题。企业创办起来后，就必须考虑是否有足够的资金支持企业的日常运作。对于初创企业来说，如果连续几个月入不敷出或者因为其他原因导致企业的现金流中断，都会给企业带来极大的威胁。相当多的企业会在创办初期因资金紧缺而严重影响业务的拓展，甚至错失商机而不得不关门大吉。

另外如果没有广阔的融资渠道，创业计划只能是一纸空谈。除了银行贷款、自筹资金、民间借贷等传统方式，还可以充分利用风险投资、创业基金等融资渠道。

风险四：社会资源贫乏

企业创建、市场开拓、产品推介等工作都需要调动社会资源，大学生在这方面会感到非常吃力。平时应多参加各种社会实践活动，扩大自己人际交往的范围。创业前，可以先到相关行业领域工作一段时间，通过这个平台，为自己日后的创业积累人脉。

风险五：管理风险

一些大学生创业者虽然技术出类拔萃，但理财、营销、沟通、管理方面的能力普遍不足。要想创业成功，大学生创业者必须技术、经营两手抓，可从合伙创业、家庭创业或从虚拟店铺开始，锻炼创业能力，也可以聘用职业经理人负责企业的日常运作。

创业失败者，基本上都存在管理方面的问题，其中包括决策随意、信息不通、理念不清、患得患失、用人不当、忽视创新、急功近利、盲目跟风、意志薄弱等。特别是大学生知识单一、经验不足、资金实力和心理素质明显不足，更会增加在管理上的风险。

风险六：竞争风险

寻找蓝海是创业的良好开端，但并非所有的新创企业都能找到蓝海。更何况，蓝海也只是暂时的，所以，竞争是必然的。如何面对竞争是每个企业都要随时考虑的事，而对新创企业更是如此。如果创业者选择的行业是一个竞争非常激烈的领域，那么在创业之初极有可能受到同行的强烈排挤。一些大企业为了把小企业吞并或挤垮，常会采用低价销售的手段。对于大企业来说，由于规模效益或实力雄厚，短时间的降价并不会对它造成致命的伤害，而对初创企业则可能意味着彻底毁灭的危险。因此，考虑好如何应对来自同行的残酷竞争是创业企业生存的必要准备。

风险七：团队分歧的风险

现代企业越来越重视团队的力量。创业企业在诞生或成长过程中最主要的力量来源一般都是创业团队，一个优秀的创业团队能使创业企业迅速地发展起来。但与此同时，风险也就蕴含在其中，团队的力量越大，产生的风险也就越大。一旦创业团队的核心成员在某些问题上产生分歧不能达到统一时，极有可能会对企业造成强烈的冲击。

事实上，做好团队的协作并非易事。特别是与股权、利益相关联时，很多初创时很好的伙伴都会闹得不欢而散。

风险八：核心竞争力缺乏的风险

对于具有长远发展目标的创业者来说，他们的目标是不断地发展壮大企业，因此，企业是否具有自己的核心竞争力就是最主要的风险。一个依赖别人的产品或市场来打天下的企业是永远不会成长为优秀企业的。核心竞争力在创业之初可能不是最重要的问题，但要谋求长远的发展，就是最不可忽视的问题。没有核心竞争力的企业终究会被淘汰出局。

风险九：人力资源流失风险

一些研发、生产或经营性企业需要面向市场，大量的高素质专业人才或业务队伍是这类企业成长的重要基础。防止专业人才及业务骨干流失应当是创业者时刻注意的问题，在那些依靠某种技术或专利创业的企业中，拥有或掌握这一关键技术的业务骨干的流失是创业失败的最主要风险源。

风险十：意识上的风险

意识上的风险是创业团队最内在的风险。这种风险来自无形，却有强大的毁灭力。风险性较大的意识有投机的心态、侥幸心理、试试看的心态、过分依赖他人、回本的心理等。

大学生创业过程中所遇到阻碍并不仅此十点，在企业发展过程中，随时都可能有灭顶之灾的风险。保持积极的心态，多学习，多汲取优秀经验，结合大学生既有的特长优势，我们相信，大学生创业的步伐，会越走越远，越走越稳。

二、大学生创业过程中常见的风险

大学生创业已经成为当今激烈的社会竞争和严峻的就业形势下一种越来越普遍的趋势。对于大学生来说，创业既是一个机会但同时也存在风险。目前展开的大学生创业教育，不仅仅要对创业的知识教育和技能方面进行培养，同时也要教会他们创业中存在的风险和面对风险所应该采取的应对措施。

（1）盲目地选择创业项目。现在很多大学生创业的项目选择多集中在高科技领域和服务领域，如软件开发网络服务、网页制作等。此外，快餐、零售等连锁加盟店也颇受创业大学生的青睐。但大学生并不了解市场，如果缺乏前期的市场调研论证，只凭自己的兴趣和想象决定投资方向，甚至一时心血来潮就决定干哪一行，后面一定会碰得头破血流。

（2）缺乏创业技能。大学生在校期间主动接受创业教育和培养，具备一定的创业知识和创业实践能力，但是当真正进行创业时，需要独立解决现实问题时，就会发现自己很多方面存在不足。很多大学生创业者眼光高，但是缺乏实际动手的能力，缺少实战的经验，既不了解创业的相关政策法规，也没有在相关企业的工作、实践经历，却希望能获得很高的成就，往往不能如愿。

（3）融资渠道单一。资金难筹几乎是每个大学生创业者都会遇到的难题。银行贷款申请难，手续复杂，如果没有更广阔的融资渠道创业计划只能是一纸空谈。

（4）社会资源贫乏。由于长期身处校园，大学生掌握的社会资源非常有限，而大学生创办企业、市场开拓、产品或服务宣传等工作都需要调动社会资源，大学生在这方面会感到非常吃力。当大学生们走入社会实施创业时，在宣传广告市场营销、工商税务、融资租赁、生产服务等方面将会有很大的问题和困难，需要投入大量的资源和精力。

（5）经营管理过于随意。由于长期接受应试教育，不熟悉经营的游戏规则，大学生创业者虽然在技术上出类拔萃，但理财、营销、沟通、管理等方面普遍不足。此外，一些人存在一定的性格缺陷，如自以为是、刚愎自用等，这些都会影响创业的成功。

三、大学生创业风险管控对策

（一）大学生创业风险产生的原因

在外部环境来看，职业精神和道德秩序的缺失是形成创业风险的前提。一个成熟的、健康的竞争生态园，不是简单地在政府所提供的若干法律、法规的框架内追求利益，它更应该体现为法律与道义传统、社会行为规范的整体协调。从内部环境来看，创业者决策的独断和无制约、企业盲目地扩张和多元化、创业者一夜暴富的投机性，以及内部管理不善、创办人缺少必要的经营企业的经验、财务上没有遵循审慎原则、错把人材当人才等一系列的问题，使得创业者时时有风险、处处有风险。从大学生创业者自身来看，大学生创业中容易出现以下情况：第一，眼高手低，盲目乐观；第二，纸上谈兵，经验不足；第三，单打独斗，缺乏合作。

（二）大学生创业防范风险的建议

（1）要做好项目前期调研。大学生创业者在创业初期一定要做好市场调研工作，也可委托专业的机构进行可行性研究，在了解市场的基础上创业。一般来说，大学生创业者资金实力较弱，选择启动资金不多，人手配备要求不高的项目，从小本经营做起比较适宜。

（2）提高创业者的自身能力。市场瞬息万变，时刻都有风险，防范风险只能靠自己增加本领。因此想要规避风险，就必须从实际出发，提升大学生自身能力，具备各项创业所需的技能与素质。可以分析众多大学生创业成功的案例，借鉴他们的成功经验。

（3）扩大融资渠道。广开融资渠道，除了银行贷款、自筹资金、民间借贷等传统方式，还可以充分利用风险投资、"天使基金"、创业基金等融资渠道。

（4）扩大社会资源。对于刚刚走出校门的大学生来说，平时多参加各种社会实践活动，扩大自己的人际交往范围。创业前，可先到相关行业领域工作一段时间，为自己日后的创业积累经验和人脉。

（5）要注意创业不同阶段的管理。无论是在创业前期的准备、创业中期的运行还是创业后期的完善，都有许多问题需要注意。在创业前期，要谨慎选择项目，避免盲目跟风，合理组建团队，回避准备不足。在创业中期，要强化内部管理，培养骨干队伍，积极参与竞争，杜绝急功近利，加强内涵建设，创立品牌形象。在创业后期，面对"守业"的艰巨任务，要懂得建立激励机制，凝聚创新人才，完善组织架构，逐步合理扩张，健全制约机制。

总之，创业大学生要根据自身特点，找准"落脚点"，从害怕风险不敢迈步之中解放出来，敢于去市场经济的大潮中劈风斩浪，又要在敢于经受商海的历练中，善于规避风险，化解风险，使自己在迎战风险的过程中站立起来，成熟起来，才能闯出一片真正适合自己的新天地，成为商海的精英和栋梁。

【单元练习】

1. 请简述创业机会识别的常见方法。
2. 如果你要开办一家美术培训机构，你将如何开展市场调查？
3. 同时遇到几个创业机会时，如何判断哪一个创业机会更好？
4. 如何做好创业不同阶段的管理？

第七章 创业资源

【学习目标】

1. 了解创业资源的内涵和类型；
2. 了解创业资源的获取途径和整合方法；
3. 认识不同类别创业资源的开发方法和资源开发机制；
4. 熟悉影响创业资源获取的因素并掌握创业资源获取的技能，创业所需资金的测算，不同渠道融资的差异及创业融资的策略。

【知识要点】

创业资源是企业创立及成长过程中所拥有或所能支配的有助于实现目标的各种要素及要素的组合，是新创企业在创造价值过程中所需要的特定资产。

创业资源按性质可以分为人力资源、财务资源、物质资源、技术资源和组织资源五种。

影响创业资源获取的因素主要有创业导向、商业创意的价值、资源配置方式、创业者的管理能力、社会网络和先前的工作经验等。创业资源获取途径包括市场途径和非市场途径。

创业者应关注人力资源、技术资源、信息资源和政策资源的开发与利用，建立科学的资源开发机制。

创业者应了解创业融资的重要性，创业所需资金的计算方法，熟悉筹资的渠道，学会做好筹资决策。

第一节 创业资源概述

一、创业资源的内涵

资源是任何主体在向社会提供产品或服务的过程中，所拥有或所能支配的有助于实现自己目标的各种要素及要素的组合。创业资源是企业创立及成长过程中所拥有或所能支配的有助于实现目标的各种要素及要素的组合，是新创企业在创造价值过程中所需要的特定资产。

创业过程中所需要的资源，既可以是企业拥有所有权的资产，也可以是能够支配的外部资产。如需要的房屋建筑物可以是买来的，也可以是租来的；企业研发产品时，既可以使用内部的研发人员，也可以和其他单位的研发人员一起合作。所以，理解创业资源的内涵，不强调为我所有，只强调为我所用。

二、创业资源与商业资源

创业资源与一般商业资源既有相同点，也有一定的差别。

创业资源是商业资源，但不是所有的商业资源都是创业资源。只有那些创业者可以利用的商业资源才是创业资源。比如，"黑金"石墨烯可能是一种商业资源，但不一定是创业资源。因为创业活动多数具有轻资产、小团队的特征，一般没有能力通过长时间对石墨烯产品的研发开始创业。

创业资源的独特性更强，创业者的个人能力和社会网络资源是其中最为关键的资源；一般商业资源中，规范的管理和制度则是企业取得成功的基础资源。另外，创业资源更多表现为无形资源，如富有吸引力的创意，创业者的创业导向和独特管理能力等，而一般商业资源则更多表现为有形资源。

三、创业资源的类别及其作用

创业过程中需要的各种资源可以按不同的标准分类。创业资源按性质可以分为人力资源、财务资源、物质资源、技术资源和组织资源五种。

1. **人力资源**

人力资源不仅包括创业者及创业团队的知识、训练和经验等，也包括团队成员的专业智慧、判断力、视野和愿景，甚至创业者本身的人际关系网络。

企业之间的竞争主要是人的竞争，创业企业更是如此，因此，人力资源是创业企业最重要的资源。识别出创业机会的核心创业者组建了创业团队，团队成员一起通过资源的整合和利用开发创业机会，所以高素质人才的获取和开发是新创企业可持续发展的关键因素。同样，基于人际和社会关系网络形成的社会资本也是人力资源的一部分，这种资源能使创业者有机会接触大量的外部资源，通过网络关系降低潜在的风险，并且加强合作者之间的信任和信誉，从而更容易获得创业成功。

王利芬创办的优米网能在短期之内取得极高的关注度，"在路上"节目能在120家电视台销售，和王利芬在央视 15 年的工作经历，以及工作过程中形成的广泛的社会关系网络不无相关，与王利芬工作期间策划和主持过的大量创业类节目，及其记者和主持人的工作经历密不可分。

2. 财务资源

财务资源主要是指货币资源。企业的创办从资金筹集开始，经营以资金流动为纽带，成果表现为资金的回流。创业初期以不高于市场平均水平的资本成本及时筹集到足额的财务资源，是新创企业成功创办和顺利经营的前提条件。

3. 物质资源

物质资源是创办和企业经营所需要的各种有形资源，如建筑物、设施、机器和办公设备、原材料等。任何一家企业从事经营活动都离不开相应的物质资源，物质资源是创业企业的基础性资源，是企业存在的基本支撑。

4. 技术资源

技术资源包括关键技术、制造流程、作业系统、专用生产设备等。对于高科技企业来说，技术资源是其存在的命脉，一定要予以充分的重视。技术资源大多与物质资源相结合，可以通过法律的手段予以保护，部分技术资源会形成组织的无形资产。

靠 2 匙盐+1 杯水就能照明 8 小时，还能在紧急情况下给手机充电的盐水灯，就是基于贾法尼电池（Galvanic Cell）科学原理生产的，不仅能让缺乏电力来源的偏远地区多一种照明来源，居住在邻近海岸地区的人们也能利用海水来供给照明，还可以避免因蜡烛翻倒或者灯被打翻而引起的火灾悲剧事件。

5. 组织资源

组织资源一般指企业的正式管理系统，包括企业的组织结构、作业流程、工作规范、信息沟通、决策体系、质量系统及正式或非正式的计划活动等，有时候组织资源也可以表现为个人的技能或能力。组织资源是独特性最强的资源之一，也最难以被模仿和复制。大多数经营成功的企业都与其开始时建立起的独特组织资源有关。

2010 年 4 月底成立的小米公司，从 MIUI 开始到小米手机的推出，再到智能家电的布局，乃至成为中国互联网创新企业的标杆，与其采取的非常扁平的三层组织架构不无关系。独特的组织机制可以使大量的基层员工直接面对用户，快速对用户需求做出反应，从而不断推出爆款产品。

除了上述各种资源，这里再介绍下战略性资源。战略性资源是能够建立竞争优势的资源，是与普通资源相对应的资源。战略性资源具有稀缺性、价值性、不可替代性和不可复制性等特点。

创业者若能先行一步获取战略性资源，加以培养和部署，就会获得一定程度的竞争优势；若能保护好这些资源并很好地保持资源的上述品质，则将具备长久的竞争优势；即使新创企业成立时只具备其中一些特征，也会具备短期或较小的竞争优势。所以，创业者要建立新创企业的持续竞争优势的话，需要控制、整合和充分利用战略资源。

在全球商用无人机市场中,大疆能够独领风骚,一举夺得近 70%的市场份额,正是因为其拥有无人机研究方面的核心技术。被评为浙江省十佳大学生,成功入围中国大学生年度人物的王子月,在创业的短短几年内能拥有 300 家加盟店,获得 11 项国家专利,也是基于其中学时就取得的磁性剪纸的国家发明大奖。无人机研发的核心技术、磁性剪纸的相关专利等对于上述两个企业来说都是其战略性的资源,在企业发展过程中起着无可比拟的优势。

第二节 创业资源获取

一、创业资源获取的影响因素

影响创业资源获取的因素主要有创业导向、商业创意的价值、资源配置方式、创业者的管理能力、社会网络和先前的工作经验等。

1. 创业导向

创业导向是一种态度或意愿,这种态度或意愿会导致一系列创业行为。创业导向会通过促进机会的识别和开发,进而促进对资源的获取。因此,创业者要注重创业导向的培育和实施,充分关注创业者特质、组织文化和组织激励等影响创业导向形成的重要因素,采取有效的方式获取资源,并在资源的动态获取、整合和利用过程中,注意区分不同资源,充分发挥知识资源的促进作用。

刘宣付,一位连续创业者,靠着他强烈的创业意愿,成功创办了许多企业。在最初的食用菌农场、加水型的合成燃料取得初步成功之后,他参与创办了武汉银泰科技股份有限公司、康源牌保健品、中网在线、北京特丽洁世纪环保科技有限公司、足间舞时尚拖鞋专卖连锁机构、北京太阳光影影视科技有限公司等企业,目前又将精力主要放在天使投资上,投资领域主要在移动互联网、互联网、电子商务、网页游戏、手机游戏、高科技、环保、连锁经营项目等。正是其旺盛的精力,创业的激情和创业导向使得他善于发现热门行业里的空白市场需求,懂得学习借鉴和创新的完美结合,从而取得了一个个成功。26 岁就拥有了自己的公司,成为一名皮革商人的卡门,在 50 岁时依然凭着其创业导向重返校园,攻读纺织品学的学士与硕士学位,在 57 岁时又向英国皇家艺术学院提出了攻读纺织学博士的申请,正式开始了对菠萝皮革的研发生产。63 岁时再次拥有了自己的团队,成立了公司,甚至和一线时尚品牌合作将菠萝皮革 Pinatex 推向市场,为皮革的生产提供另一种选择。

2. 商业创意的价值

创业的关键在于商业创意。商业创意为资源获取提供了杠杆,但获取资源还有赖于创意的价值被资源所有者认同的程度。换言之,一种能被资源所有者认同的、有价值的商业创意,才有助于降低创业者获取资源的难度。

卡门的菠萝皮革因为可以保护小动物的生命，降低对环境的破坏，对菠萝叶子等废弃物进行有效利用，其创意得到了资源拥有者的认可，从而可以组建团队进行量产。"六个核桃"则在前期的市场调研中发现，随着人们生活节奏的加快，竞争成为一种社会常态，无论是企事业单位领导、职员、白领，还是在校的学生，都需要经常用脑，这种生活变化使得人们的健脑意识迅速增强，并产生了很强的消费新需求。而核桃的"健脑益智"形象也早已深入人心，于是将产品定位在健脑益智饮料这个细分产品领域，占据了市场先机。

3. 资源配置方式

由于资源的异质性、效用的多维性和知识的分散性，人们对于相同的资源往往具有不同的效用期望，有些期望难以依靠市场交换得到满足，因此，如果通过资源配置方式创新，能够开发出新的效用，使之更好地满足资源所有者的期望，创业者就有可能从资源所有者手中获得资源使用权，以开展生产经营活动。

生活在乌干达首都坎帕拉的 Byaruhanga，利用街头废弃的轮胎做鞋子，并把此技艺教给 100 多位流浪儿童，让他们能够养活自己，不再流浪。不仅为孩子们创造了一个未来，这种拖鞋也正在改变主流时尚。在印度孟买，企业家 Anu Tandon Vieira 创立了"轮胎再生计划"，员工们将旧轮胎和其他回收材料制成防风雨的室外家具，可以用来装饰阳台或半开放式的房间。而孟加拉的设计师 Ashis Paul 利用厚纸板和旧的塑料瓶（瓶身和瓶颈大小相差越多，制冷效果越好）设计了一款生态空调，不用消耗任何电力，可以将房间的温度在一定范围内有效降低，帮助了数十万无法使用电力的穷困人民，帮他们顺利度过炎炎夏日。

4. 创业者的管理能力

创业者的管理能力是企业软实力的主要表现，管理能力越高，获取资源的可能性越大。创业者的管理能力可以从其沟通能力、激励能力、行政管理能力、学习能力和协调能力等多方面予以衡量。

从 0 到 3000 万，从村姑到女神的漳州农村姑娘陈雅娜靠着其出色的管理能力赢得了客户，留住了员工，使企业取得了飞速的发展。创业之初，她尝试用起了互联网，建立了行业交流群，还用起了微信做沟通渠道，和当时的小伙伴一起到处找寻客户，甚至为了获得客户采用了"账期延后模式"，导致公司资金流受限，情况最紧急的时候，贴心的员工主动放弃他们的工资来贴补，还拿出自己的卡让陈雅娜去刷；公司情况明显有了好转之后，陈雅娜做出的股份改革决定，让那些跟着她一路披荆斩棘过来的员工都成了满钇集团的"事业合伙人"，由此不仅温暖了所有员工的心，而且直接振奋了公司的气势。2015 年成为了满钇集团被杠杆撬动的一年——从原本不到 800 家客户，仅仅一年，客户量猛增到了 3000 家。

5. 社会网络

社会网络是机构之间及人与人之间比较持久的、稳定的多种关系结合而成的网络关系。在社会网络中处于优势地位的创业者，具有较好的社会关系依托，可以有选择地了解不同对象的效用需求，有针对性地对不同对象传递商业创意的不同方面，有目的地取得不同资源所有者的理解和信任，最终成功地从不同网络成员那里取得所需资源，为自己进行资源配置方式创新提供基础。

36岁就获得美国青年科学家总统奖（PECASE）、美国国家科学基金会给青年学者的最高奖励（CAREER）及ASME和SES两个权威协会的所有三项青年力学科学家大奖（SNNA、YIM、THYIA）的哥伦比亚大学的终身教授陈曦，在回国讲学的一个偶然机会下，接触到了中石化四川油气田的相关负责人，了解到企业在生产实践过程中遇到的一个世界难题——油气中硫化氢含量过高，造成管道腐蚀严重，至今仍找不到合适的解决方法。企业每年用在管道缓蚀剂上的费用，就高达两亿元，而这两亿元的投入，并没有实际减缓多少管道腐蚀的程度。一旦硫化氢泄漏，就会造成不可挽回的人员伤亡。于是陈曦就和中石化西南局共同立项研究，最后不仅帮助油气田解决了难题，还使得陈曦本人在科研上得到升华——发现一套新的理论体系，并借此解决了蚀酸油气田面临的世界性难题。

6. 先前的工作经验

在特定产业中的先前经验有助于创业者分析创业所需的资源类别，从而更容易识别资源、获得资源。

清华大学人文与社会科学学院博士后石嫣在美国一家CSA（Community Supported Agriculture社区支持农业）农场做了半年的"准农民"，回国后，在北京创办了"小毛驴市民农园"，凭着其先前的经验获得了种子客户。周鸿祎在新入职员工大会上说："我在方正、在雅虎工作的时候，除了完成本职工作，还做了很多公司不要求自己做的事情，就是为了努力提高自己的能力、经验和见识，这才使我之后有能力去做投资，做奇虎，做360。"菠萝皮革的发明人卡门，也凭着其多年在皮革生产制造领域的经验，了解到皮革制品对生态的踩踏和破坏，不仅有对动物的残忍杀戮，还有大量的化工制剂对人体健康和生态环境的破坏。于是，在受邀前去菲律宾开发新产品的过程中，逐渐意识到，皮革并不是一种可持续的材质，最终才通过硕士和博士的学习，在63岁时重新拥有了自己的团队，成立了公司。

二、创业资源获取的途径

获取创业资源的途径一般来说可以分为市场途径和非市场途径两大类。市场途径获取资源的方式包括购买、联盟和并购等，非市场途径获取资源的方式主要有资源吸引和资源积累等。

1. 通过市场途径获取资源

市场途径获取资源的方式包括购买、联盟和并购。

资源购买是指利用财务资源杠杆通过市场购入的方式获取外部资源，主要包括购买厂房、装置、设备等物质资源，购买专利和技术，聘请有经验的员工及通过外部融资获取资金等。当创业所需要的资源有活跃的市场，或者有类似的可比资源进行交易时就可以通过购买的方式获得。

资源联盟是指通过联合其他组织，对一些难以或无法通过自己进行开发的资源实行共同开发。很多创业培训放在孵化园或咖啡厅，其实就是一种资源联盟的方式，一方面培训方节约了场地租用金，另一方面孵化园或咖啡厅通过提供场地形成了很多潜在的客源，无形中对自己做了宣传；很多培训机构依托高校或研究机构研发培训体系，也是资源联盟的典型表现，借助外脑和专家合作，既可以节约培训机构的研发经费，又可以使培训体系具有前沿性和系统性，高校或科研机构的人员则可以将自己的研究成果转化成生产力，为社会创造价值。

资源并购是通过股权收购或资产收购，将企业外部资源内部化的一种交易方式，资源并购的前提是并购双方的资源尤其是知识等新资源具有比较高的关联度。2016 年 7 月 13 日，小米电蚊香正式上架，小米电蚊香最大特点就在于采用 MicroUSB 口，不仅可以通过普通电源供电，还支持移动电源供电。官方介绍，10000 毫安移动电源大约可使用 13.8 小时，20000 毫安移动电源可使用 28.2 小时，即使身在野外也可使用，给用户在野外以恬静享受。至此，小米生态中大到电视、平衡车，小到手机线、电池、电蚊香等产品品种更加丰富。在过去的两年中小米公司累计投资生态链公司 55 家，其中从零孵化的 29 家公司中有 20 家公司已发布产品，7 家公司年收入过亿元，2 家公司年收入超过 10 亿元。

2．通过非市场途径获取资源

非市场途径获取资源的方式主要有资源吸引和资源积累等。

资源吸引指发挥无形资源的杠杆作用，利用新创企业的商业计划、通过对创业前景的描述、利用创业团队的声誉来获得或吸引物质资源（厂房、设备）、技术资源（专利、技术）、资金、人力资源（有经验的员工）。缘创派之所以能在 15 小时之内筹资 2000 万元，和其创始人王翌不无关系。王翌在创办缘创派之前做过多年的投资，五年前还从零开始一手建立了 360 的投资部，而在十年前他自己也是个创业者。他们见的第一位投资人 Hans，是王翌在启明创投有过近一年共事经历的同事；向他们提出众筹天使投资建议的张震是王翌认识的第一位 VC 投资人，十年前王翌和黄志光一起创业做"周博通"的时候，张震是第一个找上他们的投资经理；李涛和陈征宇是王翌原来在 360 时的领导；天使投资人蔡文胜是王翌十年前创业时的投资人，王梦秋女士则是最早给企业发出 Term Sheet 的机构投资人；深圳的麦刚和跨越中美的 Matt 都是与王翌比较谈得来的独立天使投资人。由此可见，正是王翌的社会关系网络和他自身创业与工作的经历，帮助企业在短期内吸引到了大量的资金[①]。在外卖 O2O 行业，"叫个鸭子"横空出世，创造了一个全新的品牌营销神话，赚足用户眼球，不仅吸引了大量投资者，同时赢得了极高的回头率。半年时间内，公司吸引了六位天使投资人参与其中，包括百度副总裁李明远、华谊兄弟总裁王中磊、娱乐工场 CEO 张巍、黄太吉创始人赫畅、天图资本合伙人朱拥华。其原因在于互联网出身的团队成员背景，使他们对于品牌的营销有自己独到的见解。他们更看重圈子营销带动的口碑效应，企业的名字取得很有个性，很会和用户互动，使得回单率高达 60%。

---

① 王翌（缘创派联合创始人），15 小时融资 2000 万，缘创派是如何做到的？网易科技，http://tech.163.com/15/0317/10/AKTCQMUM000948V8.html。

资源积累指利用现有资源在企业内部通过培育形成所需的资源，主要包括自建企业的厂房、装置、设备，在企业内部开发新技术，通过培训来增加员工的技能和知识，通过企业自我积累获取资金等方式。一般来说，人力资源和技术资源的积累非常重要，可以保证企业发展需要的关键人才及核心技术。如全美第二大、全球第七大零售商的Costco，一直非常重视员工的培养，很多最初在停车场搜集购物车的底层员工，最后都进入了管理层。Costco从不招收刚毕业的MBA，意味着你必须从基层做起。光明的职业前景和优厚的福利，使雇员忠诚度大大提高，在Costco工作一年以上的员工，离职率只有5%。Costco成立30年来，从未发生过重大劳工问题。2008年至2012年连续5年荣获大众点评网"最受欢迎10佳火锅店"，同时连续5年获"中国餐饮百强企业"荣誉称号的海底捞一般不从外部聘请管理人员，而是给员工构建了一个清晰的职业发展路径，一定是从基层一级一级往上走的，使得员工的忠诚度极高，员工的离职率在10%以下。

三、获取创业资源的技能

为了及时足额并以较低的成本获得创业所需要的资源，创业者需要掌握一定的创业资源获取技巧。

1. 充分重视人力资源的获取

人力资本在创业资源中的决定性作用要求创业者必须充分重视人力资源的获取。创业者一方面应努力增强自身能力的培养，另一方面应充分重视创业团队的建设。一支知己知彼、才华各异、能力互补、目标一致和彼此信任的团队是创业资源中最为重要的资源，也是创业成功必不可少的保证。因此，创业初期创业者需要花大量时间在人力资本的培养和获取上。

乔布斯曾说过："我过去常常认为一位出色的人才能顶两名平庸的员工，现在我认为能顶50名。我大约把四分之一的时间用于招募人才。"在小米成立的第一年，雷军也花了绝大多数时间去找人！

2. 以能用和够用为原则

创业者在筹集资源时应坚持能用的原则，只有满足企业需求、可以支配并使其充分发挥作用的资源，才是需要花力气筹集的资源。另外，在筹集创业资源时应该本着够用的原则，既满足企业经营所需又不会因为筹集过多承担较高的成本。

只要能为企业所用的物资，就可以成为企业的资源。当代大学生应该培养一双善于发现的眼睛和善于创新的大脑，以便可以更多地变废为宝，为实现可持续经济的发展贡献自己的力量。

3. 尽可能筹集多用途资源和杠杆资源

一般来说，时间资源、人力资源是用途最多也是最具有杠杆性质的资源。创业者要善于进行时间管理，把有限的时间用在刀刃上，要善于通过授权，将精力集中于关键的决策上，既有效发挥团队成员的作用，也有利于利用团队成员的能力撬动更多其他资源。上海中科合臣股份有限公司正是通过对于姜标等高技术人才的引进和重视，引发了"姜标现象"，取得了巨大的经济效益。

四、创业资源获取的途径必须合法

在创业资源获取中最重要的原则就是合法。如前所述，创业资源可分为人力资源、财务资源、物质资源、技术资源和组织资源等五种，其中每种创业资源的获取都必须以合法为前提。首先，创业人力资源的获取必须要合法。在现实中确实有些人打着合伙创业的幌子，在获取别人的智力或人际和社会关系后一脚将别人踢开，这是创业合作纠纷产生最主要的原因。其次，创业资金资源的获取也必须合法。"任何一个公司的创办都离不开资金。传统上，创业资金的合法来源只有两种渠道：一是靠积累（比如继承遗产或者是自己多年的积蓄）；二是靠借贷（比如从家人、亲戚和朋友那里借钱，或者从银行抵押贷款）。"通常而言，前者绝对合法而后者就未必。我国法律规定，民间借贷利率最高不得超过银行同类贷款利率的四倍，出借人也不得将利息计入本金谋取高利，超出部分的利息法律不予保护。违反上述规定即构成"高利贷"，"高利贷"就不是合法地获取创业资金资源的方式。再次，创业物质资源的获取也应当合法。获取这些资源或租或买都应支付租金或价金，或通过合作获得的也应与合作者分享利润。在现实中"免费的午餐"几乎是没有的。在影片《中国合伙人》中，三位合伙人因创业之初没经过政府部门许可擅自占用放弃的工厂当校区而被罚款，就说明了这一点。最后，创业技术资源的获取也必须合法。原始取得的技术资源一般都是合法的，继受取得的技术资源则有合法与非法之分。技术资源继受取得合法的方式主要是许可，通常包括独家许可、独占许可、普通许可、分许可和交叉许可等；盗取、剽窃他人技术等方式都是非法取得。

第三节　创业资源管理

一、创业资源的分类开发

创业资源开发是指创业者开拓、发现、利用新的资源或其新的用途的活动。开发创业资源需要一个比较完善的机制，并重点关注对企业发展较为重要的人力资源、技术资源、客户资源和信息资源的开发。

1. 人力资源开发

人力资源的重要性前已做了详细陈述，创业者可以通过充实自己、开发人脉资源等方式充分重视人力资源的开发。

（1）充实自我。创业者及其团队成员是创业企业最重要的资源，也是人力资源开发的核心内容。可以通过学习能力、沟通能力、领导能力、管理能力的训练及锻炼不断提升自我，满足企业日益发展的需求。

（2）开发人脉资源。社会网络资源对于项目管理、资源筹集、风险控制等具有很重要的作用，需要构建合理的机制、进行科学的规划来开发。[①]

①认真规划人脉资源。在制定人脉规划时，应注意人脉资源结构的科学合理性，关注性别结构、年龄结构、行业结构、学历与知识素养结构等；要平衡物质和精神方面的需要，并重视心智方面的需要；同时注意人脉的深度、广度和关联度。创业者应充分利用朋友的朋友或他人的介绍等方式拓展人脉资源，从长远考虑，关注人脉资源的成长性和延伸空间。

②积极拓展人脉资源。一般来说，人脉资源的拓展主要有熟人介绍、参与社团、利用网络等途径。

● 熟人介绍。熟人介绍是一种事半功倍的人脉资源扩展方法，它具有倍增的力量。可以加快人与人信任的速度，提高合作成功的概率，降低交往成本，是人脉资源积累的一条捷径。

● 参与社团。在参与社团时，人与人之间的交往和互动是在"自然"的情况下进行的，有助于建立情感和信任，而且，通过社团里面的公益活动、休闲活动，可以产生人际互动和联系。如果能在社团中谋到一个组织者的角色，就可以得到服务他人的机会，在为他人服务的过程中，自然地增加与他人联系、交流和了解的时间，使人脉之路自然延伸。

● 利用网络。网络现在已经成为社会交往最便捷、廉价，也是应用范围最广的手段之一。网络使得人们之间的交往更加便利，在网络上人们会变得更加真实，因此，利用网络可以扩大自己的朋友圈，利用网络也可以了解到他人的真实需求和想法。

③科学经营人脉资源。建立和维持人脉资源需要坚持互惠互利、诚实守信、善于分享和"2/8 原则"。

互惠原则就是在人际交往中要努力做到利人利己，是一种双赢的人际关系模式。调查发现，在人际交往中，一般人都喜欢与诚实、爽直、表里如一的人打交道，最痛恨的是欺骗和虚伪。因此，创业者在人际交往中应切记诚实守信的原则，将信用作为处理人际关系的必守信条。分享是一种最好的建立人脉资源的方式，分享越多得到的就会越多。在开发人脉资源时不能平均使用时间、精力和资源，而必须区别对待，必须对影响或可能影响我们前途和命运的20%的"贵人"另眼相看，在他们身上花费80%的时间、精力和资源。对于新结交的人脉资源一定要学会维持和经营，将其长期保持下去，时不时地发个短信或邮件，使友谊之路保持畅通。

2. 技术资源开发

技术资源开发的方式包括企业通过提高自己的科研能力自行进行技术创新，以及通过整合社会的技术资源达到提高其技术能力的目的两种方式。[②]

---

① 王艳茹. 创业资源[M]. 北京：清华大学出版社，2014年版，116-121.
② 王艳茹. 创业资源[M]. 北京：清华大学出版社，2014年版，175-179.

通过自主研发的方式获得创业所需资源，可能是大部分科技型创业企业采用最多的获取技术资源的方式，尤其是高校毕业生的机会型创业。在校大学生可以通过自己做实验或钻研的过程中的发现或发明创造，或参与教师或学校的课题申请的专利技术，将其转变成生产力进行自主创业。在高技术领域，通过自主研发的方式，或者说技术持有者自己创业的案例最为多见。例如，美国的戴尔电脑公司、王安电脑公司，中国的联想集团、方正集团、清华同方威视等，都是技术持有者自己创业的典例。

如果创业者并不掌握创业所需的专门技术，就需要吸引技术持有者加入自己的创业团队。另外，挖掘失效专利技术内在的商业价值或者通过外购、合作研究的方式均可进行技术资源的开发。

3. 客户资源开发

创业企业只有成功地将产品和服务销售出去，找到自己的客户，才能够在资本市场上将投入的资源收回，并且产生更大效益。因此，客户资源开发对创业企业有着至关重要的作用。[①]

（1）主动开发新客户。要争取到新客户，需要创业者或者拥有资源，或者投入更大的成本进行"攻关"，这种成本包括创业者的精力和时间等，而且为争取到重要客户，创业者往往需要亲自出马，用诚意获取客户的信任，并且可以不计成本。[②]创业者和新创企业可以通过特殊待遇或优惠、模仿、设计、广泛搜寻、循序渐进、放长线钓大鱼等策略开拓新客户。

创业企业可以通过向早期的顾客提供广泛的服务，或者免费的辅助服务、培训等，或者向那些其他企业不愿提供服务的客户提供服务，雇用其他企业不愿意雇用的人的方式等，筹集创业初期所需要的资源。也可以通过模仿一些大规模、更成熟的公司的外在形式，使人们对新创建企业的稳定性产生一种不假思索的信任。或者通过精心设计沟通的语言和方式，向不同的资源拥有者展示创业者或新创企业的形象。常常为找到最"合适"的资源供给者，充分动用各方面的关系广为宣传，想方设法接触尽可能多的客户，直到找到最佳人选。通过跟客户大量接触的机会，有意识地记录潜在客户的特征，分析其需求，在适当的时候向其介绍企业的产品或服务。

（2）精心维系老客户。企业可以通过增加客户的忠诚度，加大客户的转移成本，进行用户锁定等方式留住老客户。这就需要企业的产品或服务有一定的独特性，由此让客户产生黏性，不愿轻易转换为其他企业的产品或服务。

4. 信息资源开发

一般来说，企业信息资源的开发和利用可以通过信息分析、信息综合和信息预测三个步骤实现。[③]而提高对信息资源开发利用的效率，同样需要企业采取一定对策和措施。[④]

（1）确立信息资源开发利用的目标。有效开发利用信息资源，必须确立信息资源管理的理念和目标，使其与企业的战略发展目标一致。一般来说，信息资源开发利用的目的是综合

[①] 王艳茹. 创业资源[M]. 北京：清华大学出版社，2014年版，183-189.
[②] （美）阿玛尔毕海德. 新企业的起源与演进[M]. 魏如山等译. 北京：中国人民大学出版社，2004年.
[③] 秦文纲. 论企业信息资源的开发利用[J]. 浙江工商职业技术学院学报，2004（5）：28～30.
[④] 宋红梅. 企业竞争中信息资源的开发利用[J]. 科技情报开发与经济，2010（20）：75～76.

利用信息资源辅助企业的高层决策，为企业管理和决策提供有效的企业内外部信息，做到快速、准确的市场应对与决策，取得整体综合效益，使企业在竞争中立于不败之地。

（2）加大对信息人才的培养和有效利用。企业信息资源开发利用成功的关键在于人才和人才资源开发，企业信息化需要一支善于交流、善于开发利用信息资源的优秀管理人员和技术人员的队伍。因此，企业必须要投入一定的资金，通过加强人才培训、技术交流，同时通过与科研机构、高等院校等进行厂校联合、"结对子"等手段来发现、培养一批富有开拓创新意识、掌握新技术并且具有很强实践能力的高层次技术骨干；还可设立奖励基金，对信息人才的主动性和创造精神给予奖励，提高全体职工的信息知识水平。利用各种方法提高员工的综合素质，提高开发利用信息资源的有效性。

（3）开发过程中确立自己的竞争优势。谁掌握的信息资源全面、准确、及时，谁就能在市场竞争中赢得主动，获得胜利。信息市场中充斥着形形色色的信息公司和信息生产者，信息资源开发部门同它们展开竞争的主要办法就是确立自己的竞争优势。企业为在竞争中确立优势必须重新审视与价值链上其他相关企业的联系，充分掌握相关的信息以做出正确的分析和决策。企业可以从市场信息资源开发机构获取信息，并对企业自身信息系统不断进行改进、发展和完善，同时还必须进行必要的组织机构调整，做好人员安排、计划组织、资金保证等，并突出为企业生产经营服务的理念，突出信息的层次性。

（4）加大网络信息资源的开发。网络信息资源比常规的信息资源具有更加丰富、更加便利的优势。Internet上的信息资源数量庞大、内容丰富、关联度强。不同时间（过去、现在、将来）、不同空间（企业内外、国内外）及不同内容的信息均可在网上有效传播。企业要想获取大量的外界信息，实现共享信息资源，就要充分利用基于网络的信息服务平台，加快企业信息资源的整合，大力发展企业信息网络建设。同时，加大网络信息资源的开发深度与广度，在对其进行整合时，要将以往各行其是的、非正式的信息交流、半正式的信息交流与正式信息交流汇集到一个网络上，为人们同一时间进行查询提供便利。

二、创业资源的创造性利用

1. 创新创造用好自有资源

创业是一个突破资源限制寻求机会创造价值的过程，创业者可以采用步步为营的方式，精打细算创造性地用好每一笔资源。

步步为营是指在缺乏资源的情况下，创业者分多个阶段投入资源，并在每个阶段或决策点投入最少的资源。步步为营活动包括创业者在资源受限的情况下寻找实现理想目标的途径；降低对外部融资的需要；最大限度发挥创业者投在企业内部资金的作用；实现现金流的最佳使用等。创业者还可以通过入住创业园、外包或利用临时工或实习生的方式降低资源耗费。

2. 多方努力活用杠杆资源

由于创业者在创业时拥有的资源有限，需要创业者在创业过程中尽可能利用资源的杠杆效应，形成杠杆优势。资源的杠杆效应体现在以下几个方面：能比别人更长时间地运用资源，更充分地利用别人没有意识到的资源，利用他人或者其他企业的资源来完成自己创业的目的，将一种资源补足另一种资源，以产生更高的复合价值，利用一种资源获得其他资源等。

如上所述，时间资源、人力资源是最具有杠杆性质的资源。创业者可以通过不断提高自己的平台以吸引强有力的合作者，也可以通过对风险投资的引进，获得其提供的经营上的帮助等。

3. 采用拼凑方式利用手边资源

拼凑是指在资源束缚下，创业者为了解决新问题，实现新机会，整合手边现有资源，立即行动，创造出独特的服务和价值。

拼凑的主要方式有：购买废弃的二手设备替代昂贵的先进设备；创业者身兼数职，或者"上阵父子兵"来代替无法招到的员工。这样通过利用手头已经存在的资源，或者手边能够找到的一切资源，突破习惯性的思维方式，依靠自己的经验和技巧，通过创造性整合帮助实现自己的目标。不过，创业者在进行资源拼凑时，应注意采用选择性拼凑的策略，有所为有所不为，而不能进行全面拼凑。滴滴在创业之初就采用创造性拼凑的方式，先委托第三方开发出打车软件，然后才在招聘到技术总监之后不断优化提高产品质量的。

三、创业资源开发机制

合理开发创业资源，需要辨析资源拥有者的利益诉求，通过合理的利益分配机制满足其需求，并借由沟通建立长期的合作共赢关系。

1. 辨识资源拥有者及其利益诉求

整合外部资源其实是整合资源背后的利益机制，所以一定要关注有利益关系的组织和个人的利益诉求。

利益相关者可以分为以下三个层面：资本市场的利益相关者，例如股东和债权人；产品市场的利益相关者，主要包括顾客、供应商、所在社区和工会组织；企业内部的利益相关者，如经营者和其他员工。整合外部资源时强调的利益相关者主要是前两种。创业者要更多地整合外部资源，首先要找到尽可能多的利益相关者。一般来说，投资或经营多样化的利益相关者，有丰富经验的利益相关者，有很多过剩资源的利益相关者都是资本市场的利益相关者，创业者应在人力资源开发时想方设法地多接触他们，经营好和他们的关系，以便需要筹集资源时方便与其接洽。

2. 设计合理的利益分配机制

在识别出利益相关者之后，需要设计合理的利益分配机制，在给新创企业带来收益的同时，给资源拥有者一定的回报，并能够使对方合理规避可能的风险，以此获得拥有资源的利益相关方的青睐。创业者可以通过出让一定股权、建立长期供求合作关系、技术联盟等方式设计建立一套合作共赢的利益分配机制。

3. 建立共赢的长期合作关系

利益分配机制是合作的第一步，此后的友好合作还需要创业企业精心的维护。创业者可以通过常规化的沟通方式，让利益相关方了解企业，增强对企业的信任，甚至加大对企业的投资；创业者还需要尽快从人际信任过渡到制度信任，建立更宽泛的信任关系，以获取更大规模的社会资本。

第四节 创业融资

一、创业融资概述

资金是企业经营的起点，也是大多数创业企业面临的第一个难关。创业者应首先了解创业融资的重要性及其分类，通过对创业融资难的原因的分析，克服困难并借由对融资过程的了解，提前做好融资准备。

1. 创业融资的重要性

企业只有拥有足够的现金才能从市场上获取各种生产要素，为价值创造提供必要的前提。融资在创业过程中起着基础性的作用。

资金是企业的血液。据国外文献记载，破产倒闭的企业中有85%是盈利情况非常好的企业，现实中的案例及令世人难忘的金融危机使人对"现金为王"的道理有了更深的感悟[1]。由于资金管理不力，在遇上资本寒冬时，2016年上半年蜜淘网、博湃养车、美味七七、神奇百货均由于资金链断裂而破产[2]。

一项对毕业半年后创业人群的风险因素研究发现，2011届到2015届连续5年的大学生创业者都认为，"缺少资金""缺乏企业管理经验""市场推广困难"是可能导致创业失败的三大风险，其中"缺少资金"稳居三大风险中的第一位[3]。由此可见，创业资金对于大学生创业的重要性。

2. 创业资金的分类

创业资金按照资金投入企业的时间可分为投资资金和营运资金。

投资资金发生在企业开业之前，是企业在筹办期间发生各种支出所需要的资金。投资资金包括企业在筹建期间为取得原材料、库存商品等流动资产投入的流动资金，购建房屋建筑物、机器设备等固定资产，购买或研发专利权、商标权、版权等无形资产投入的非流动资金，

---

[1] 现金流量的价值影响，中国会计网，http://www.canet.com.cn/caiguan/cwfx/201601/511403.html.
[2] 2016创业公司死亡名单：风停了猪摔死了！今日头条，网址 http://toutiao.com/i6307822742381003265/.
[3] 大学生创业"三缺"系主要风险"缺资金"居首位，新华网，http://news.xinhuanet.com/info/2016-07/27/c_135543116.htm.

以及在筹建期间发生的人员工资、办公费、培训费、差旅费、印刷费、注册登记费、营业执照费、市场调查费、咨询费和技术资料费等开办费用所需的资金。

营运资金是从企业开始经营之日起到企业能够做到资金收支平衡为止的时间内企业发生各种支出所需要的资金，是投资者在开业后需要继续向企业追加投入的资金。企业从开始经营到能够做到资金收支平衡为止的时间叫作营运前期，营运前期的资金投入一般主要是流动资金，既包括投资在流动资产上的资金，也包括用于日常开支的费用性支出所需资金。

营运前期的时间跨度往往依企业的性质而不同，一般来说，贸易类企业可能会短于一个月，制造类企业则包括从开始生产之日到销售收入到账这段时间，可能要持续几个月甚至几年；对于不同的服务类企业，其营运前期的时间会有所不同。在很多行业中，营运资本的资金需求要远远大于投资资本的资金需求，对营运资金重要性的认识，有利于创业者充分估计创业所需资金的数量，从而及时、足额筹集资金。

3. 创业融资难的原因

创业融资难的主要原因主要有新创企业的不确定性大、新创企业和资金提供者之间信息不对称及资本市场欠发达等。

（1）新创企业的不确定性大。

首先，商业机会本身具有不确定性。对于创业活动本身而言，由于创业项目尚未实施，或刚开始实施，创业项目受外界环境的影响相对于既有企业来说更大，其市场前景不够明朗。其次，新创企业的利润具有不确定性。多数创业者创业经验缺乏，导致其应对内外部环境变化的能力不足，企业盈利的稳定性较差。再次，新创企业的寿命具有不确定性。中国创业企业的失败率为80%左右，企业平均寿命不足3年，而大学生创业失败率更高达95%[①]。

另外，新创企业在融资方面还有明显的劣势。企业创办初期规模较小，有效的可供抵押的资产较少，加上新创企业的融资规模偏小，使得投资方投入的成本较高。同时，新创企业缺少以往可供参考的经营信息，使得投资者对于投入到企业资金的安全性判断较为困难，从而限制了企业资金的筹集。

（2）新创企业和资金提供者之间信息不对称。由于创业者对自身能力、产品或服务、企业的创新能力和市场前景等的了解多于投资者，其在融资时往往倾向于保护自己的商业机密及其开发方法，特别是进入门槛低的行业的创业者更是如此，这样，创业者对创业信息的隐藏会增加投资者对信息甄别的时间和成本，使投资者处于信息劣势，从而影响其投资决策。其次，新创企业的经营和财务信息具有非公开性。创业初期企业经营活动的透明度较差，财务信息不公开，使得潜在投资者很难了解和把握创业者与新创企业的有关信息。最后，中国市场经济发展的时间较短，普通大众的投资理念比较保守，尚未形成一个相对成熟的投资者群体，潜在投资者对行业的认识、直觉和经验等也相对缺乏，使得其在选择投资项目时更为谨慎。

（3）资本市场欠发达。与发达国家相比，中国的资本市场仍然不够完善，缺少擅长从事中小企业融资的金融机构和针对新创企业特点的融资产品，对企业上市的要求较高，加上产

---

① 数据显示中国每分钟诞生8家公司创业失败率80%，网易财经，http://money.163.com/api/15/1206/10/BA5688FR00253B0H.html。

权交易市场不够发达，加大了投资者回收投资的成本，使得其在进行投资时更加谨慎[①]。

4. 创业融资过程

一般来说，创业融资过程包括做好融资前的准备、计算创业所需资金、编写商业计划书、确定融资来源及展开融资谈判等五个方面的内容。

(1) 做好融资前的准备。创业者在融资之前要做好充分的准备工作：对融资过程有一定了解，建立和经营个人信用，积累自己的人脉资源，学习估算创业所需资金的方法，知晓融资渠道的途径，熟悉商业计划书的结构和编写策略，提高自己的谈判技巧等，以提高融资成功的概率。

积累人脉资源、创业所需资金的计算、融资渠道和商业计划书等内容，其他章节会有详细讲到，因此，这里只强调个人信用的重要性。

个人信用记录包括以下四个方面的内容：

一是个人基本身份信息，包括姓名、婚姻及家庭成员状况、收入状况、职业、学历等。

二是信用记录，包括信用卡及消费信贷的还款记录，商业银行的个人贷款及偿还记录。

三是社会公共信息记录，包括个人纳税、参加社会保险、通信缴费、公用事业缴费及个人财产状况及变动等记录。

四是特别记录，包括有可能影响个人信用状况的涉及民事、刑事、行政诉讼和行政处罚的特别记录。信用在创业融资过程中起着很重要的作用。

无论是从何种渠道筹集资金，投资者都会比较关注创业者个人的信用状况。因此，为保证融资的顺利进行，创业者应尽早建立起良好的个人信用记录，如做一个信用卡的诚信持卡人，同时注意在日常生活中按时缴纳各项税费，遵纪守法，保持良好的个人信用。

(2) 计算创业所需资金。任何一家顺利经营的企业都需要基本的周转资金，如果筹集的资金不足以支撑企业的日常运转，企业会面临资金断流，进而导致破产清算；但这也不意味着筹集的资金越多越好，很多创业企业都是在开始的时候被一下子获得的大笔资金"撑死的"，何况，资金都是有成本的，如果在资金使用过程中不能够创造出高于其成本的收益，创业企业就会发生亏损。因此，创业者在筹集资金之前，要能够运用科学的方法估算资金需求数量。

(3) 编写创业计划书。创业企业对资金的需求，需要通盘考虑企业创办和发展的方方面面，要对企业有全面筹划。编写创业计划书是一种很好的对企业未来进行规划的方式，在创业计划书中，创业者需要估计未来可能的销售状况，为实现销售需要配备的资源，并进而计算出所需要的资金数额。

(4) 确定融资来源。确定了创业企业需要的资金数额之后，创业者需要进一步了解可能的筹集渠道、不同筹资渠道的优缺点、创业企业自身的特征、创业企业所处的生命周期阶段等，根据筹资机会的大小，以及创业者对企业未来的所有权规划，权衡利弊选择所要采用的融资来源。

(5) 展开融资谈判。选定所拟采取的融资渠道之后，创业者就需要和潜在的投资者进行融资谈判。要提高谈判获胜的概率，要求投资者首先对自己的创业项目非常熟悉，充满信心，并对潜

[①] 王艳茹，王兵. 创业基础课堂操作示范[M]. 北京：北京师范大学出版社，2014年版，214-216.

在投资者可能提出的问题做出猜想,事先准备相应的答案,另外,在谈判时,要抓住时机陈述重点,做到条理清晰;如果可能的话,向有经验的人士进行咨询,会提高谈判成功的概率[①]。

二、创业资金的测算

测算创业资金需要充分考虑投资资金和营运资金的需求。

1. 投资资金测算

创业者需要按照资金分类中提到的投资资金项目,逐一测算每项资金的需求数量。最后加总得到开业前需要投入的资金金额。可以搜索同行业其他企业投资的数据进行参考。

2. 营运资金测算

由于创业之初企业经营的不确定性较大,对于营运资金的测算需要分月度进行,逐月分析生产经营过程中需要发生的各种支出及其具体金额,同时考虑经营过程中的资金流入,计算资金流入和资金流出的差额,分月计算营运前期时段内每个月资金流出大于资金流入的金额,其结果就是需要追加的资金数额。

可以运用表 7-1 来计算创业资金的数量。

表 7-1 创业资金计算表

项目/时间	开业前投资资金	开业后/营运资金			
		1	2	……	合计
房屋					
设备					
办公家具					
办公用品					
员工工资					
创业者基本支出					
营业税费					
业务开拓费					
广告费					
水电费					
电话费					
保险费					
设备维护费					
软件费					
…					
资金支出合计					
资金收入					
投入资金数额					

---

① 王艳茹. 创业资源[M]. 北京:清华大学出版社,2014 年版,126-127.

三、创业融资的渠道

企业筹集的资金按照投资者在企业享有的权益不同可以分为股权资金和债权资金[①]。

1. 股权资金

股权融资形成企业的股权资本,也称权益资本、自有资本,是企业依法取得并长期持有,可自主调配运用的资金。广义上的股权融资包括内部股权融资和外部股权融资。

创业企业在创建的启动阶段及较早发展阶段,内部积累显得格外重要。采用内部积累方式融资符合融资优序理论的要求,也是很多创业者的必然选择。内部积累的资金来源主要是企业在经营过程中赚取的利润[②]。外部股权融资的途径主要有个人储蓄、亲友资金、天使投资、风险投资、其他企业投资等形式。下面介绍个人储蓄和亲友投资、天使投资和风险投资。

(1) 个人储蓄和亲友投资。创业者个人积蓄的投入,表明了创业者对于项目前景的看法,是创业者日后继续向企业投入时间和精力的保证,也是对债权人债权的保障,还有利于创业者分享投资成功的喜悦。因此,个人储蓄是创业融资最为根本的渠道。

将个人合伙人或个人股东纳入自己的创业团队,利用团队成员的个人储蓄是创业者最常用的筹资方式之一。就中国现状而言,家庭作为市场经济的三大主体之一,在创业中起到重要的支持作用。以家庭为中心,形成的亲缘、地缘、商缘等为经纬的社会网络关系,对包括创业融资在内的许多创业活动产生重要影响,因此,创业者及其团队成员的家庭储蓄一般归入个人储蓄的范畴。

如果亲友既看好创业项目,又信任创业者,则可能会对项目投入部分资金,这部分资金也是创业初期股权融资的主要渠道。调查显示,2015届毕业生创业过程中遇到的最大困难是资金筹备,大部分创业者创业资金来源为"父母亲友的支持"(专科64.8%、本科58.9%)[③]。

小米能融资成功的原因也一样,小米初期的每个员工都几乎把全部身家拿出来投给小米,这就能让投资人相信,创业者是真正破釜沉舟地愿意去参与创业。小米除了公司员工的投资,在2010年就融了500万美元,而当时能融到钱的原因,则是雷军给投资人打了通宵的电话,承诺投资人"你投500万我也投500万"。雷军总结称,要融到花不完的钱,首先你得找到一个真正的市场,然后,你要努力说服创业者,自己是真正倾注了全部的精力和金钱来创业的,这样投资人才能相信你会成功[④]。

(2) 天使投资和风险投资。天使投资是自由投资者或非正式机构对有创意的创业项目或小型初创企业进行的一次性的前期投资,是一种非组织化的创业投资形式。曾经的创业者,传统意义上的富翁,大型高科技公司或跨国公司的高级管理者是主要的天使投资者的来源,在部分经济发展良好的国家中,政府也扮演了天使投资人的角色。天使投资属于广义的风险投资的一种。

[①] 王艳茹. 创业资源[M]. 北京:清华大学出版社,2014年版,138~156.
[②] 王艳茹. 创业资源[M]. 北京:清华大学出版社,2014年版,157.
[③] 2016年中国大学生就业、创业质量报告发布,有详细的各个专业学科分析,各位请对号入座,爱微帮,网址:http://www.aiweibang.com/yuedu/134457451.html.
[④] 雷军:小米最初找合伙人是靠"无赖"做法,网易科技,http://tech.163.com/14/0520/11/9SMESQKF000915BF.html.

狭义的风险投资是由专业机构提供的投资于极具增长潜力的创业企业并参与其管理的权益资本。风险投资往往以股权的方式进行投资，会积极参与所投资企业的创业过程，以整个创业企业作为经营对象，比较看重"人"的因素，是一种高风险、高收益的组合投资。根据风险投资的潜规则，一般真正职业的风险资金是不希望控股的，只占30%左右的股权，他们更多地希望创业管理层能对企业拥有绝对的自主经营权。因此创业者在创业初期选择风险投资时要拿适量的钱，以便未来在企业需要进一步融资时，不至于稀释更多的股份而丧失对企业的控制权[①]。对于创业者来说，如果所创企业符合风险投资家的项目选择标准，则风险资本是一种比较好的融资方式。通过风险资本不但可以筹集资金，还可以得到风险投资家们专业的帮助和指导。

2. 债权融资

债权融资形成企业的债务资本，也称借入资本，是企业依法取得并依约运用、按期偿还的资本。向亲友借款、向金融机构借款、交易信贷和融资租赁、中小企业互助贷款等是常用的债权融资方式。

（1）亲友借款。个人储蓄不足时，创业者可以向其亲朋好友借入资金，亲友借款也是创业融资的主要方式之一。需要提醒的是，在向亲友融资时，创业者必须要用现代市场经济的游戏规则、契约原则和法律形式来规范融资行为，保障各方利益，减少不必要的纠纷。

（2）金融机构贷款。金融机构贷款指企业向银行或非银行类金融机构借入的款项。根据法律规定，非银行金融机构，包括经银监会批准设立的信托公司、企业集团财务公司、金融租赁公司、汽车金融公司、货币经纪公司、境外非银行金融机构驻华代表处、农村和城市信用合作社、典当行、保险公司、小额贷款公司等机构。

比较适合创业者的金融机构贷款的形式主要有抵押贷款和担保贷款两种。缺乏经营历史从而也缺乏信用积累的创业者，比较难以获得信用贷款。

创业者可以根据企业需要，结合筹集资金的目的，选择筹集长期或短期的资金，一方面使资金的来源和运用在期间上相匹配，提高偿还债务的能力；另一方面，尽可能降低资金的筹集成本，提高创业企业的经济效益[②]。

（3）交易信贷和融资租赁。交易信贷指企业在正常的经营活动和商品交易中由于延期付款或预收货款所形成的企业间常见的信贷关系。企业在筹办期及生产经营过程中，均可以通过商业信用的方式筹集部分资金。如企业在购置设备或原材料、商品过程中，可以通过延期付款的方式，在一定期间内免费使用供应商提供的部分资金。

创业者也可以通过融资租赁的方式筹集购置设备等长期性资产所急需的资金。融资租赁是指实质上转移与资产所有权有关的全部或绝大部分风险和报酬的租赁。融资租赁是集融资与融物、贸易与技术更新于一体的新型金融业务。由于其融资与融物相结合的特点，出现问题时租赁公司可以回收、处理租赁物，因而在办理融资时对企业资信和担保的要求不高，非常适合中小企业融资。企业在筹建期，通过融资租赁的方式取得急需设备的使用权，解决部分资金需求，获得相当于租赁资产全部价值的债务信用，一方面可以使企业按期开业，顺利

[①] 赵旭. 新视点：VC更看重创业团队[J]. 科技创业, 2009年第4期, p.80.
[②] 王艳茹. 创业资源[M]. 北京：清华大学出版社, 2014年版, 158。

开始生产经营活动，另一方面又可以解决创业初期资金紧张的局面，节约创业初期的资金支出，将用于购买设备的资金用于主营业务的经营，提高企业现金流量的创造能力；同时融资租赁分期付款的性质可以使企业保持较高的偿付能力，维持财务信誉。

（4）中小企业互助贷款。中小企业间的互助机构是指中小企业在向银行融通资金的过程中，根据合同约定，由依法设立的担保机构以保证的方式为债务人提供担保，在债务人不能依约履行债务时，由担保机构承担合同约定的偿还责任，从而保障银行债权实现的一种金融支持制度。信用担保可以为中小企业的创业和融资提供便利，分散金融机构的信贷风险，推进银企合作。对于已经将企业创办起来的创业者，可以借助这种方式筹集所需资金。

3. 政府资金融资

政府的资金支持是中小企业资金来源的一个重要组成部分。综合世界各国的情况，政府的资金支持一般能占到中小企业外来资金的 10% 左右，资金支持方式主要包括税收优惠、财政补贴、贷款援助、风险投资和开辟直接融资渠道等[1]。政府支持资金的种类有再就业小额担保贷款、科技型中小企业技术创新基金、中小企业国际市场开拓资金等。

科技型中小企业技术创新基金是经国务院批准设立，用于支持科技型中小企业技术创新的政府专项基金，用于扶持和引导科技型中小企业的技术创新活动。根据中小企业和项目的不同特点，创新基金支持方式主要有贷款贴息、无偿资助、资本金投入等。另外，科技部的 863 计划、火炬计划等，每年也会有一定数额的资金用于科技型中小企业的研发、技术创新和成果转化。

中小企业国际市场开拓资金是由中央财政和地方财政共同安排的专门用于支持中小企业开拓国际市场的专项资金。

财政部设有利用高新技术更新改造项目的贴息基金、国家重点新产品补助基金；国家发展和改革委员会设有产业技术进步资金资助计划、节能产品贴息项目计划；工业和信息化部设有电子信息产业发展基金等。人力资源和社会保障部设立的开业贷款担保政策、小企业担保基金专项贷款、中小企业贷款信用担保、开业贷款担保、大学生科技创业基金等。

创业者应结合自身情况，利用好相关政策，获得更多的政府基金支持，降低融资成本。

4. 知识产权融资

随着《公司法》对于非货币出资比例的放宽，以及大量高科技企业的创立，知识产权融资在创业融资中的地位更显重要。知识产权融资既可以采用股权融资的方式，也可以采用债权融资的方式，主要有知识产权作价入股、知识产权抵押贷款、知识产权信托、知识产权证券化等方式。创业者可以了解不同融资方式的相应规定，按照企业的发展规划进行选择。

四、创业融资策略

股权融资和债权融资各有优缺点，需要在融资之前进行了解，以便做出最有利于企业发

---

[1] 陈乐忧整理，中小企业融资它山之石，财会通讯（综合）2008 年 10 期，p.20.

展的融资决策。

1. 不同融资渠道的特点

对于创业企业来说，股权融资和债权融资具有不同的特点，如表7-2示。

表7-2 股权融资和债权融资的比较

比较项目	股权融资	债权融资
本金	永久性资本，保证企业最低的资金需要	到期归还本金
资金成本	根据企业经营情况变动，相对较高	事先约定固定金额的利息，较低
财务风险承担	低风险	高风险
企业控制权	按比例或约定享有，分散企业控制权	无，企业控制权得到维护
资金使用限制	限制条款少	限制多

由表7-2可见，债权融资的资金成本较低，合理使用还能带来杠杆收益，但债务资金使用不当会带来企业清算或终止经营的风险；股权资金的使用成本由于要在企业所得税之后支付，成本较高，但由于在企业正常生产经营过程中，不用归还投资者，是一项企业可永久使用的资金，没有财务风险。创业者在融资时需结合诸多因素予以考虑。

2. 融资渠道选择需要考虑的因素

创业者在筹集资金时应对债务资金、股权资金的优缺点进行比较，并考虑企业资金的可得性、企业自身的风险收益特征、企业生命周期阶段、筹资的成本和风险，以及控制权分散等问题来进行综合分析。

（1）企业资金的可得性。对于创业初期急需资金的企业，可能很多时候对于融资方式的选择是迫于无奈的，无论哪一种方式，只要能够满足当时的资金之需，解企业的燃眉之急即可。资金的可得性会成为创业者考虑的首要目标。但是，如果规划适当，则可以更加理性地进行决策。

（2）企业自身的风险收益特征。创业企业所处的行业不同，其面临的风险收益特征会有很大的不同，从而导致融资方式的选择会有所不同。创业企业类型和融资方式如表7-3所示。

表7-3 创业企业类型和融资方式

创业企业类型	创业企业特征	融资方式
高风险、预期收益不确定	弱小的现金流 低、中等成长 未经证明的管理层	个人储蓄、亲友款项
低风险、预期收益易预测	一般是传统行业 强大的现金流 优秀的管理层 良好的资产负债表	债权融资
高风险、预期收益较高	独特的商业创意 高成长 利基市场 得到证明的管理层	股权融资

（3）企业生命周期阶段。在种子开发期，企业处于高度的不确定性当中，很难从外部筹集债务资金，创业者个人储蓄、亲友款项、天使投资、创业投资及合作伙伴的投资可能是采用较多的融资渠道；进入启动期之后，创业者还可以使用抵押贷款的方式筹集负债资金。

企业进入早期成长期以后，已经有了前期的经验基础，发展潜力逐渐显现，资金需求量较以前有所增加，融资渠道上也有了更多选择。在早期成长期，企业获得常规的现金流用来满足生产经营之前，创业者更多采用股权融资的方式筹集资金，战略伙伴投资、创业投资等是常用的融资方式，此时也可以采用抵押贷款、租赁，以及商业信用的方式筹集部分生产经营所需资金；在成长后期，企业的成长性得到充分展现，资产规模不断扩大，产生现金流的能力进一步提高，有能力偿还负债的本息，此时，创业者更多采用各种负债的方式筹集资金，获得经营杠杆收益。

企业生命周期阶段和融资渠道的对应关系如表7-4所示。

表7-4 企业生命周期与融资渠道

融资渠道	种子开发期	启动期	早期成长期	成长后期
个人储蓄				
亲友款项				
天使投资				
合作伙伴				
创业投资				
抵押贷款				
融资租赁				
商业信用				

表中深色的区域为对应于该阶段采用的较多的融资渠道，浅灰色的区域为该阶段也可能会采用的融资渠道。

（4）筹资的成本和风险。不同筹资渠道成本和风险的比较见表7-2的描述。

（5）控制权分散。大量学生的创业案例显示，在创业早期，创业团队的股权被过分稀释，使团队失去对企业的控制权，并由此给企业发展后劲带来严重问题。因为，创业企业在创业早期发展阶段，对于创业团队的依赖非常严重，尤其是核心创业者的能力。

案例：假设王志东与丁磊一样保守，故事会重新书写

丁磊在股权控制上比较保守，创业之初的网易为其个人全资拥有，创业伙伴并未拥有股权。直到谋划上市，重新搭建公司架构之时，丁磊才开始向外转让股份。除了向风险投资机构转让，他先后几次向包括高管在内的公司员工转让了数量不等的股权，尽管如此，他仍持有网易股份在50%以上，处于绝对控股地位。在2001年由于涉嫌财务造假风波，丁磊不再担任具体管理职务，只保留了首席架构设计师的头衔，但在公司发展战略规划上，依然保持着足够的影响力。

王志东则在创立新浪之初便引入了风险投资，此后又经历多次融资，在新浪上市之后，其个人所持股份仅在 6%左右。2001 年 6 月，在网络泡沫破裂之后，王志东由于与华尔街资本大鳄的意见分歧，从新浪黯然离职，与其在资本层面没有实质性控制力有重要关系。假设他在股权控制上与丁磊一样保守，故事就会重新。

3. 创业融资的原则 [①]

筹集创业资金时，创业者应在自己能够接受的风险的基础上，遵循既定的原则，尽可能以较低的成本及时足额地获得创业资金。一般来说，创业融资应遵循合法、合理、及时、效益、杠杆等原则。

● 合法性原则。创业融资作为一种经济活动，影响着社会资本及资源的流向和流量，涉及相关经济主体的经济权益，创业者必须遵守国家的有关法律法规，依法依约履行责任，维护相关融资主体的权益，避免非法融资行为的发生。

● 合理性原则。在创业的不同时期，企业资金的需求量不同，能够采用的融资方式可能也不同，创业者应根据创业计划，结合创业企业不同发展阶段的经营策略，运用相应的财务手段，合理预测资金需要量，详细分析资金的筹集渠道，确定合理的资本结构，包括股权资金和债权资金的结构，以及债权资金内部的长短期资金的结构等，为企业持续发展植入一个"健康的基因"。

● 及时性原则。市场经济条件下机会稍纵即逝的特性，要求创业者必须能够及时筹集所需资金，将可行的项目付诸实施，并根据新创企业投放时间的安排，使融资和投资在时间上协调一致，避免因资金不足影响生产经营的正常进行，同时也防止资金过多造成的闲置和浪费，将资金成本控制在合理的范围之内。

● 效益性原则。创办和经营企业的根本目的是获得一定的经济利益，所以，创业者应在进行成本效益分析的基础上决定资金筹集的方式和来源。鉴于投资是决定融资的主要因素，投资收益和融资成本的对比便是创业者在融资之前要做的首要工作，只有投资的报酬率高于融资成本，才能够使创业者实现创业目标；而且投资所需的资金数量决定了融资的数量，对于创业项目投资资金的估计也会影响融资的方式和融资成本。因此，创业者应在充分考虑投资效益的基础上，确定最优的融资组合。

● 杠杆性原则。创业者在筹集创业资金时，应选择有资源背景的资金，以便充分利用资金的杠杆效应，在关键的时候为企业发展助力。大多数优秀的风险投资往往在企业特殊时期会与企业家一起，将有效的资源进行整合，如选择投行、券商进行 IPO 路演等，甚至还参与到企业决策中来。这种资源是无价的。因此，创业者不能盲目地"拜金主义"，找到一个有资源背景的基金更有利于企业的持续快速发展。

【拓展阅读 1】

曹军：为盲人的智能生活代言

"盲人最怕出门，我以前上学坐公交车回家都要数站，公交车一旦甩站（没有乘客上下车的站不停——编者注），我就可能坐过站了。"说着，盲人曹军从桌上摸起一部智能手机，"自从

[①] 王艳茹. 创业资源[M]. 北京：清华大学出版社，2014 年版，156~157.

用上手机 GPS 定位报站后，我就不再怕坐过站了。"

曹军是一个创业者，他的公司开发了一款名为"保益悦听"的软件。曹军给记者边演示边介绍："盲人主要靠听，这个应用依靠手势控制和语音播放，每翻到一页都有语音提示。"

先天失明的曹军最了解盲人需要什么，他希望成为盲人在智能生活时代的代言者，"我解决自己的需求就是解决盲人群体的需求，改变自己的生活就是改变盲人群体的生活状态"。

卖房产筹集财务资源

2008 年是曹军人生的分水岭。在此之前，他是盲人按摩店的老板，拥有 8 家连锁加盟店。但从这一年开始，他不顾家人的反对，关停或转让了所有按摩店，抱着试一试的心态走上了二次创业路，集资 80 万元创办了北京保益互动软件公司。

2008 年，诺基亚手机风靡全中国，于是公司就把第一个目标定位在为诺基亚手机开发会说话的软件上。但是当时塞班并不是开放代码系统，程序员虽然努力工作了三个多月的时间，但手机楞没出声，半年过去后，20 多万元耗完了。没有办法，曹军只能偷偷卖掉了自己刚买的新房。在之后的坚持之下，不到一年的时间里，诺基亚手机终于能够开口说话了。第一款产品的成功开发，终于拉近了一点点盲人朋友和明眼人之间的距离，也使公司走出了成功的第一步。

靠真诚获取人力资源

注册了北京保益互动科技公司之后，公司遇到的第一难题是招程序员。曹军一遍又一遍地和前来面试的程序员谈公司的要求和愿景，不少程序员认为他的构思很好，但是实施起来难度太大。第 18 个面试者是就职于搜狗输入法无线研发中心的冀冬，曹军不谈公司的远景，而是谈起了盲人的生活。他和冀冬说："你们的生活是五颜六色的，我们的生活只有黑色，能不能帮助盲人改变他们的生活方式？开发一款普通的软件可能没人记得你，可这个软件每一个使用的盲人一定会打心眼儿里感谢你。"冀冬回家想了 3 天，最终决定加入，后又招聘了一些程序员，公司步入正轨。

几个月后，冀冬第一次让曹军通过听觉用上了手机。经过几次改良，盲人在手机上安装一款名叫保益悦听的软件后，已能顺利使用手机的主要功能，此外，通过专门设计的语音通知页，包括有多少电量、续航时间多久、信号强度如何、几个未接来电、几条未读短信等，这些信息都会变成声音告诉盲人。

凭坚持赢得技术资源

有盲人用户提出，能不能让盲人也用 QQ 聊天？这让曹军犯了难。盲人用 QQ 需要用语音来播报 QQ 内容，而把语音系统嵌入 QQ，需要拿到 QQ 的源代码。要得到源代码，这几乎是不可能完成的任务。于是曹军天天给腾讯客服打电话，却无功而返。后来，曹军的执着打动了腾讯一个部门的负责人，从而拿到了腾讯 CEO 马化腾的邮箱。曹军给马化腾写了一封长信，希望马化腾能帮助盲人群体。3 天后，曹军就收到了回信，马化腾派腾讯相关部门的负责人和他进行了沟通。很快，针对盲人应用的 QQ 问世。

解决了聊天软件的开发问题,还要有针对盲人的输入法。曹军由爱人搀扶着一趟趟跑到百度总部,表达与百度合作的意向,但没有人敢答应他的要求。最后,曹军如法炮制,要到了百度CEO李彦宏的邮箱。他在邮件中表达了盲人对输入法的急切需求,李彦宏也很快回信,表示愿意帮助曹军,并安排百度公益相关负责人与曹军对接。在签订了保密协议之后,百度将源代码提供给了曹军,输入法也很快被开发出来。这些事情使曹军深刻地认识到,公司的软件要想帮助盲人走出黑暗,就必须借助更多的开发者、更多的IT公司来合作。

"很多公司都愿意为盲人提供方便,我们后来又陆续跟UC浏览器、墨迹天气、虫洞语音等公司签了约。"曹军说。

同理心收获客户资源

很多看起来简单的事情对盲人来说是大难题。早在开按摩店的时候,曹军就发现,按摩结束收钱时自己很难分辨出纸币的面额,"尤其是比较旧的纸币,你给我10元钱,别说真假,就连面额是不是10元的都不知道"。曹军就想开发一款专为盲人所用的读钞机,可以随身携带。

如今,曹军已经利用智能手机的摄像头成功开发出了读钞软件。取出一张钞票放在桌上,拿起手机打开读钞软件,用摄像头对着钞票,语音就不断地提示"5元的,10元的"。公司测试员孙献春说:"装了这个软件后,摄像头拍到纸币的任何一个地方都可以读币。"

由于之前开发的版本是基于塞班系统的,当触屏手机和安卓系统成为潮流时,一个程序员拿着新手机让曹军摸,"这就是一个玻璃板,咱们怎么办?"曹军提出新要求——"指哪儿读哪儿"。冀冬召集了30多名盲人志愿者测量指宽,以计算触屏平均值,开发出了触屏版本。甚至,团队还自创了盲人使用手机的手势,诸如一横一竖代表"返回键"等,极大方便了文化程度普遍不高的盲人。

公司和一些政府、电信运营商达成了合作。最令曹军高兴的是,不少盲人朋友向他反馈,这真正改变了他们的生活方式,"创业不是为了赚钱,创业是为了改变"。

多途径拓展人脉资源

2014年7月30日,由青年恒好项目理事会主办,KAB全国推广办公室、恒源祥(集团)有限公司承办,中国青年报社、瀛公益基金会、国际美慈组织协办的青年恒好公益创业行动(2014)中期成果发布会在北京举行,曹军作为该活动评选出来的优秀公益创业青年登台领奖。

2015年12月12日作为《中国好商机》公益季众多创业选手中比较特殊的一位,曹军成功登陆中央电视台一套《焦点访谈》;2016年2月19日,经济半小时的"非常创业"栏目再次报道了曹军的创业故事。

随着媒体的报道,保益互动科技公司也在互联网+的背景下开始和第三方公司进行大量合作,如和高通公司合作开发"你是我的眼"项目,通过远程的视频协助,让对面的明眼人来帮助盲人通过视频做一些事情。比如说找东西,走路,或者在盲人迷路时帮助指挥一下。公司还联合了很多第三方软件,如支付宝、滴滴打车等,将读屏技术作为插件安装在第三方软件中,通过不断测试、调试，最终让盲人也可以和明眼人一样，用上同款软件。不仅如此，百度、高通、星展银行等企业也纷纷找上门，提出合作开发针对盲人的公益项目，将他们的读屏技术应用到各种生活场景中。尽管这些业务拓展了公司业务模式的想象空间，使公司产品覆盖的用户至 2016 年 2 月增至 50 万人，公司年收入也已过千万元。但曹军坦言，对于盲人这个购买力相对较弱的群体来说，要在未来引导他们接受付费模式，依然是一条漫长的路。

期盼获得更多社会资源

在常人的印象中，盲人只能做保健按摩的工作。可是，保益互动科技公司 70%的员工都是盲人，他们从事客服、后台等工作，是真正的白领。让公司员工自豪的是，更多的人借助保益悦听开淘宝店，或成为网络客服，甚至他们谈恋爱的成功率也提高了。

曹军说，他的理想是让盲人不受视力所限，想干什么就干什么，让盲人和明眼人站在同一条起跑线上，改变盲人的就业模式，让他们过上真正幸福的生活。

保益互动的软件有公益版和商业版，公益版不花钱，用户感觉好用再买商业版。但很多盲人还是买不起，现在公司的盈利和支出大体持平，盈利大部分是靠政府采购和机构捐助。

不过曹军也有很多苦恼，比如，虽然聘用了大量的残疾人，却无法享受某些优惠政策。"北京市的优惠政策是，企业安置本地的残疾人就业达到 70%，可以享受销售额人均 5 万元的减免优惠。虽然我们公司的盲人员工达到 75%以上，却享受不到优惠，因为很多优秀的盲人员工还需要从外地引进，我们仅有一小部分是本地人。"曹军说。

另外，也不是所有应用都能被顺利研发出来。安卓商店里有个应用，可以使用手机的红外功能控制空调、电视机等电器，曹军想把这些功能集合起来放到一个软件里，以方便盲人。找软件开发公司被拒绝后，他决定让自己的技术部来做，可是，"这个软件自己做真的搞不定，最后做出来的，只能控制空调制冷、制热，而且不知道温度调到几度"，这个应用最后只能被闲置。因此，创始人希望手机企业在添加新的使用功能时，可以加上一行代码，写上属性，在属性里面添加上该按钮的文字描述，这样就可以帮助他们直接解决 80%的二次开发问题。

思考题：

1. 案例中涉及哪些创业资源？
2. 曹军是如何筹集创业所需的资源并利用不同资源和进行资源开发的？
3. 曹军还可以通过什么途径筹集资金？
4. 曹军的创业故事对你有何启发？

【拓展阅读 2】

洛杉矶奥运会：奥运会的分水岭

1984 年洛杉矶奥运会是奥运会开办历史上首次实现了盈利的盛会，也使得此后的奥运会成为各国经济发展的重要推动力，和各国争抢的目标。

1978 年国际奥委会雅典会议决定，由唯一申请城市美国洛杉矶承办 1984 年第 23 届奥运会。洛杉矶市开始了全面的筹划工作，成立了筹备委员会，邀请金融人士、45 岁的彼得·尤伯罗思就任奥运会组委会主席。

上任之后的尤伯罗思发现，洛杉矶的奥运会筹备委员会主席的头衔带给他的不仅仅是一个"闪光的头衔"，还是一次"白手起家"的创业经历。通过查阅 1932 年洛杉矶奥运会以来所有奥运会举办情况的材料，他发现奥运会耗资越来越巨大，而且已形成固定思维，成为举办奥运会的时髦和趋势，使每一个举办奥运会的城市面临一场财政上的"灾难"。如 1972 年，慕尼黑花了 10 亿美元；1976 年，蒙特利尔花了 20 多亿美元；而 1980 年，莫斯科竟花了 90 多亿美元左右。

尤伯罗思任主席后，面临的第一个难题是经费来源。洛杉矶奥运会是 1896 年奥运会创办以来首次由民间承办的运动会，既无政府补贴，又不能为此增加纳税人的负担，加之美国法律还禁止发行彩票，一切资金都得由他这个筹委会主席自行筹措。于是，尤伯罗思领导这个委员会白手起家，充分整合了身边所有可以利用的资源，广开财路。

他先是争取更多国家参赛，让电视转播变得更有吸引力。尤伯罗思的努力让这次奥运会的电视转播权在美国本土拍卖得到了 2 亿美元，在欧洲、亚洲分别得到了 2000 万美元，还得到了 2000 万美元的广告转播权转让费。别出心裁的是这一届组委会规定：在招标期间，有意转播奥运会的电视公司须首先支付 75 万美元作为招标定金，包括美国 3 大电视网在内的 5 家电视机构交付了定金，这些定金每天达 1000 美元的利息帮助尤伯罗思渡过了第一道难关。

尤伯罗思最辉煌的创举是把竞争机制引入赞助营销，这一举措是他开创奥运会不赔反赚奇迹的制胜法宝。他将正式赞助商的总数严格限制为 30 个，规定每个行业通过竞标的方式只接受一家赞助商，利用商家争当行业龙头老大的心态，促使这 30 个行业内部进行激烈的竞争，进而最大限度地提高赞助价位。

运用这一策略，他首先捕获了竞争最激烈的饮料行业：面对 400 万美元的底价和强有力的竞争对手百事可乐，为了拔取软饮料独家赞助的头筹，可口可乐以 1260 万美元的天价成为尤伯罗思首肯的赞助商。

后面的企业招标，尤伯罗思如法炮制。

与商家无丝毫联系的火炬接力也被尤伯罗思变成了"印钞机"。他开价 3000 美元 1 千米拍卖美国境内奥运火炬传递路线的所有里程，对参加者只有两个要求，第一要身体好，第二要付 3000 美元。美国人为自己能当一名奥运火炬手而感到自豪。通过这一活动成功集资的 1100 万美元被用于当地建设体育设施，推广体育活动，培养体育人才。

在开源的同时，尤伯罗思全力压缩开支，充分利用已有设施，不盖新的奥林匹克村，招募志愿人员为大会义务工作。

凭借着天才的商业头脑和运作手段，尤伯罗思使不依赖政府拨款一分钱的洛杉矶奥运会盈利 2.25 亿美元，成为近代奥运会恢复以来真正盈利的第一届奥运会，从此，奥运会变成了一棵人见人爱的摇钱树。有人说历史应该感谢洛杉矶，如果没有它赢利的经验，奥运会很有可能因为经济上的难以为继而走向衰落。因为导演了这场奥运史上的"商业革命"，尤伯罗思被誉为奥运会的"商业之父"。由于对现代奥运做出了突出贡献，1984 年他获得了国际奥委会颁发的杰出奥运组织奖。

思考：尤伯罗思是如何进行资源整合的？

【扩展阅读3】

帮助创业者估算创业启动资金的途径

1. 同行。管理咨询集团（Management Analysis Group，西雅图一家低成本运作的咨询公司）的老板斯蒂芬·贝茨（Stephen Bates）介绍道："经营和你类似业务的企业家，是计算创业初期运营成本的最佳信息来源。"你未来的竞争对手可能不想帮助你，但是只要不在同一区域，他们都是非常乐意帮忙的。

2. 供应商。供应商也是一个研究创业成本不错的信息来源。洛杉矶南加州大学格雷夫创业中心（Greif Entrepreneurship Center）的凯瑟琳·艾伦（Kathleen Allen）教授说："创业者可以给直接供应商打电话，告诉他因为你打算创业，所以想了解某个行业的费用。他们通常都非常乐意帮助，因为他们也想从你身上寻找生意机会。"

然而艾伦也警告大家不要过分相信初次接触的供应商，她建议"做些比较，你会发现创业成本会有很大的差异"。要向供应商询问设备租赁、大量购买的折扣额、信用条件、启动的库存量及可能降低前期成本的其他选择。

3. 行业商会。艾伦说："和同行和贸易商一样，商会是一个非常好的信息来源，因为你可以直接跟特定的市场打交道。"根据不同的行业，商会可以提供启动费用明细和财务报表的样本、行业内相关的企业家和供应商名单、市场调研的数据和其他有用的信息。供应商的行业商会也是好的信息来源。

4. 退休企业高管。在美国，由小企业协会赞助的SCORE（美国退休经理人服务公司）也是对创业非常有价值的资源。除了出版创业的相关刊物，SCORE还可以为创业者推荐非常有经验的退休企业家，指导创业者完成公司启动的整个过程，指明方向，并建议使用创业者可能忽视的资源，当然创业者需要自己进行实际操作。

除了提供顾问指导服务，SCORE还提供便捷的网络服务，为全美用户提供超过12400位创业辅导员。弗莱德·托马斯（Fred Thomas）是SCORE前任总裁，也是佛蒙特州SCORE塞特福德中心的一名辅导员，据他介绍，"无论你想要一位拥有销售、餐饮、特许经营，还是其他任何经验的辅导员，只要输入详细说明，就能得到拥有相应资格的辅导员名单。"

5. 创业指南。创业者可以从一些独立的出版社和商会获得创业启动指南。这些指南，尤其是信誉卓著的行业指南是研究创业启动资金的有利资源。要确保指南没有过时，也要记得不同地区的费用会相差很大。在阅读的过程中，注意那些能帮你降低启动成本的小提示。

6. 连锁加盟机构。如果你想购买特许经营权，特许经营权拥有者会给你启动费用的相关数据。然而，不要把这些数据当作绝对值，因为费用会因为地区不同有所变化。贝茨建议，"要通过自己的努力来检验特许经营权拥有者的结论对不对"。创业者可以给现有的特许经营商打电话，问问他们实际的启动费用是否符合特许经营权拥有者的预测值。

7. 创业相关文章。报纸和杂志的文章很少会为一个特定地区的特定业务逐项列出创业所需的费用。然而，创业相关的文章可以让你大致估算所需的启动成本，并帮助你列出需要调查的费用清单、经常使用可靠的信息来源，同时请记得查阅相关的行业杂志，了解供应商信息、行业所需成本和最新行业动态。

8. 创业顾问。一个合格的创业顾问可以提供关于启动资金的相关建议，甚至为创业者做很多调查，也可以帮创业者将自己的调查变成有用的财务预测和具体方案。但是聘用专家需要费用。如果创业者决定要与顾问合作，记得要找熟悉自己所处行业的有创业经验和实际运营经验的人。

单一的途径并不能帮助创业者了解具体创业成本的所有信息。但是通过不断努力研究估算启动资金，创业者应能最终找到需要的具体数字。艾伦建议使用一个她称之为"三角测量"的步骤，也就是对于每项费用，从三个不同途径获取三个数字，然后"权衡3个数字，最后得出一个你认为正确的数字"。

科学细致的调研可以帮助创业者验证其创业想法是否实际可行，并且为创业者提供建议，从而提升创业成功的概率。只有创业者完成了创业启动成本估算，并且根据这个数字制作出相应的商业计划，才能说创业者已经为创业准备好了一切。

【单元练习】

1. 个人练习：根据本章节的学习内容，熟悉创业资源的获取渠道、整合方法和影响创业资源获取的因素，掌握创业所需资金的计算。

2. 团队练习：按照授课教师的分组，对团队创业项目所需的资源进行分析，计算项目所需资金，讨论其筹资渠道。

第八章 商业模式的创新与设计

【学习目标】
1. 了解商业模式的内涵。
2. 熟悉各种商业模式的类型和特点。
3. 基本掌握商业模式设计的方法。

第一节 关于商业模式

商业模式，是管理学的重要研究对象之一，MBA、EMBA等主流商业管理课程均对"商业模式"给予了不同程度的关注。在分析商业模式过程中，主要关注一类企业在市场中与用户、供应商、其他合作伙伴（即营销的任务环境的各主体）的关系，尤其是彼此间的物流、信息流和资金流。

现代管理学之父彼得·德鲁克说过："当今企业之间的竞争，不是产品之间的竞争，而是商业模式之间的竞争。"是的，21世纪的企业竞争的最高境界，不再是产品的竞争、人才的竞争、营销的竞争、服务的竞争……其最高境界是一种商业模式（即盈利模式）的竞争。日本日产汽车公司前CEO戈恩·卡洛斯这样看待企业的盈利模式："这是一个盈利至上的时代，在这个时代里，谁能持续获得比同行更高的利润，谁就是真正的赢者，所以我们需要一个有效的盈利模式，让我们的希望变成现实。"

据《科学投资》杂志调查：在创业企业中，因为战略原因而失败的只有23%，因为执行原因而夭折的也只不过是28%，但因为没有找到盈利模式而走上绝路的却高达49%。没有一个合理的盈利模式或曰商业模式，不管企业名气有多大，资产有多大，也必定走向衰亡！商业模式是关系到企业生死存亡、兴衰成败的大事，企业要想获得成功就必须从制定适合该企业的商业模式开始，新成立的企业是这样，发展期的企业更是如此。商业模式是企业竞争制胜的关键。

商业模式：企业与企业之间、企业的部门之间，乃至与顾客之间、与渠道之间都存在各种各样的交易关系和联结方式，称为商业模式。

一、商业模式的内涵与定义

（一）商业模式的内涵

商业模式来自创业者的创意，商业创意来自机会的丰富和逻辑化，并有可能最终演变为商业模式。其形成的逻辑是：机会是经由创造性资源组合传递更明确的市场需求的可能性，是未明确的市场需求或者未被利用的资源或者能力。尽管它第一次出现在20世纪50年代，但直到90年代才开始被广泛使用和传播，已经成为挂在创业者和风险投资者嘴边的一个名词。

有一个好的商业模式，成功就有了一半的保证。商业模式就是公司通过什么途径或方式来赚钱。简言之，饮料公司通过卖饮料来赚钱；快递公司通过送快递来赚钱；网络公司通过点击率来赚钱；通信公司通过收话费赚钱；超市通过平台和仓储来赚钱等。只要有赚钱的地儿，就有商业模式存在。随着市场需求日益清晰及资源日益得到准确界定，机会将超脱其基本形式，逐渐演变成为创意（商业概念），包括如何满足市场需求或者如何配置资源等核心计划。随着商业概念的自身提升，它变得更加复杂，包括产品/服务概念、市场概念、供应链/营销/运作概念，进而这个准确和差异化的创意（商业概念）逐渐成熟最终演变为完善的商业模式，从而形成一个将市场需求与资源结合起来的系统。

商业模式是一种包含了一系列要素及其关系的概念性工具，用以阐明某个特定实体的商业逻辑。它描述了公司所能为客户提供的价值及公司的内部结构、合作伙伴网络和关系资本（Relationship Capital）等用以实现（创造、推销和交付）这一价值并产生可持续盈利收入的要素。

（二）商业模式定义

商业模式就是为了实现客户价值的最大化，把能使企业运行的内外各要素整合起来，从而形成一个完整的、高效率的、具有独特核心竞争力的运行系统，并通过提供产品和服务使系统持续达成盈利目标的整体解决方案，具体来说包括商业模式发起者和主导者、商业模式的商业价值创造、商业模式运行的参与者及交易关系、商业模式运转的推动力及利益保护机制。

二、商业模式创新的价值

商业模式属于微观范畴，从商业模式的视角研究企业成功之道，是继战略之后又一关键领域。商业模式将企业成功之道的探索由宏观带入微观，抓住了商业的本质——价值，更加接近顾客价值，更加接近企业盈利，更加具体地把握了企业成功之关键因素。通过理论推演界定商业模式的内涵、外延、本质及构成，同时形成商业模式的理论基础，为商业模式的研究提供相对完善的理论支持。对于企业界而言，商业模式创新的价值将会更大。受 2008 年金融危机影响，全球经济还处在脆弱的恢复期，尽管中国仍保持了 6%以上的国内生产总值（GDP）增幅，引领全球经济，并于 2010 年超越了日本，成为全球第二大经济体。但是，中国企业仍然面临严峻的挑战，继金融危机之后，中国经济出现了通货膨胀、民工荒、楼市泡沫等新危机。金融危机直接导致企业市场萎缩、营收锐减，而新危机导致企业成本上升、利润锐减。金融危机余波未尽，中国经济又添新患，在后危机和新危机交错的"双重危机时代"，中国企业面临的首要问题就是成本节节攀升、营收利润双双锐减。

商业模式创新是改变企业价值创造的基本逻辑以提升顾客价值和企业竞争力的活动，既可能包括多个商业模式构成要素的变化，也可能包括要素间关系或者动力机制的变化。商业模式是企业运行的底层逻辑和商业基础。如果没有搞清楚一个企业的商业模式，就开始经营一个企业，那就相当于是无本之木，无源之水。完善的商业模式可以使企业更加科学合理，有针对性的运作。

商业模式是企业的基石，也是企业的内在价值。如果一个企业不理解其商业模式和操作的基础上，一直靠外部注资而运作，这相当于企业还没有断奶，并没有获得自力更生的生存能力，在竞争激烈的商业市场中是无法生存下去的，更不用说实现持续盈利。因此，商业模式是企业健康发展的根本前提，是企业最高级别的竞争方式。对于任何一个想要长期发展的公司来说，这都是必不可少的。

商业模式是关系到一个企业生死存亡的大事。一个企业要想成功，就必须从建立一个成功的商业模式开始。成熟企业是如此，初创企业也是如此，处于发展期的企业更是如此。商业模式是企业竞争制胜的关键，是商业的本质！正如管理大师德鲁克所说："当今企业间的竞争，不是产品之间的竞争，而是商业模式之间的竞争。"

第二节　商业模式画布

商业模式画布是一种能够帮助团队催生创意、降低猜测、确保他们找对了目标用户、合理解决问题的工具。我们做任何产品的最终目的是活下去，要活下去则必须有商业模式，而现在这个时代的商业模式不再是随便拍脑袋就能想得到的，这时商业模式画布能够有效帮你做分析。商业模式从四个视角（客户、提供物、基础设施、财务）描述了企业如何创造价值、传递价值、获取价值的基本原理。基于 4 个视角，9 个商业模式构造块组成了构建商业模式便捷工具的基础，这个工具我们称为商业模式画布，这个类似画家的画布，预设了 9 个空格，你可以在上面画上相关构造块，来描绘现有的商业模式或设计新的商业模式。

一、认识商业模式画布

商业画布不仅能够提供更多灵活多变的计划，而且更容易满足用户的需求。更重要的是，它可以将商业模式中的元素标准化，并强调元素间的相互作用。商业模式画布包括 9 个要素：价值主张、客户细分、客户关系、渠道通道、核心资源、关键业务、重要伙伴、收入来源、成本结构。9 个要素组合在一起呈现出一幅商业模式画布图，效果如图 8-1 所示。

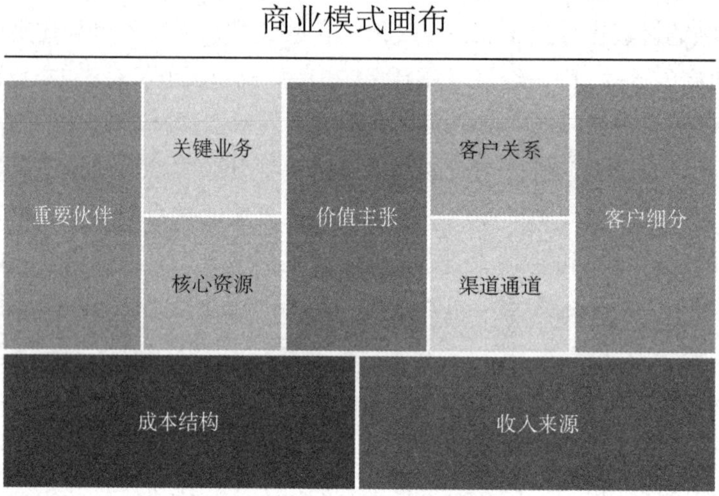

商业模式画布

图 8-1　商业模式画布效果

二、商业模式画布的九大模块

一个商业模式中核心的组成部分，分为 9 个。

（一）客户细分

我们的客户是谁这是一切商业活动的本源，我们的企业在为谁创造价值，这些人有什么样的特点，他们之间存在什么样的差异，了解这些我们就可以集中更多的资源提供更精确的服务创造出更大的效益。选择我们的客户到底是大众客户，还是特定性的客户，我们的商业模式应该服务于传统的 2/8 原则中的核心客户还是要关注利基市场中的长尾用户，这是在最开始就需要考虑清楚的。

（二）价值主张

在确定了客户之后，我们要思考我们的服务和产品对于客户来说有什么价值。对于细分之后的客户，我们满足了他们怎样的需求，帮助他们解决了什么问题，我们传递给客户的价值观是怎样的？价值主张——价值为形，主张为神，我们需要客户感受到我们工作的意义，同时还要传播给他们我们的意识和文化。在这个阶段，我们要针对第一阶段中细分的客户来分别考虑，并且落实到一些具体的属性上，我们能为他们提供比之前更好的解决方案，还是更加个性化的针对性服务，或者是颠覆性的体验，只有落实这些之后，我们的商业模式才有了其根本的意义。

（三）渠道通道

你有了客户喜欢的服务和产品，那么现在来讨论传递的问题。用什么样的媒介，遵循什么样的流程来接触你的客户，传递价值传播主张。是建立网站提供服务，还是代理分销最终放在客户可以看到的货架上，渠道为王，优秀的传播渠道是产品和服务的大动脉。

（四）客户关系

现在你有了客户产品并且打通了之间的桥梁媒介，对于大多数商家，后面问题在于如何稳定住已有的客户并且持续地增加新的客户。客户的黏性和忠诚度需要客户关系来保证，好的客户关系甚至可以建立病毒式营销的网络，并且在范围经济的概念里，好的客户关系意味着追加销售和新的产品。我们是用社区还是呼叫中心等自动化的方式来为客户提供24小时的服务，还是雇用专属的客户经理来维护大客户的关系。这都取决于你最初确立的前三步。

（五）收入来源

羊毛出在羊身上，企业不是慈善组织，要维持正常的运作需要收入。用什么最合理方式来让你的客户付钱来换取你为他创造的价值。在细分客户的市场，不同的客户群体的付费比例是多少，采用什么样的方式来支付他们获得的价值。是直接购买所有权，还是购买使用权，还是租用，还是由第三方来垫付。是一次性支付还是在后期的运营服务中持续支付，都需要针对不同的客户群及其关系，以及你的价值主张来综合决定。

（六）核心资源

前面的5个部分，我们讨论很多规划，从现在开始我们讨论如何实施这些规划，首先要讨论的就是资源。需要哪些核心的资源才能保证前5个方面能顺利地搭建起来，是需要资金还是人力或者是知识产权或者是某些固定资产，只要准备好食材我们才能开始炒菜。

（七）关键业务

食材准备好了，现在轮到考虑做哪些菜的问题了，用什么实体才能体现价值主张，建立怎样的渠道才能传播服务和产品，最后维系客户关系，我们如何落地成为可操作的解决方案，这就是我们的关键业务。为了价值主张我们可能需要建立一座工厂，为了渠道通路我们也许要建立一整套在线销售的网络体系，最后为了保证客户关系我们可能要构建一个自己的社区或者在微博上面开设一个企业账号。

（八）重要伙伴

独木不成林，一家公司或者企业不可能做完所有的事情，客户往往会需要一个完整而系统的解决方案，这时我们就需要其他企业的合作。有可能是在非竞争者之间建立的渠道整合和客户共享关系，有可能是在竞争对手之间建立的垄断式战略合作。降低风险，获得关键资源同时以规模经济的形态占领最大的市场，这就是重要合作的意义。

（九）成本结构

做企业就要算账，成本结构就像人体内的脂肪、蛋白质和糖分比例一样，合适的比例能让你的企业更加健康。降低不必要的成本是企业获得更大收益的十分重要的方式，同时在之前所有的步骤中所涉及的成本都应该在这个阶段做详细的评估，另外成本不是一成不变的，就如同摩尔定律对固定成本的影响一样，对成本精准的战略估计说不定会为企业在未来带来意想不到的收获。

第三节　商业模式的类型

商业模式类型可以分为分拆商业模式、长尾商业模式、多边平台商业模式、免费的商业模式和开放式的商业模式。当然，随着时间的推移，基于其他商业概念的新商业模式类型当然还会不断出现。

一、分拆商业模式

这一概念将企业从事的活动分为三种不同类型：客户关系管理、新产品开发及基础设施管理，如表 8-1 所示。每种类型的活动有着不同经济、竞争和文化规则。这三种类型可能共存于同一家企业中，但理想情况下，它们各自存在于相互独立的实体中以避免冲突或不必要的消长。下面介绍三种商业活动的集合案例——瑞士私人银行。

表 8-1　三种核心商业类型

	新产品开发	客户关系管理	基础设施管理
经济规则	早期市场进入获得高溢价和大量市场份额：速度是关键	高昂的客户开发成本要求从每个客户手中获取高份额：范围经济是关键	高固定成本使得高产量成为获得低单位成本的关键：规模经济是关键
竞争规则	能力之争：进入门槛低；大量小玩家争奇斗艳	范围之争：少量的大玩家主导市场	规模之争：迅速固化的市场；少量大玩家主导市场
文化规则	以雇员为中心：呵护创意明星	高度服务导向：顾客第一心态	聚焦成本：强调标准化、可预期性和生产效率

（1）瑞士私人银行服务于两个机制完全不同的市场，为有钱人做咨询是一项长期的基于关系的业务；向私人银行销售金融产品则是一项动态的、变化很快的业务。

（2）这家银行致力于将金融产品卖给竞争对手以增加收益，但这个目标制造了与银行其他业务之间的利益冲突。

（3）这家银行的产品部门向理财顾问施加银行自有的产品销售压力。这与客户希望有"中立的建议"是相冲突的。客户想要投资的是市场上最好的金融产品，而不考虑产品来源。

（4）交易平台业务注重成本和效率，而酬金丰厚的咨询业务和金融产品业务需要吸引昂贵的人才，这两者也是冲突的。

（5）交易平台业务需要通过大规模的交易量来摊低成本，而对于单个银行而言是很难实现的。

（6）新产品研发业务重在开发速度并快速进入市场，这与为富人提供咨询这项长周期业务是相冲突的。

图 8-2 描述了传统私人银行商业模式，并将其分解为三项基础业务：客户关系管理、新产品开发以及基础设施管理。

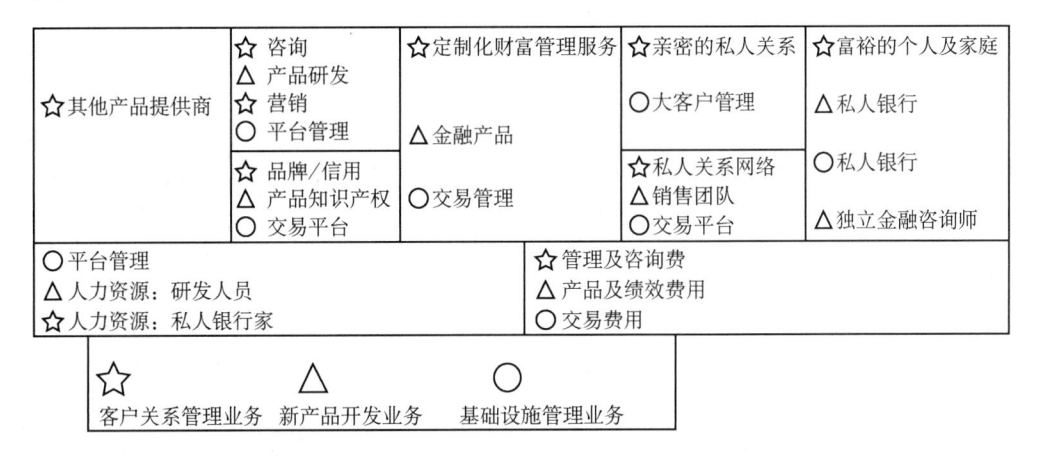

图 8-2 传统私人银行商业模式

下面以移动通信行业为例，介绍其具体的商业模式。移动通信企业已经为自己的商业模式松绑。传统的移动通信企业针对网络质量展开竞争，而现在它们却与竞争对手达成网络共享协议或者将网络运营业务外包给设备生产厂家。这是为什么呢？因为它们意识到它们的核心资产已经不再是网络本身，而是它们的品牌和客户关系。

1. 设备生产商

通信企业如法国电信、KPN 和沃达丰已将它们的部分网络运营及维护业务外包给诸如诺基亚-西门子、阿尔卡特和爱立信等设备生产商。设备生产商可以做到以更低的成本运行网络，因为它们可以同时为多个运营商提供服务从而享受因规模经济产生的收益。

2. 运营商

将基础设施管理业务减掉后，运营商得以更专心地聚焦于品牌管理及细分客户群体和服务。客户关系包括它的关键资产和核心业务。运营商专注于客户，并增加现有用户的购买量，利用多年来的投资获取客户及维系客户。有一个寻求战略减负的移动运营商的例子，就是 Bharti Airtel，如今它已经是印度通信中的翘楚。它将网络运营外包给爱立信、诺基亚及西门子，将 IT 设备运营外包给 IBM，这使得公司可以专注于自身的核心竞争力——建立客户关系。

3. 内容提供商

对于减负后，聚焦于产品和服务创新的运营商而言，它们可以转向更小的创新型的企业，产品开发需要创新型的人才，对于吸引这类人才而言，小而有活力的组织通常做得更好。运营商与多个第三方合作的运营模式保证了不断有新的技术、服务和媒体内容补充进来，比如地图、游戏、视频和音乐。举两个例子，奥地利 tat.Mobilizy 专注于智能手机的定位服务解决方案（它开发了一个非常流行的移动端旅行指南），而 TAT 专注于更优质的移动用户交互界面。

二、长尾商业模式

长尾式商业模式是 Osterwalder 和 Pigneur 提出的商业模式五大样式中的典型一种，是基于长尾理论的商业模式创新。从目前实施长尾商业模式创新的企业比例来看，具有文化特征的音乐、图书、搜索引擎等数字产品领域对该种商业模式较为热衷，因为数字产品呈现出产品多样化、低库存与低传输成本的特点，有其实施长尾战略、形成长尾效应的天然优势。然而，随着互联网应用在商业活动中的普及和高效率生产工具的快速更新换代，很多传统经济领域企业主为在经济转型过程中谋求新的发展，对长尾理论也表现出浓厚兴趣。传统经济领域能否实施长尾商业模式创新，有一个严格的前提条件——供需瓶颈消失。首先，长尾市场之所以能称为市场，必然要有多样化的客户需求以确保一定的市场规模。其次，企业必须有能力提供足够丰富的供给来满足这些需求，一个市场才能真正地形成。

长尾商业模式在于少量多种地销售自己的产品：致力于提供相当多种类的小众产品，而其中的每一种卖出量相对很少。将这些小众产品的销售汇总，所得收入可以像传统模式销售一样可观，它不同于传统模式，以销售少数的明星产品负担起绝大部分的收益。长尾商业模式要求低库存成本及强大的平台以保证小众商品能够及时被感兴趣的买家获得。最为典型的是丹麦玩具商——乐高，除了帮助客户设计乐高玩具套件，还开发用户设计软件用于客户自助定制玩具套件服务。乐高自助定制服务成功将被动的客户转变为主动的设计者，将大众智慧融入乐高的产品设计。除此之外，内容丰富的网络视频、网络音乐也将网络用户引入自身的产品生产体系。

简单来说，只要覆盖的渠道足够广，生产产品的边界成本可以忽略不计的情况下，长尾商业模式是可以兼容一切企业发展战略的，而我们知道，对于传统企业来说，渠道建设和生产成本（人员工资、生产原料、固定费用等）是两块极大的费用，所以长尾商业模式在传统企业中是无法孕育而出的，而互联网的出现，则完全契合了长尾商业模式需要的这两个基础的点。首先，互联网企业通过免费或低价的方式获取客户后，通过用户之间的自传播，可以很好地进行人群覆盖；其次，互联网的边际成本仅仅是服务器的存储费用。因此，长尾商业模式更容易在互联网巨头中产生，而不是一些中小企业（因为中小型企业没有市场规模的优势），成功运用该模式的互联网公司包括亚马逊图书（原来线下实体最多有几万本图书，而亚马逊上有几百万本的图书）、新闻媒体 App（自媒体加入后不断丰富内容，平台将内容推送给不同的用户从而提高产品留存和活跃度）、搜索引擎的广告系统（将一些小众的关键词进行汇总后投放，不但价格低廉，而且数量集也可以和热词相当）、视频网站（与新闻媒体一样，视频越多，用户越多，竞争对手的用户就会流失）、余额宝（小户的钱收集起来依然能撼动四大行的地位）、百度贴吧/豆瓣（论坛的小组都是固定的，但是贴吧/豆瓣的小组由用户自己建立，基本是我们想得到的在上面都有小组），等等，而传统企业要运用该模式，就必须要与互联网平台相结合，比较成功的案例是：乐高玩具（依靠互联网让品类繁多的乐高模型卖到了全世界）、杜蕾斯（简直就是教科书般的营销方式）等。

长尾商业模式是通过前期的用户积累获取规模后增加营收的一种手段，更是增加了后来者进入该行业的壁垒（比如平时淘宝购物更愿意在一家店购买完成而不是分开好几家，所以淘宝店铺大量的产品类目数直接将后进入的电商平台杀死），但是该模式对于我们一些刚起步阶段的中小企业来说可能并不适合。不过结合长尾商业模式，我们还是有以下启发：

（1）在自己本身没有渠道覆盖的情况下，与第三方平台（百度、淘宝等）合作是个很好的选择，我们以开设一家便利店为例，除日常客户上门购买产品，我们可以与第三方充值服务合作拓展营收，也可以增加上门送货的服务，针对来店客户发卡片是一种选择，加入美团、饿了吗等也是扩展流量的一种方法。

（2）如果我们想新进入一个行业，最好看看是选择大家都在做的产品还是做小众的产品。还是以便利店为例，如果社区已经有一家便利店，我们应该想的是丰富产品类目而不是再开一家同样的便利店，比如新开一家蔬菜店或是水果店。

（3）零成本的产品/服务可以一直在产品中累加。还是以零售店为例，公交卡充值、花费充值、快递代收、洗衣代收等免费增值服务可以一直累加（新零售模式），我们在成本基本没有增加的基础上却提供了额外的营收手段。

长尾理论在日常的生活或工作中还是很难接触到的，但是，这种新的营销模式却是支撑现如今互联网巨头的一个重要的基石。

三、多边平台商业模式

多边平台将两个或更多独立但相互依存的客户群体连接在一起。这样的平台对于平台中某一群体的价值在于平台中其他客户群体的存在。平台通过促进不同群体间的互动而创造价值。一个多边平台的价值提升在于它所吸引的用户数量的增加,这种现象被称为网络效应。

多边平台的运营者需要问他们自己几个问题:我们能够为我们平台的各个"边"的群体,吸引到足够数量的用户吗?哪一"边"对价格更敏感?如果对该群体施以补贴是否可以吸引到他们?另一"边"群体的加入创造的收益是否足以覆盖补贴的成本?

这种商业模式的核心资源就是平台,其三项关键活动通常是平台管理、服务实现及平台升级。以多边商业平台作为商业模式的企业有着特殊的结构。它们有两个或更多的客户细分群体,每一个都有各自的价值主张和各自的收益流。而且,这些客户群体之间相互依存,哪一个也无法独立存在。每一个客户群体产生一个收益流。一个或更多群体可以享受免费服务,或者享受来自另一个客户群体的收益流产生的补贴。选择对的客户群体作为补贴对象是一个关键的定价决策,这决定着该多边平台的商业模式能否成功。

四、免费的商业模式

克里斯·安德森在《免费:商业的未来》一书中疾呼:免费的商业模式是企业未来的发展方向。他甚至断言,"如果是数字产品,迟早它将变成免费商品。"免费,恍惚间似乎成为商业模式的故乡,不管是何种类型的商业模式,不管它们在市场的车辙里还将走出多远,它最终都要回归到"免费"的怀抱。但是放之四海而皆准的理论从来就不曾存在过,免费的商业模式亦然。在对免费的商业模式一片喝彩声中,我们有必要静下心来思考免费的商业模式的实质。

免费的商业模式可以分为以下几类。

1. 明修栈道、暗度陈仓

这种免费的商业模式,其实并不免费,而是一种营销智慧。所谓"明修栈道",不过是企业以免费为幌子开展营销活动,他们"免费"销售的产品并非是一次性的,更不是完整的,而是在取得了这种产品之后,顾客还必须获得这种产品的附加部分,他们的需求才能得到满足。也就是说,"明修栈道、暗度陈仓"的免费模式,不过是企业将一种消费需求拆分为二,我们可以将之分为"第一需求"和"第二需求"。第一需求往往是相对低价值的,如手机,第二需求往往是高价值的,如话费。企业将低价值的产品以"免费"的方式售出,从而"锁定"了消费者,却高价销售高价值产品,以获取丰厚的利润。试想,获得"免费"手机的消费者要么将免费得到的产品弃之不用,要么必须"付话费"。何况,企业在"免费"的同时,就以"绑定"的方式,让消费者"充话费",然后以绑定的卡号"免费赠手机",如果消费者不使用绑定的卡号和手机，已充的"话费"将转为购买手机的费用，不再返还给消费者。

这种免费的商业模式，大大降低了消费者的消费成本。我们仍以手机为例，对消费者而言，即使通信企业不免费赠送手机，他们依然需要购买手机，如今却可以"免费"获取，这自然大大提高了他们的消费者剩余；对通信企业而言，通过捆绑消费，一方面可以赚取通信等方面的利润，另一方面，也绑定了客户，让消费者难以转向竞争对手阵营；而对手机厂商而言，借助这种商业模式，一方面通过通信企业销售了手机，赚取了利润，另一方面提高了自身的市场占有率。所以，这种免费商业模式，创造了"三赢"的合作剩余。

2. 平台模式

对生产厂商而言，可能最困难的事情，莫过于产品的销售。而平台的出现，让厂商能在最短的时间里，以最快的速度听到消费者的呼声。淘宝网等为厂商搭起了迅速接近消费者的平台，这些厂商甚至可以借助这些平台，深入每一个消费者的心底。2003年，淘宝网构建了电子商务生态圈，它一招"天下免费"，一剑刺翻了当时的江湖老大"eBay"，B2B市场自此霸主易位。而在2003年前，全球化的舞台上，还根本没有淘宝网的身影，就是时至今日，它的身影依然那么年轻。在三边平台模式里，平台像大海一般，敞开胸怀，希望能如"海纳百川"一般，吸引每一双搜索的眼眸，打动每一个激动的心魂。为了吸引客户，淘宝网不仅对观光客"免费"，同时还创造优质的"免费服务"，让消费者在商品的汪洋大海里赏心悦目。它甚至努力屏蔽一切可能的商业欺诈，为消费者体验"免费时代"的"倾城倾国"，而不断地创新技术和服务。但是，这世上并没有真正的免费的午餐，支撑平台模式运作的，是第三方对平台的"付费"。第三方愿意付费给平台，正是因为日夜活动在平台里的庞大的顾客群。它在免费"倾销"自己的时候，却把消费者"打包"，有偿卖给了第三方。这才是它真正销售的东西：顾客群。顾客群越大，平台就越有与第三方讨价还价的资本，它的市场占有率和它的利润率，是成正比的。所以平台需要免费，因为只有免费，才能打消消费者进入平台的顾虑。平台模式让消费者以"免费"的消费姿态，痛快地掏了腰包。

3. 补贴模式

对超市而言，这其实不能算是一种免费的商业模式。因为大多数超市在采用低价销售一种产品以吸引消费者购买其他高利润产品，从而补贴低价销售的产品的时候，这种低价产品，依然是"有价"的，它们往往仅比其他超市的价钱略低一点而已。但依然存在免费的案例，如百合网的普通会员与VIP会员，普通会员是免费的，VIP会员却需要付出一定的费用，才能获得百合网更多的服务。百合网的普通会员是免费的，这种免费带来的成本，来自VIP会员的付费的弥补。主要是VIP会员的付费，在支撑着百合网的运转，这也是百合网的盈利模式。百合网通过升级服务，吸引更多的普通会员成为VIP会员。也就是说，百合网通过免费，吸引更多的会员的加入，然后将一批普通会员，转换成VIP会员。补贴模式以"免费"为引路灯，却以"升级服务"等"付费"方式，使企业赚到了丰厚的利润。

总之，免费的商业模式其实并不"免费"，它为企业开拓了市场，并赚取了丰厚的利润。

通过系统地整合各方面的资源，既壮大了自己，又大大地提升了顾客的消费者剩余。

五、开放式的商业模式

开放式的商业模式就是企业为了最大化商业价值，打破组织的界限，整合企业利益相关者的所有知识和资源（创意、技术等），通过内外部资源的相耦合，从而增强企业的价值创造和利益的一种商业模式。现实中，不同企业商业模式的开放程度是不一样的，基于Chesbrough等的研究，根据企业在价值创造过程中分享和整合外部资源的程度的不同，可以将开放式的商业模式分为四种模型：封闭式、分享式、吸收式和开放式商业模式。

中国移动是分享式商业模式的典型代表，它可以充分地利用企业内部的各种资源，开发出各种各样的业务来赚取利润，而其业务并不能与客户的需求相联系。从国外的经验来看，与用户需求紧密贴合的移动搜索、电子商务、SNS、移动广告等业务将会成为未来盈利的源泉。美特斯邦威的虚拟经营模式为中国服装企业的发展壮大提供了一种新的商业模式，正如它的广告语"不走寻常路"，它走出了不同寻常的道路。它本身的资源是非常有限的，但通过对外部资源的整合，进行生产、营销及销售的外包，企业获得了很高的利润，实现了价值。

不同于中国移动和美特斯邦威，采用开放式的商业模式的企业在分享内部资源和整合外部资源两方面都表现得非常积极，一方面依赖于整合外部第三方的资源来增强自己的创新能力和竞争力，另一方面积极地与其他企业分享自己内部未被充分利用的资源获得额外的收入。作为全球最大的搜索引擎公司，谷歌一直将"整合全球信息，使人人皆可访问并从中受益"作为其价值主张和使命宣言。在此种思想的指导下，谷歌的各种计划都贯穿着开放的理念。谷歌通过与相关书店、零售商及支持各种电子书形式的网络公司等进行联盟，进行资源的整合和利用，让消费者不受设备、软件、操作系统及零售商的限制，在互联网上任何一个地方都能买到自己想要的书。谷歌通过开放式的商业模式，有效避免了垂直整合模式中消费者被限制在一种设备或一家书店的缺陷，从而为电子书产业的发展开辟了一条新路。

第四节 新商业模式的设计方法

长期从事商业模式研究和咨询的公司认为，成功的商业模式具有三个特征。

第一，成功的商业模式要能提供独特价值。有时候这个独特的价值可能是新的思想；而更多的时候，它往往是产品和服务独特性的组合。这种组合要么可以向客户提供额外的价值；要么使得客户能用更低的价格获得同样的利益，或者用同样的价格获得更多的利益。

第二，商业模式是难以模仿的。企业通过确立自己的与众不同，如对客户的悉心照顾、无与伦比的实施能力等，来提高行业的进入门槛，从而保证利润来源不受侵犯。比如，直销模式（仅凭"直销"一点，还不能称其为一个商业模式），人人都知道其如何运作，也都知道戴尔公司是直销的标杆，但很难复制戴尔的模式，原因在于"直销"的背后，是一整套完整的、极难复制的资源和生产流程。

第三，成功的商业模式是脚踏实地的。企业要做到量入为出、收支平衡。这个看似不言而喻的道理，要想年复一年、日复一日地做到，却并不容易。现实当中的很多企业，不管是传统企业还是新型企业，对于自己的钱从何处赚来，为什么客户看中自己企业的产品和服务，乃至有多少客户实际上不能为企业带来利润反而在侵蚀企业的收入等关键问题，都不甚了解。

商业模式设计方法有客户洞察、创意构思、可视化思考、原型制作、故事讲述和情景推测。这些来自设计领域的技术方法和工具，能够帮助你设计更好、更具创意的商业模式。下面介绍前几种设计方法。

一、客户洞察

企业在市场研究上投入了大量的精力，然而在设计产品、服务和商业模式上却往往忽略了客户的观点。良好的商业模式设计应该避免这个错误，需要依靠对客户的深入理解，包括环境、日常事务、客户关心的焦点及愿望。正如汽车制造商先驱亨利·福特曾经说过的那样："如果我问我的客户他们想要什么，他们会告诉我'一匹更快的马'。"

另一个挑战在于要知道该听取哪些客户和忽略哪些客户的意见。有时，未来的增长领域就在现金牛的附近。因此商业模式创新者应该避免过于聚焦于现有客户细分群体，而应该盯着新的和未满足的客户细分群体。许多商业模式创新的成功，正是因为它们满足了新客户未得到满足的需求。

二、创意构思

绘制一个已经存在的商业模式是一回事；设计一个新的创新商业模式是另一回事。设计新的商业模式需要产生大量商业模式创意，并筛选出最好的创意，这是一个富有创造性的过程。这个收集和筛选的过程被称作创意构思。

当设计新的商业模式时，我们所面对的一个挑战是忽略现状和暂停关注运营问题，这样我们才能得到真正的全新创意。商业模式创新不会往回看，因为对未来商业模式是什么样的而言，过去的经验参考价值极为有限。商业模式创新也不是参照竞争对手就能完成的，因为商业模式创新不是复制或标杆对比的事情，而是要设计全新的机制，来创造价值并获取收入的事情。更确切地说，商业模式创新是挑战正统，设计全新的模式，来满足未被满足的、新的或潜在的客户需求。

为了找到更新、更好的选择，你必须想象一个装满创意的摸彩袋，然后再把它们缩减到一个可能实现选择方案的短名单。因此，创意构思就有了两个主要阶段：创意生成，这个阶段重视数量；创意合成，讨论所有的创意，加以组合，并缩减到少量可行的可选方案。这些可选方案不一定要代表颠覆性的商业模式，也许只是把你现有的商业模式进行扩展，以增强竞争力的创新。

三、可视化思考

所谓可视化思考，是指使用诸如图片、草图、图表和便利贴等视觉化工具来构建和讨论事情。因为商业模式是由各种构造块及其相互关系所组成的复杂概念，不把它描绘出来将很难真正理解一个模式。事实上，通过可视化地描绘商业模式，人们可以把其中的隐形假设转变为明确的信息，这使得商业模式明确而有形，并且讨论和改变起来也更清晰。

我们会提到两种可视化思考的技术：便利贴的用法和结合商业模式画布描绘的用法。4个可视化思维改善的过程为理解、对话、探索和交流。针对不同需求的不同类型的可视化目标的不同，商业模式可视化可以呈现出不同层次的细节。Skype 的商业模式草图展现了 Skype 与传统电信运营商之间商业模式的关键性的根本区别。该草图的目标就是指出在 Skype 商业模式构造块与传统运营商构造块之间的显著差异，即使二者都提供相似的服务。

解释商业模式的一个很有效的方式是讲故事，每次配一幅图像。一下子呈现一个完整的商业模式画布可能会让观众不知所措，用一张张图来介绍模式就好多了。你可以一张接一张地画图来做到这一点，或者用 PowerPoint 也可以。一个有吸引力的替代方法是在便利贴上预先绘制好所有元素，然后当你解释商业模式的时候，一张接一张地粘上来。这能够让观众跟随商业模式的构建过程，并对你的解释有视觉上的补充认知。

四、原型制作

对于开发创新的全新商业模式来说，原型制作与可视化思考一样，可以让概念变得更形象具体，并能促进对新创意的探索。我们把原型看成未来潜在的商业模式实例（原型作为讨论、调查或者验证概念目标的工具）。商业模式原型可以用商业模式画布简单素描成完全经过深思熟虑的概念形式，也可以表现为模拟了新业务财务运作的电子表格形式。

重要的是我们要明白，不必把商业模式原型看成像是某个真正商业模式草图。相反，原型是一个思维工具，可以帮助我们探索不同的方向——那些我们的商业模式应该尝试选择的方向。如果我们增加另一个客户细分群体会对商业模式意味着什么，消除高成本资源将是怎样的结果，如果我们免费赠送一些产品或服务，并且用一些更具创新性的产品或服务替代现在的收入来源又将会意味着什么。

商业模式的原型既可以是画在餐桌上的草图，也可以是具体到细节的商业模式画布，还可以是一种可以实地测试的成型商业模式。原型制作不仅与勾绘商业模式想法有关，也与真正实现这个构想有关。原型制作通过添加和移除每个模型的相关元素，来探索新的、可能是荒谬的，甚至不可能的构想。你还可以用不同层次的原型做试验。

【拓展阅读】

"小米"公司的商业模式

（来源：虎嗅网，作者：黑马良驹）

"互联网思维"是被过度消费的一个词，仿佛互联网思维成为拯救各行各业的万能钥匙，互联网思维一度被捧上了神坛。今年年初，互联网思维又成了众多自媒体人讨伐的对象，黄太吉、马佳佳这些去年红得发紫的青年偶像，一夜之间又成为"反面典型"，质疑的声音无疑是源于赫畅的黄太吉和马佳佳的泡否都不赚钱，没有产品思想和商业模式背书的互联网思维一文不值。在黑马哥看来，我们现在还远远没到批判互联网思维的时候，因为目前全球经济依旧被传统制造业所统治，目前像小米手机、乐视电视、Roseonly 等这些新型商业模式，不过是广袤草原上的星星之火，还处于野蛮生长的初始阶段。那么，在未来星星之火是否可以成燎原之势？基于互联网的思维商业模式都有哪些步骤和特点呢？听黑马哥给你娓娓道来。黑马哥通过研究小米手机、乐视电视、Roseonly、极路由等互联网产品案例，总结出关于互联网思维的 CBMCE 模式，供大家参考和交流。

1. Community：建立社区，形成粉丝团

建立社区的第一步就是根据产品特点，锁定一个小圈子，吸引铁杆粉丝，逐步积累粉丝。比如小米手机把用户定位于发烧友极客的圈子，乐视电视把铁杆粉丝定位于追求生活品质的达人，Roseonly 则把产品定位于肯为爱情买单的高级白领人群。在吸引粉丝的过程中，创始人会先从自己的亲友、同事等熟人圈子开始，逐步扩展，最后把雪球滚大。建立社区跟滚雪球一样，初始圈子的质量和创始人的影响力，决定着粉经团未来的质量和数量。雷军能把小米手机做得如此成功，很大程度上源于雷军在互联网圈内多年积累的人脉和影响力，以及小米手机针对粉丝团的定位。在锁定了粉丝团的人群以后，下一步就是寻找目标人群喜欢聚集的平台。手机发烧友喜欢在论坛上讨论问题，所以魅族、小米手机等都建立了自己的论坛，吸引发烧友级极客。当然论坛还有一个缺陷就是太封闭，人群扩展起来太难，所以小米手机在发展之初又把微博作为扩展粉丝团的重要阵地。在粉丝团扩展阶段，意见领袖起着信任代理人的作用，所以小米手机、Roseonly 都利用意见领袖去为自己的品牌代言，在新浪微博上获得更多的关注。两者有所不同的是，小米手机选择的意见领袖是以雷军为首的互联网企业家，而 Roseonly 选择的则是在社交网络上影响力巨大的娱乐明星作为品牌的信任代理商。

2. Beta：针对铁杆粉丝，进行小规模内测

在积累了一定规模的粉丝以后，第二个阶段就是根据铁杆粉丝的需求设计相关产品，并进行小规模产品内测。这一步对于小米手机而言，就是预售工程机，让铁杆粉丝参与内测。第一批用户在使用工程机的过程中，会把意见反馈给小米的客服。小米客服再把意见反馈给

设计部门，用户的意见直接可以影响产品的设计和性能，让产品快速完善。据小米公司的总裁黎万强透露，小米手机三分之一的改进意见来自用户。

除了意见反馈，第一批工程机用户还担负着口碑传播的作用。因为工程机投放市场数量有限，有一定的稀缺性，抢到的用户免不了要在微博或微信朋友圈上晒一下，每一次分享都相当于为产品做了一次广告。这样的话，第一批铁杆用户就好比小米手机洒下的一粒粒火种，星星之火可以燎原。

3. Mass Production：进行大规模量产和预售

我们依旧以小米手机为例，说一下粉丝团营销最重要一个阶段——大规模量产和预售阶段。这个阶段一般有三件重要的事要做：产品发布会、新产品社会化营销与线下渠道发售。先说产品发布会，现在产品发布会已经成为小米手机营销过程中最为关键的一环。在盛大的发布会当天，作为小米董事长的雷军要亲自上阵讲解产品，而且还会邀请高通等配件厂商助阵，成百上千名米粉参与，众多媒体记者和意见领袖围观。这样做的目的只有一个，就是把产品发布会的信息传递出去，成为社交网络话题讨论的焦点。

在产品发布会以后，小米手机紧接着就会举行新产品的社会化营销。在进行社会化营销的时候，小米手机一般都会选择最炙手可热的平台进行传播和推广。在新浪微博最为火爆的时候，小米利用新浪微博进行大规模的抽奖活动。在微信最为炙手可热的时候，小米选择微信作为发布平台。在推出红米手机的时候，小米手机还选择 QQ 空间作为合作平台进行产品发布，正是因为 QQ 空间在三四线城市有着广大的用户人群，跟红米的用户重合度很高。在社会化营销的过程中，为了让用户切身地感到稀缺性，小米公司即使在产品大量供给的情况下，还是依旧采用"闪购""F 码"等方式制造一种稀缺的错觉，激发网友对产品进行下一步传播和逐级分享，这无疑是一种很高明的营销方式。

4. Connection：联结

按照互联网思维的逻辑，小米手机在售出了大规模的产品以后，营销没有结束，而是刚刚开始，这时候需要用一个体系，把售出的这些产品联结起来，让这些产品及背后的人变成一个社群或者体系。这也就是小米模式跟传统制造业不同的地方。对于格力等传统家电而言，一台设备卖出以后，营销就结束了，企业只在每一台卖出的设备上获得利润，所以对于格力而言最重要的是控制成本和以量取胜。而对于小米而言，硬件可以不挣钱，甚至硬件可以免费，但通过把硬件联结起来，完全可以通过后续的服务和衍生产品赚钱。相比传统的制造业，小米模式建立的是一个生态体系，商业模式是基于生态体系基础设施服务上的，而不是单纯的卖设备上。这就好比小米公司是一个电力公司，它主要的收入来源并不是卖电表，而是收电费。

小米手机是如何通过把这些设备联结起来的呢？当然是通过软件，对于小米手机而言，就是它的 MIUI 系统。通过 MIUI 系统，小米手机不仅把成千上万的米粉联结到一起，还基于 MIUI 建立了自己的商业模式。小米公司，除了小米手机这个基础硬件，在小米商店中还有很多配套硬件和软件供你选择，这些都成为小米公司新的收入来源。更重要的是，小米公司通过把成千上万的米粉通过 MIUI 联结在一起，你可以知道其他米粉在说什么，在做什么，在用什么，整个米粉群体就变成一个互相连接、规模很大的社群。而这个社群的吃喝拉撒和衣食住行，都可以变成小米公司的新的收入来源和商业模式，投资机构对小米公司之所以估值这么高，也正是看到这个社群背后的商业价值。更重要的是，这个社群的规模还在不断扩大。

5. Extension：扩展

基于 MIUI 的软件思维，最大的优势就在于它的扩展性，因为对于软件的扩展而言，成本接近于零。而正是由于它的可扩展性，才能够让米粉这个生态圈快速生长起来。生态圈的扩展，对于个体用户而言，可表现为软件系统的升级和更新，服务内容的扩展和个性化需求的满足。比如小米手机开发一款老年手机主题，就可以替代一部老年手机；壁纸、背景、主题等原来千篇一律的东西，现在都可以有更多的选择。除此之外，你还可以去应用商店，选择适合你的更多具有个性化的应用和产品。

当然，基于扩展思维和米粉社群，小米手机在产业外围同样也可以进行扩展，扩展性表现为小米应用商店、小米支付、小米路由器等整个基础设施的日益完善。比如，小米除了做手机，还做了小米电视、小路由器、小米路由等产品，甚至扩展到了游戏和娱乐业。对于小米这类互联网公司而言，基于互联网思维的每一个扩展，就好比是开启一个新型商业模式的接口，都可能变成商业收入新的来源和商业模式。

聪明的读者你会发现，黑马哥啰唆了这么多，不就是讲的 C2B 的商业模式吗？从严格意义上来讲，小米公司的商业模式并不是 C2B，现在小米公司采用的更像是 C2B 和 B2C 的混合模式。但是，移动互联网和智能手机的普及，的确提高了人与人之间的传播效率，把人和需求聚合起来越来越容易。B2C 和 C2B 好比正负两极，随着移动互联网的进一步普及，企业的商业模式会逐步向用户端靠拢，制作出更多个性化的产品，催生更多的商业模式。

【单元练习】

1. 如何描述商业模式在创业过程中的重要性？
2. 商业模式的主要类型有哪些？分别举例说明。
3. 请以互联网时代为背景设计一个商业模式，并论证其可行性

第九章 制订创业计划

> 一份好的创业计划书可以节省创业者相当多的时间和金钱，减轻他们在商业概念形成之前，而不是在企业创建之后的心中之痛。
>
> ——布鲁斯·R. 巴林杰

【学习目标】

1. 了解创业计划书的相关概念，知道创业计划书的内容与作用，充分认识创业计划书的重要性。

2. 把握撰写创业计划书的要点与原则，知道收集信息的途径和市场调研的方法。

第一节 初识创业计划书

创业计划，即创业的商业计划，是由创业者准备的一份书面计划，用以描述创办一个企业时所有相关的外部及内部要素，包括商业前景的展望、人员、资金、物质等各种资源的整合，以及经营思想、战略规划等，是为创业项目制定的一份完整、具体、深入的行动指南。实际上，创业计划已成为众多创业者实施创业的一种重要工具，也是创业者实施创业的关键活动之一。

一、创业计划基本概述

1. 创业计划的概念及内涵

创业计划是一份全面说明创业构想及如何实施创业构想的文件，是描述所要创立的企业是什么及将成为什么的故事。具体来说，创业计划是创业者对新企业创业活动的整体规划，该规划描述了创建一个新创企业所需要的相关外部条件和内部要素，不仅要对市场状况、经营环境、消费者需求进行预测，而且还需要对新企业未来发展的销售、成本、利润和现金流量状况进行分析。系统理解创业计划的内涵，应该把握以下几个要点[①]。

第一，创业计划的撰写或编制主体是创业者。创业计划应由创业者来准备，来源于创业者的构想，但是这种构想往往是朦胧的、模糊的，特别是初期构想难以用清晰的商业语言或文字进行描述，因此，撰写过程中，创业者可以向其他相关人士进行咨询，譬如律师、会计、营销顾问、工程师等，有助于创业计划的不断丰富和完善。尽管如此，创业计划的编制或撰写只能是创业者本人或者创业团队成员，其他人难以替代。因此，创业计划是创业者必须亲力亲为的工作，完全将其交给他人完成的做法很不科学，也不现实，但是创业者对其技能进行评估后，可以雇用那些能为创业计划提供合适的专业意见的人，以及承担完善、补充和润色等工作。

第二，创业计划要描述创办新创企业所需的各种资源和要素。创业活动不是技术成果的简单转化，也不是初期产品的市场化实现，而是一个持续发展的过程。在新创企业创立及后续成长过程中，不仅需要多种资源和要素，而且其需要的时间、数量等均处于交替变化之中。首先，创业计划要对这些资源和要素进行系统盘点，包括企业内部资源及外部条件；其次，创业计划要对各种资源和要素的筹集、配置等进行筹划，既保证创业活动的有效开展，也要保证各种资源和要素的使用经济有效。从这个意义上讲，创业计划的编制或撰写过程也是创业诸要素或资源的筹划过程。

第三，创业计划要对创业实践活动进行系统规划。不论创业构想多么复杂，都是一种智力性思考活动，而创业实践即使再简单，也是多种类型活动的集合。一般来说，创业实践活动都要包括技术开发、市场开拓、财务预算、生产制造、人才配置等多种活动。创业计划不仅要对这些活动的时序进行筹划，也要对这些活动之间的关系做出安排，同时，也应具有较大弹性，以有效规避创业活动的盲目性，尽可能降低高度不确定性环境带来的风险。因此，创业者编制或撰写完整的创业计划，需要聘请相关的专家、顾问或者中介机构，增补创业所缺的各种知识和技能。

第四，创业计划要落实为一个综合性的书面文件。创业计划建立在创业构想基础之上，编制或撰写创业计划的过程无疑是对创业构想的进一步深化、补充和完善，但创业计划一定要落实为一个综合性的书面文件。如果一个创意或构想不能用规范、符合逻辑的语言进行表达，很可能尚不成熟，或者从现有科学原理上难以成立，则这样的创意或构想就应该放弃。换句话说，如果不能将创业者的创业构想表达为综合性的书面文件，这个创业构想或活动就应该终止了。

※**重要概念　创业计划不同于商业模式**

商业模式和创业计划不同，商业模式探讨的是一种生意的可能性，创业计划阐述的是一个项目的执行细节。你准备创业一定要多思考商业模式，做什么，怎么去做，如何做得更快更好。如果去找投资，就得写出创业计划来，投资人更要看你如何能够确保做成功。

---

① 引自：张玉臣，叶明海，陈松主. 创业基础[M]. 北京：清华大学出版社，2015年3月第1版，179-180.

2. 创业计划的作用

一个酝酿中的新创企业，目标定位往往很不明确，因此，对新创企业而言，创业计划的作用尤为重要。创业计划是创业的行动纲领和路线图，不仅能为创业者提供行动指南，也能为创业者与外界沟通提供基本依据，还能成为创业融资的基本工具。通过制定创业计划书，创业者能够更清晰地认识企业自身的定位及其发展方向；同时，会让外界更快、更好地了解企业，增强其对创业者的信任和支持，促成投资者、供应商和其他机构与创业者的密切合作。具体来说，创业计划书的作用主要体现在以下几个方面[1]。

第一，创业计划书是创业者创建新企业的共同纲领和行动指南。在制定创业计划的过程中，创业者必须系统考虑企业的各个方面，如设想购买企业产品或服务的顾客会是谁，竞争对手最可能是谁，要使企业正常运转起来需要花费多少时间和金钱，企业未来可以预计到的成本和销售是否会让企业盈利等。通过制定创业计划，创业者就能明确创业方向、理清创业思路。创业计划可以帮助创业者对企业的目标客户、竞争态势、市场范围、营销策略等方面进行全面规划，为创业经营目标和相关活动提供技术路线图和时间计划表。同时，创业计划的撰写或编制过程是一个长期动态的过程，面临不确定的环境需要创业者及其团队根据企业的实际情况进行不断的调整和完善。

第二，撰写或编制创业计划书是使创业团队及员工保持团结一致的方式和途径。一份清晰的创业计划书对企业的愿景和战略均做了详细的陈述，无论对创业团队还是普通员工都具有十分重要的意义。撰写或编制创业计划的过程，能够及时发现并解决创业团队中可能存在的问题，使所有团队成员能够分享和认同组织目标，并为目标的实现而共同努力；同时，能够促进员工与创业者保持密切的合作，帮助员工理解组织目标，并保持步调一致、协作努力的行动方向。因此，创业计划书的撰写或编制过程和创业计划本身具有同样的价值，是推动创业团队和全体员工实现组织目标的重要方式和途径。

第三，创业计划是新创企业的推销性文本，可以为新创企业向潜在的投资者、供应商、重要的职位候选人和其他人介绍创业项目，将对外界产生很重要的宣传作用。实际上，越来越多的由大学和社会团体主办的创业园和商业孵化机构要求获选的新创企业提供创业计划书，目前这种向创业者索要创业计划书的组织数量呈不断上升趋势。作为一种推销性文本，创业计划书有助于新企业建立可信度，特别是在创青春、挑战杯等创业计划大赛中获奖的项目，更容易获得投资者的关注。即使是一个学生或者团队在创业计划大赛中取得好成绩，但最终并没有决定创办新企业，这种参赛经历也可能产生积极的效果。

3. 创业计划的内容

创业计划的主要内容一般包括企业描述、产品或服务、环境分析、市场营销、生产运营管理、财务分析、风险分析、退出策略以及人力资源管理等[2]。

（1）企业描述。企业描述是对新企业相关各项事宜的总体介绍，包括企业概述、企业目

---

[1] 李家华. 创业基础[M]. 北京：清华大学出版社，2015 年 1 月第 1 版，160-161.
[2] 白静，陶韶菁. 赢在"挑战杯"：全国大学生创业计划竞赛指南[M]. 北京：清华大学出版社，2009.

标、产品或服务介绍、进度安排。企业概述主要是指新企业成立时间、形式与创立者、创业团队简介、企业发展概述等；企业目标是指新企业奋斗的方向和所要实现的理想；产品或服务是指产业环境发展、产品或服务的开发过程与产品或服务的特性、优势、不足等方面的阐述；进度安排的主要内容包括收入、市场份额、产品开发介绍、主要合作伙伴、融资计划等领域的重要事件。

"企业描述"部分的目的不是描述整个计划，也不是提供另一个概要，而是对新企业进行介绍，其重点是新企业的理念、定位及战略目标。

（2）产品或服务。产品或服务是指产品或服务描述、产品特性与竞争力、产品技术与开发、产品或服务的未来发展规划等，具体如下。

①产品或服务描述需要对产品或服务进行详细的解释和说明，例如进行产品介绍时，需要描述产品的名称与功能、产品的技术特性、工艺流程与技术壁垒、产品的品牌与专利保护、产品的市场前景预测、产品研发过程及其升级成本等。为确保产品的介绍更通俗易懂，并让不具备专业知识的投资者也能明白，一般可以在计划书上附上产品的原型、照片、产品的质量检测、专利认证、产品使用说明书或其他与产品相关的介绍。

②产品特性与竞争力需要对产品特征与质量、技术优势、产品差异化（功能创新、性能改良和量身定制）、成本优势、产品的社会效益、知识产权和社会认证、可持续发展等方面进行重点描述，这些内容是消费者和投资者共同关注的问题。

③产品技术与开发需要以一种通俗易懂的方式将产品的技术原理与生产工艺原理进行分解，尤其是对复杂的技术与工艺，并配以图解进行说明，以此解开关心产品的投资家对产品技术的疑惑；同时，着重介绍新企业的研发力量与未来技术的发展趋势、新产品的研发成本预算及时间进度。

④产品或服务的未来发展规划需要明确未来几年重点开发哪些产品，高、中、低产品有哪些，过渡产品有哪些，以及在所有的产品中首推何种产品等；同时在开发的不同阶段，尽可能收集关于市场发展动态、消费者需求、行业技术创新情况、社会时尚潮流走向、国家政策等方面的信息，以便及时完善产品的未来规划。

"产品或服务的未来发展规划"部分需要创业者对产品或服务做出详细的说明，说明要准确，也要通俗易懂，即使非专业人士的投资者也能明白，因此，本部分的内容需要附上产品、服务原型、照片或其他介绍进行补充。

（3）环境分析。环境分析主要是对新企业所面临的内、外部环境进行全面的分析与总结，以此确定新企业的发展战略，具体如下。

①外部环境分析。外部环境包括宏观环境分析、行业分析、产品竞争分析及消费者分析等。

宏观环境也称一般环境，是指一切影响行业和企业的各种宏观力量，主要包括政治、经济、技术、社会文化等外部环境要素，从中分析这些要素可能给新企业带来的机会和威胁。此外，受自然环境影响大的，还可以增加自然环境或者生态环境（见表9-1）。

表 9-1 企业外部环境分析

政治环境	是指一个国家的社会制度,执政党的性质,政府的方针、政策、法令及理念等,具体要素包括政治体制、经济体制、政府管制、税法改革、各种政治行动、环境保护法、产业政策、投资政策、国防开支水平、政府补贴水平、反垄断法规及与重要大国或地区间关系
经济环境	是指一个国家的经济制度、经济结构、产业布局、资源状况、经济发展水平及未来的经济走势,宏观要素包括国家人口数量及其增长趋势、国民收入总值及其变化情况、国民经济发展水平和速度;微观要素包括消费者的收入水平、消费偏好、储蓄情况和就业程度等
社会文化环境	是指一个国家或地区的民族特征、文化传统、价值观念、宗教信仰、教育水平及风俗习惯等,具体要素包括人口规模、年龄结构、种族结构、收入分布、消费结构与水平、人口流动性等
技术环境	是指与本行业有关的科学技术状况及其发展趋势,具体要素包括国家对科技开发的投资和支持重点、研发费用总额、技术转移和技术商品化速度、专利及其保护情况,以及新技术、新工艺、新材料的出现和发展趋势与应用前景
自然生态环境	是指企业经营所处的地理位置、气候条件和资源禀赋等,具体要素包括空气、水、其他物种、土壤、岩石矿物、太阳辐射及森林、草原、荒漠,以及海洋生态系统

行业分析首先需要对新企业所在的行业概况及企业产品在行业中的需求变化情况进行描述;然后,运用波特的五力模型(见图 9-1)对行业竞争(包括竞争对手的战略与目标、优势和劣势及反应模式)进行详细的分析,以此判断不同竞争力量对新企业的威胁程度;最后,基于以上分析,对所处行业未来的发展趋势及市场容量和规模进行预测,以此帮助新企业在可以把握的置信区间内规避风险、把握市场机会。

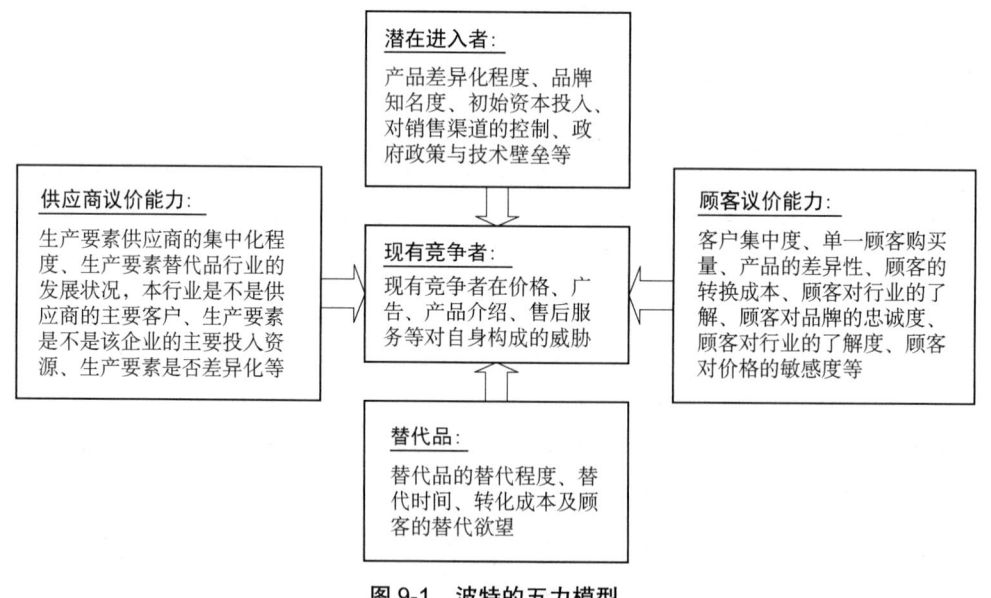

潜在进入者:
产品差异化程度、品牌知名度、初始资本投入、对销售渠道的控制、政府政策与技术壁垒等

供应商议价能力:
生产要素供应商的集中化程度、生产要素替代品行业的发展状况,本行业是不是供应商的主要客户、生产要素是不是该企业的主要投入资源、生产要素是否差异化等

现有竞争者:
现有竞争者在价格、广告、产品介绍、售后服务等对自身构成的威胁

顾客议价能力:
客户集中度、单一顾客购买量、产品的差异性、顾客的转换成本、顾客对行业的了解、顾客对品牌的忠诚度、顾客对行业的了解度、顾客对价格的敏感度等

替代品:
替代品的替代程度、替代时间、转化成本及顾客的替代欲望

图 9-1 波特的五力模型

产品竞争分析主要是指运用"竞争者分析方格"(见表 9-2)与不同竞争者(包括直接竞争者、间接竞争者、未来可能的竞争者)进行技术比较(技术力量、技术研发、技术认证等)、产品比较(产品及其性能、原材料生产基地、生产设备、技术认证、产能规模、推销方式、售

后服务等）和市场比较（价格、品牌和市场份额）等，可以了解关键领域与竞争对手相比的优劣势所在，从而确定产品的核心优势，以此让投资者确信：新企业具有足够的竞争优势应对市场竞争。

表 9-2 竞争者分析方格

关键要素	主要竞争者		
	主要竞争者名称	主要竞争者名称	主要竞争者名称
关键因素 1			
关键因素 2			
关键因素 3			
关键因素 4			

消费者分析主要是对消费者的购买影响因素、消费需求、消费心理、消费动机、消费习惯、媒体习惯、购买行为特征、购买决策过程及信息获取渠道等方面展开调研并进行全面、深入的分析，从而掌握顾客对行业的认知程度，挖掘潜在的需求，帮助新企业进行目标市场定位和产品定位，减少新企业在产品选择和市场选择上的失误，最终为新企业制定相应的营销策略提供坚实的依据。

②内部环境分析。内部环境分析主要是指新企业的技术资源、人力资源、财务资源和组织资源（表 9-3）。技术资源介绍新企业拥有的核心技术，以及技术的优势和来源；人力资源主要介绍团队的组成结构、团队成员的专业特长及团队目标；财务资源主要分析新企业财务关系的管理、现金流的管理和风险的储备等；组织资源主要包括组织结构、企业文化等。

表 9-3 企业内部环境分析

企业素质	企业资源	企业能力	企业价值量	企业核心能力
技术设备、企业规模、资金力量、组织结构、人员组成、企业创业者经营管理能力、企业具体管理水平	金融性资源、物质性资源、人力资源、技术资源、创新资源、商誉等	营销能力、财务能力、管理能力、研发能力、制造生产能力等	供应、生产、销售、发送、售后及包括采购、技术开发、人力资源管理与开发、企业基础管理等	洞察、遇见和抓住机遇的能力、战略规划能力、由技术创新引导市场的能力、融资与理财能力、品牌与企业形象、政治与社会资源等

③企业战略。在制定新企业的战略前，应该对新企业进行 SWOT 分析，以明确企业自身的优势、劣势，以及所面临的威胁和机会，然后根据实际的情况制定相应的策略。下面为公司 A 的 SWOT 分析模型（表 9-4）。

表 9-4 公司 A 的 SWOT 分析模型

外部环境条件	内部能力条件	
	优势（S） 1. 较强的技术实力 2. 拥有熟练的技术员工	劣势（W） 1. 缺乏深层管理 2. 分销渠道不均匀
机会（O） 1. 该类产品消费增加 2. 竞争者 B 的市场份额下降	SO 策略 2-1 保持技术优势，关注产品的消费动向 2-2 雇佣竞争者 B 的熟练技术员工	WO 策略 2-1 必须满足目标市场产品消费增长的需求以保持较强的竞争力

续表

外部环境条件	内部能力条件	
	优势（S） 1. 较强的技术实力 2. 拥有熟练的技术员工	劣势（W） 1. 缺乏深层管理 2. 分销渠道不均匀
威胁（T） 1. 可能感受到市场法规的限制 2. 竞争者 C 正在强大起来	ST 策略 1-1 尽可能地进行技术开发，以避免法规的限制 2-2 不断提高劳动者的技能，并满足劳动者的需求	WT 策略 1-1 避免管理乏力而受到法规带来的限制 2-2 设法减少竞争者 C 市场份额增长带来的威胁

企业战略主要阐述企业战略概述、企业发展战略、进入障碍、竞争对手反应模式等内容。企业战略概述需要确定新企业的宗旨、使命和目标，目标可以细化为行业地位、品牌形象、社会效应、上下游企业、员工发展和投资回报等；企业发展战略主要介绍企业实现发展战略目标的阶段、步骤及其方式；进入障碍主要是预测在进入市场的过程中可能存在的进入壁垒，包括关系壁垒、技术壁垒、进入遏制壁垒、人力资源壁垒等，并提出相应的解决方法。

"环境分析"部分的目的是通过新企业所处的内外部环境的详细讨论，从而合理制定新企业的发展战略和竞争战略，以明确新企业竞争优势的维持与提升途径。

（4）市场营销。市场营销主要包括两部分内容，即确定适宜的目标市场并制定合适的营销策略。

①目标市场营销需要对市场细分、目标市场的选择、市场定位进行深入的分析。市场细分就是根据产品特性、经营模式、公司战略明确自己的市场范畴和目标及服务对象，以在市场竞争中求得生存与发展；选择目标市场就是在市场细分的基础上，通过评估细分市场的规模和潜力、分析新企业在细分市场的竞争能力、考虑新企业的目标和资源等，决定新企业要进入的市场；市场定位是指塑造、传播新企业及其产品、服务、品牌在目标市场顾客心目中的特定形象，使其与竞争者及其产品、服务、品牌区别开来，更好地满足顾客的一定需求和偏好，从而在目标市场上确立和保持富有竞争力的优势地位。

②市场营销策略通常采用 4P 组合策略，即产品（Product）、价格（Price）、渠道（Place）、促销（Promotion）。需要注意的是，新企业的市场营销策略决不能只是花拳绣腿、绣花枕头，而应根据目标消费者的特点，为其量身定做的一系列营销策略，具体包括如下：

● 产品策略就是在明确产品不同层次（核心产品、有形产品和附加产品）及其内容的基础上，制定符合新企业实际的产品组合策略、产品包装策略及品牌策略。

● 价格策略是对产品成本分析、竞争对手分析、消费者分析的基础上，运用产品定价法、市场竞争定价法和心理定价法，以此得出各种方法计算下的价格区间，进而采用各区间的合理交集作为最终产品的价格，这是决定顾客是否愿意接受企业定价的基础。

● 渠道策略通过渠道分析（目标市场特性、产品特性、企业特性、环境特性、竞争特性等）、渠道设计（确定渠道目标、明确渠道方案、评估渠道方案）及渠道管理实现新企业的产品或服务价值并创造利润。

● 促销策略需要根据企业促销目标、促销沟通对象、促销预算及竞争状况，选择合适的促销工具（新产品发布会、宣传册、样本赠送、折扣、订货会、促销手册、营销人员销售竞赛等）和方式（人员推销、广告、营业推广和公关关系）来向新企业的顾客展示产品形象，吸引顾客的注意力，通过积极宣传来激发和增强消费者对企业的信任。

"市场营销"部分的作用在于让投资者相信新企业的盈利能力，同时还可以为新企业未来的营销活动提供指导和依据。

（5）生产运营管理。生产运营管理主要包括厂房设施、生产、库存控制、供给与分销、订单的执行与客户服务等。这部分的内容不要过于详尽，但要做到言简意赅。

①厂房设施主要考虑地点（企业总部、零售店、分支机构、其他工厂及分销中心）、租赁合同、水电设施、设施改善与维护等问题，以确保新企业的持续扩张。

②生产方面主要涉及生产方式（委托加工还是自行生产）、生产过程（生产技术与设备、工艺流程）、生产能力（劳动力、生产率等）及质量控制等问题，以创造具有更高使用价值和更适用的产品。

③库存控制是常被现有企业忽略的问题，在编制或撰写创业计划书时，库存控制工作表可以帮助创业者清楚地了解库存控制方法，实现较高的企业销售额和提升企业的盈利能力。

④供给与分销应当对现有的供应和需求进行客观的分析和评价，帮助企业寻找和确定产品的供应商与所采用的销售、分销方法，从而促进新企业的持续健康发展。

⑤订单的执行与客户服务也很少受到更多企业的关注，实际上，订单的执行是当前销售的一部分，而客户服务则是未来销售的一部分，它们对于维持企业的正常运转至关重要。

"生产运营管理"的作用在于尽可能地向投资者展示新企业拥有和需要的生产资源，将怎样安排这些资源进行生产及生产目标是什么。

（6）财务分析。财务分析部分主要包括资源需求分析、融资计划、预计财务报表和投资回报等内容。

①资源需求分析着重分析创业需要的物质资源，一般表现为有形资产，按照流动性可分为流动资产和非流动资产。流动资产是在一年或者一年以上的一个营业周期中可以变现的资产，如原材料、库存商品等；流动资产外的有形资产或无形资产均属于非流动资产，如机器设备、家具、商标权、专利权等。购置资产需要支付资金，从而影响企业的融资计划。通过编制主要设备表可以对固定资产支出进行预估，再结合对流动资产资金需求的判断，可以计算出物质资源需要的资金数量；如果新企业需要购买专利或商标等无形资产，也要在这里估算出需要的资金支出。

②融资计划根据资源需求的分析，结合管理团队的构成及分工，新企业能够计算出总的资金需求，这时需要编制资金明细表，以对资金的来源和运用情况进行系统分析。同时，还需要合理阐明新企业的资本结构、获取风险投资的条件、企业投资收益和未来在投资的安排、双方对企业所有权的比例安排等。

③预计财务报表和投资回报部分包括编制预计利润表、预计资产负债表和预计现金流量表等内容，计算并提供有关的投资回报指标，以此增强对投资者的吸引力，帮助企业更容易

获得资金。

在编制预计报表之前,需要编制基本假设表,如对未来经济形势的判断、对销售变化趋势的分析、假定的企业信用政策、利润分配方案、固定资产折旧的计提和无形资产摊销方法及存货发出计价方法等。

利润表是反映企业一定时期经营成果的报表,其编制依据是"=利润收入一费用"。预计利润表中的"收入"来源于营销策略中对销售收入的估计;费用由销售成本、财务费用、销售费用、管理费用等组成。"销售成本"来源于生产计划中对于成本的估算,以及假设的存货发出计价方法;"财务费用"来源于融资计划中负债资金的筹集金额及其利率;"销售费用"来源于营销策划中对于营销费用的估算;"管理费用"来源于费用预算。需要强调和解释预测利润表中主要数字的重要性,以及本项目何时开始盈利及未来的盈利能力。

资产负债表是反映企业一定日期财务状况的报表,其编制原理是"资产=负债+所有者权益"。这里需要说明新企业的资金来源、去向;新企业偿债能力及营运能力。

现金流量表是反映一定期间(3~5年)现金及其等价物增减变动情况的报表。这里应重点描述新企业现金流入/流出的结构、真实的收益能力、净现金流的趋势和企业的成长性,并指出现金流出现峰值需求和峰值供应的时间,确保创业计划考虑了现金流动的各种可能性。

投资回报包括企业的盈亏平衡点、投资回收期、投资报酬率、敏感性分析、销售利润率、销售净利率、净现值及资产负债率等。限于篇幅,本部分仅介绍盈亏平衡点、投资回收期、投资报酬率,其他请参考会计学等相关学科的知识内容。

盈亏平衡点又称零利润点、保本点、盈亏临界点、损益分歧点、收益转折点,通常是指全部销售收入等于全部成本时(销售收入线与总成本线的交点)的产量。据此,通过盈亏平衡点可以判断企业是否盈利,即以盈亏平衡点的界限,当销售收入高于盈亏平衡点时企业盈利,反之,企业就亏损。静态盈亏平衡分析是未考虑时间价值计算出来的平衡点,因此,这种方法计算简便,成本不高,是在投资决策时常用的一种风险分析方法。尽管准确性难以保证,但是对于帮助新企业的创业者和投资者的决策还是比较方便的。

投资回收期是指从项目的投建之日起,用项目所得的净收益偿还原始投资所需要的年限。投资回收期分为静态投资回收期与动态投资回收期两种,静态投资回收期的计算不考虑时间价值的回收期,更适合于初创企业的预测,决定是否投资和投产。投资回收期可以自项目建设开始年算起,也可以自项目投产年开始算起,但应予以注明。

投资报酬率(ROI)是指通过投资而应返回的价值,企业从一项投资性商业活动的投资中得到的经济回报。投资报酬率既能揭示投资中心的销售利润水平,又能反映资产的使用效果。通过投资报酬率可以大致了解该项目是否值得执行和投资。虽然存在缺乏全局观念等缺点,但仍适用于新企业的预测、决定是否投资和投产。一般投资报酬率的计算公式为:

投资报酬率(ROI)=年利润或年均利润/投资总额×100%

"财务分析"部分的目的在于让投资者看到一个好的创意终将转化为盈利:一方面通过财

务分析进行财务预测，说明融资需求，以此为依托谈判融资的具体事宜；另一方面，通过财务分析揭示的数据，向投资者展示新企业未来的财务状况和获利能力。

（7）风险分析。风险分析主要包括风险识别、风险评估及风险管理措施等内容。

①风险识别需要从宏观环境、行业环境和企业内部三方面进行考虑，其中宏观环境决定的风险包括国家政策风险、经济周期风险及经济环境风险，行业环境决定的风险主要包括市场风险和竞争风险，企业内部因素决定的风险包括技术风险、管理风险、产品风险、执行风险及资本化风险。

②风险评估是指在识别了新企业可能面临的各种风险以后，创业者还需要在创业计划书中对各种风险进行描述，形成风险详细解释表；具体来说，风险评估就是运用风险图法，结合部门、过程、关键性业绩指标和主要风险类别来编制短期、中期及长期风险图。

③风险管理措施就是创业者通过对类似业务的企业进行深度访谈，获取实际企业防范风险，以此为新企业提出具体的风险防范措施，从而对项目风险进行有效的管理。

"风险分析"部分的作用在于向投资者描述风险的客观存在及其合理的防范措施，以成功消除和减轻投资者的顾虑，将有助于获得投资者的青睐。

（8）退出策略。退出策略就是描述新企业获得成功以后，投资者最终以现金的形式收回投资的主要途径和方式，包括股票公开上市（IPO）、股权协议转让、股权回购、利润分红等。

①股票公开上市依据创业计划的分析，对企业上市的可能性做出分析，对上市的前提条件做出说明；在企业上市后，公众会购买企业股份，风险投资者持有的部分或全部股份就可以售出。

②股权协议转让是指按照协议的要求，投资者可以通过股权转让的方式收回投资。

③股权回购是指依据创业计划的分析，企业对实施股权回购计划向投资者说明；然后，投资者就可要求企业根据预定的条件回购其持有的所有权益。

④利润分红按照创业计划的分析，企业对实施股权利润分红计划应向投资者说明；然后，投资者可以通过企业利润分红收回投资。

"退出策略"部分的目的在于让投资者确信他们将能收获资助新企业所带来的利益，从而增强其对创业项目的信心和对创业者及其团队的信任水平。

（9）人力资源管理。人力资源管理需要从战略规划和发展目标出发，充分考虑企业规模、产品特点、生产技术条件和市场环境等因素来设计组织结构（内涵及种类）、阐明组织各部门和机构的任务设置（董事会、总经理、市场营销经理、财务经理、技术研发经理等）；创业者与团队成员基本情况（姓名、岗位头衔、岗位职务和责任、业绩、先前工作和相关经历、教育背景等）及所有权结构及其分配情况；同时，根据内外部环境的变化，预测企业未来发展对人力资源的需求，并制定招聘计划（招聘职位、招聘方式、职位要求和上岗时间等）和薪酬计划，以保证企业的人才供给。

"人力资源管理"部分的重要性在于帮助投资者评估创业者及其创业团队的实力及创业成功率，从而做出是否投资的决策。

二、创业计划的基本结构

每一份创业计划书都包含了一个不同商业色彩和商业主题的创业故事，"万变不离其宗"，构成创业计划书的基本结构是不变的，一般由封面、目录、执行概要、正文和附录五部分构成。

1. 封面

封面上应明确创业项目的名称，体现新企业的经营范围，同时，以醒目的字体标示出创业计划书的标题，比如《×××创业计划书》。

封面上还应有新企业/项目名称、通信地址、电子邮件、电话号码、日期、联系人的姓名，以及可能建立的企业网址，这些信息应放在封面的上半部分；如果企业设计了徽标或者注册了商标，将其置于靠近封面顶部的正中间；封面下部都应有一句话，告知读者对创业计划书的内容保密。还需要注意的是，封面上最重要的一项内容是留下创业者的联系方式，以便感兴趣的投资者很容易找到创业者进行沟通。

2. 目录

目录是正文的索引，一般按照章节先后顺序逐一排列每章大标题、每节小标题及章节对应的页码。目录也可以自动生成，章节标题显示需要到二级或三级标题为宜。

3. 执行概要

执行概要作为创业计划书的提纲，浓缩了整本计划书最精华的部分。执行概要囊括项目背景、公司介绍、产品介绍、公司战略、营销策略、生产运营、风险管理、财务分析、退出策略与团队介绍等内容；同时，必须能清晰地回答下列问题：企业所处的行业及企业经营的性质和范围；企业主要产品的内容；企业的市场在哪里，谁是企业的顾客，他们有哪些需求；企业的合伙人、投资人是谁；企业的竞争对手是谁，竞争对手对企业的发展有何影响。

撰写执行概要时，较为普遍的做法是省略后面各章的分析过程，直接呈现各部分的结论。例如介绍营销策略时，不必把采用哪种策略的原因进行详细阐述，只需直接介绍公司采用的营销策略是什么。

4. 正文

正文是创业计划书的主要内容，一般包括主体和结论两部分。主体部分实际上就是对执行概要的具体展开，一般采取章节式、标题式的方式逐一描述，但是只要能够保证条理清晰，各章节的具体顺序可以适当地进行调整。结论部分是对整个创业计划书的内容的总结式概括，要和执行概要首尾呼应，体现文本的完整性。

5. 附录

附录作为创业计划中的一部分，是对主体部分的很好补充，包括企业专利技术、各种许可证、产品展示与鉴定、相关统计数据、市场调查问卷、审计报告、相关荣誉证书等。由于这些材料有时不适合在正文内出现，抑或受篇幅限制不宜在主体部分过多描述，但是对理解创业计划书却有很大的作用，所以作为附录放在最后一部分，以供参考。

第二节　创业计划的撰写与展示

撰写或编制一份高质量的创业计划，需要创业者及其团队仔细研讨创业构想，分析创业过程中可能遇到的问题和困难，进一步凝练创业计划的执行概要，把创业构想变成文字方案，了解创业计划书的撰写原则和展示技巧。

一、创业计划的产生过程

1. 研讨创业构想

创业构想是针对特定的新技术和创意，在明确个人创业目的、正确评价个人创业意愿和创业能力的基础上，谋划自身创业投入、创业目标的过程。实际上，创业构想就是创业者在创业想法形成及实施过程中，对创业计划的思考、论证与分析。创业构想往往涵盖了创业的多个方面，为让创业构想在以后发挥良好的作用，创业者需要发挥群体智慧，请教有关专家学者、成功创业者等，从以下几方面进行深入的研讨和分析。

（1）树立正确的创业目标。赚钱是重要的目标，但并不是唯一的目标，因为创业本身应该有理念，理念会带动很多新的产品创意和实践冲动。因此，研讨创业构想的时候，创业者一定要确定创业的目的。

（2）选择合适的创业模式。选择合适的创业模式，是创业成功的关键。准确判断自己的优势和劣势，选择最适合自己的创业模式，可以化解很多的不利因素。创业模式是指创业者为保障自身的创业理想与权益，而对各种创业要素的合理搭配。对一个创业者来说，一个真正好的模式，应该是适合自己的，即其是有能力操作而且能把现有的资源有效整合进入的。一个适合的创业模式，未必需要投资一大笔资金，未必需要具有很大的规模，甚至未必需要一间办公场所或店面。因此，在研讨创业构想阶段，创业者的重要选择就是寻找一个适合的创业模式。

（3）规划合理的创业步骤。这是一个循环的过程。先要看创意从哪里来？怎么会有这个创意？资金怎么找？怎么组织一个团队？产品的市场营销怎么做？对这些问题的考虑是一个周而复始的修正、完善和论证的过程。

（4）制定清晰的创业原则。在研讨创业构想时，创业者及其团队要从实际出发，制定适合创业者及其团队和项目的创业原则。清晰简洁又能得到创业者及其团队认可的创业原则，将有助于形成团队的凝聚力，促进创业团队在艰苦的条件下坚持工作。

（5）创造有利的创业条件。创业不一定要有一个很重大的发明或全新的技术，重要的是新企业提供的产品或服务是否具有一定的市场需求，创业者及其团队的能力怎样。在研讨创业构想时，创业者及其团队应努力创造有利于创业成功的外部条件。

（6）确定明确的创业期限。由于市场的不断变化和发展，将会给新企业带来很大的不确定性和风险，因此，在研讨创业构想时，创业者及其团队应确定一个合理的创业期限，包括开始创业活动的时间、产品或服务推向市场的时间、争取实现盈亏平衡点的时间等，尽可能在短时间内把产品或服务做到最好。

（7）建立良好的投资关系。寻找合适的外部投资者并与其建立何种关系是研讨创业构想阶段必须思考的问题：第一要选择能够与自己一起同甘共苦的投资者；第二要找具有很大影响力的投资者，可以借助他们的经验和力量；第三要依据合理的股份构成和分配机制确定好双方的股份所占比例，从而建立长久、互利的合作关系。

（8）组织高效的创业团队。高效的创业团队有助于实现创业目标，因此，组建高效的创业团队是研讨创业构想阶段需要完成的一项重要内容。只要遵循创业团队的组建原则，能够做到集体创新、协作进取、分享认知、共担风险，始终凝聚在核心创业者的周围，为共同的目标而努力，就可称得上是一支优秀的团队。

2. 分析创业可能遇到的问题和困难

创业是一个系统工程，在创业过程中遇到问题和困难在所难免。一般来说，创业启动后可能遇到的问题与困难在于项目和资金，具体如下。

（1）选项问题与困难。事实上，创业应当选择既适合自己又符合市场需求，同时启动资金少、进入门槛低、符合大众消费观念等特点的项目。然而，许多创业者在选项时往往存在一个共同的毛病：只关注市场，而忽视了对自身的能力与优势的分析，他们一旦看中一个市场觉得很有机会，创意也很好，就急于进入这个领域，导致创业很容易夭折。建议创业者有了好的创意后，一定要先分析自身的特点和优势，然后再寻找与自身素质相匹配的创业项目。

（2）资金问题与困难。融资难是创业过程中面临的最普遍的问题。起步阶段天使投资人可能是最好的选择，因为天使投资人往往带有较强的感情色彩，更容易被说服，尽管他们投下的钱不足以支持较大规模的资金需求；同时，天使投资的融资程序简单、迅捷，而且还能从他们的建议和经验中获益。在生存与成长阶段，与风险投资家建立良好的合作关系，可能会满足新企业的多轮融资需求，但也可能会丧失很大一部分控制权。现实中很多企业因现金流中断或资金链断裂而死亡，因此，创业者及其团队必须充分考虑这个问题，并且在融资上要有预案。

（3）经验问题与困难。经验不足，缺乏从职业角度整合资源、开拓市场、实施管理的能力与知识，这也是创业面临的主要问题与困难之一。比如，20 世纪末引人注目的大学生创业企业：视美乐、易得方舟、天行健工资，不但创业项目好，而且科技含量高，却都因为创业者缺乏经验和人脉而以失败告终。因此，创业者需要不断地参与创业实践，积累创业经验和知识，提升创业能力，更多地向成功创业者、有经验的企业家和专家请教，以降低创业风险。

（4）团队问题与困难。因团队分裂导致创业失败的例子数不胜数。因此，团队问题是创业计划产生过程中创业者需要引起重视的重大问题。一般来说，新企业因为不能提供优厚的薪酬待遇，很难找到某方面的优秀人才，也不要寄希望于通过招聘的形式弥补人才短缺问题。最直接的解决办法就是创业者通过不断学习提升自我，或从内部培养优秀人才，抑或寻找创业合作伙伴，前提是新企业必须制定明确的利益分享计划和人才激励机制，形成团队的共识，最终以文字形式落实到企业章程中来。

3. 凝练创业计划的执行概要

执行概要是从创业计划的核心内容中提炼出来的，但并非创业计划的引言或者前言，它是篇幅为1~2页、对整个创业计划的概括。执行概要不仅要表达创业构想的丰富信息，而且还要传递创业者的愿景与激情，以此激发战略伙伴和投资者的兴趣，能让他们快速对创业计划书有一个简短和全面的了解，因此，创业者及其团队要反复推敲、深思熟虑，务必使执行概要结构完美、条理清晰且富有感染力。

执行概要作为整份创业计划书的精华和灵魂，并不要求涵盖创业计划书的所有内容，但是要确保涉及每一个关键问题。凝练创业计划的执行概要需要注意以下问题：

（1）问题和解决方案。新企业提供的产品或者服务能否解决当前或者未来出现的重大问题或者还未满足的用户需求，这是投资者关注的焦点。陈述项目的价值定位，并描述创意的合理性；在这部分不要给出缩写词、公司历史及方案中用到的技术术语。

（2）市场大小和增长机会。投资者们都在寻找巨大的、处在增长期的市场。应描述新企业所在的行业、细分市场、市场规模、增长情况和市场动态等，但尽可能不用空洞的语言描述市场机会及驱动市场细分的因素。一般来说，处于规模小、成长速度快的市场会比相对规模较大、稳定的市场更有吸引力。

（3）竞争优势。简要概括新企业的持续竞争优势，如独特的资源优势、成本节约或行业关系等，至少要体现出新企业相比直接竞争者的方案的优越性。投资者更看重这一点，因为他们很可能已经看过很多与之类似的创业计划书。

（4）商业模式。清晰地描述新企业的商业模式，一般来说，商业模式需要描述三个基本问题：价值主张，新企业可以提供怎样的产品与服务；目标客户，新企业的产品或服务提供给谁；价值链，从新企业生产出这些产品或服务到客户手中的所有环节，即如何把企业的价值主张传递到目标客户。

（5）执行团队。要记住投资者向你投资的是人而不是创意。除了介绍为什么创业团队有能力成功和团队成员以前做过什么，还要描述每个人的背景、角色、工作过的公司。如果创业者的创业导师或顾问拥有相关的行业经验，也可以在团队介绍中提出来。

（6）财务预测和融资。可用一个表格展示新企业未来3~5年的收入和花费预测。投资者想知道项目所需要的投资额，以及投资项目后他们能获得怎样的回报。融资需求通常是为了实现创业计划书所需要的最小现金量，最好能匹配上收入的驱动因素，比如客户增长等。财务预测不能太过离谱，如果难以让投资者信服的话，所有的努力都将前功尽弃。

4. 把创业构想变成文字方案

在创业构想研讨的基础上，就可以按照创业计划书的基本结构，从企业描述、产品或服务、环境分析、市场营销分析、生产运营管理、财务分析、风险分析、退出策略、人力资源管理等方面将创业构想细化为创业计划，并形成文字方案。

无论计划书阐述了什么，创业者都要设身处地地想一想，是否真的在做新企业创建与发展规划，还是仅仅在畅想未来？所阐述的思路在后期的计划执行中是否切实可行，是否有足够的能力将想法变成现实？因此，创业计划书一般应将重点放在主体内容的分层次理性阐述上，在主体内容定稿之后，再着手提炼执行概要，最后考虑必要的附件材料。

二、创业计划书撰写的原则与技巧

实际上，将创业构想形成文字方案的过程就是撰写或编制创业计划书主要内容的过程。由于它是潜在投资者接触项目的第一步，因而值得努力去做好。

1. 创业计划书的撰写原则——风险投资家的视角

（1）创业计划书必须一开始就吸引人。风险投资家和其他潜在的资金提供者富有远见而且经验丰富，投资决策往往能够迅速做出，而且很少出现逆转情况。这就意味着，如果想成功，你的创业计划必须一开始就吸引人，并且一直能吸引他们。

创业计划书从概要开始，概要是创业计划书的第一个主要部分，从某种程度上说，也是最重要的部分。摘要必须能够简洁而又睿智地说明企业的价值（即独特资源将创造竞争优势）及本企业为什么能够成功。具体来说，这一部分既能够传达创业者高涨的创业热情，又能充分说明新企业创意的价值及有效整合开发创意的创业团队。

（2）管理团队及市场机会的价值是两项关键的投资要素。调查表明，风险投资家和天使投资都相信管理团队及市场机会是两项关键的投资标准。这并不是说产品特征、财务预期等不重要，而在评审创业计划书的过程中，投资人注重对各自要素间的复杂作用关系进行考察。有时候甚至在对产品和技术本身进行评价之前，由于管理团队或市场机会存在明显问题，因而停止某项投资交易是很容易的。投资人似乎相信，管理团队、市场机会作为一种评价指示器，要比产品特征等更容易做出快速评价。

归根结底，创意的质量及整合创意的人及其素养才是至关重要的。如果创意不合理或没有什么经济上的潜力，那么不管创业计划书写得多精彩、多有说服力，有经验的投资者都会立刻识别出来。所以，在决定投入大量时间和精力，去准备一份令人印象深刻的创业计划书之前，创业者首先必须获得有关新企业创意的反馈。如果创意本身价值不大，创业者应立即停止，因为继续下去肯定是在浪费时间。同样重要的是，创意及其开发必须与创业者或团队的追求和能力相匹配。

（3）创业计划要体现真实性。事实上，创业活动面临很多的不确定性，因此，创业者也应该努力确保创业计划信息的相对真实性。所谓真实性，是指市场预测必须建立在对目标市场的现有信息进行分析的基础上，现实情况是许多处于早期发展阶段的技术型企业最终将定位于完全不同的市场。具体来说，创业计划真实性表现在以下几方面。

①顾客分析的真实性。创业者应尽力根据潜在顾客反馈的信息来撰写创业计划。人们往往忽略了对潜在顾客的研究，并混淆于市场研究。市场研究是指对市场规模大小的分析，顾客研究则是对真正的顾客需求是什么及特定的产品或服务能否满足这些需求的分析。

进行顾客研究时，创业者至少需要与10位潜在顾客进行沟通，以此满足了解顾客如何应用新技术的需要。在访谈中可能涉及的问题主要包括：第一，你们在生产产品或提供服务的过程中，尚未解决的最大问题是什么？第二，你们现在使用的技术是否受到很大的限制？第三，如果你们拥有这种新技术，将会如何使用它？第四，什么样的技术创新能够满足你们的价值需要？

②市场分析的真实性。对一项新颖、具有市场变革意义的新技术来说，进行市场分析存在很多的难度。而创业者又往往相信未经证明的市场，投资家却确信创业者容易对事情过于乐观。持有怀疑态度的投资家从来都不会相信创业者对市场的预测，无论提供多少研究细节。市场分析的真实性将有助于投资家个人进行相关决策。

一些公开的市场调研信息及网络搜索都能提供这种快速的市场规模评价。与行业人士及顾客就真正的目标市场进行讨论的时候，创业者需要集中在目标市场的特征方面，如这种技术的具体应用是什么？能为使用者创造什么价值？依据这些方面的信息，基本可以推断出市场的规模。

③竞争者分析的真实性。一般来说，竞争者分析会面临两方面的困境：一方面，现有竞争者不可能与新技术进行竞争；另一方面，由于保密或规避竞争的原因，真正的竞争者不可能轻易地被识别出来。但是，优秀的创业计划既要识别明显的竞争者，又要识别潜在的竞争者。以此提醒创业者不应开发存在过度竞争的市场，同时使得投资者相信创业者为评估竞争环境做出了相应的努力。

快速识别竞争者的过程如下：第一，在百度或其他网站搜索特定产品或服务的关键词；第二，利用国家专利数据库搜索相关专利；第三，邀请著名的行业专家进行探讨。

④收入计划的真实性。在创业计划中，创业者很容易忽视将技术投放市场的定价因素，回避顾客购买决策的过程及只有5%的顾客转向接受新技术的原因等问题，因此，在创业计划中，常看到这样的描述：根据××，××市场规模是××亿元。如果能够捕捉到5%的市场，那么我们的年收入将达到××亿元。问题是如果新企业的技术比其他现有技术更有优势，那么新企业为什么不努力占有50%或者75%的市场份额呢？

研究表明，建立在潜在顾客信息基础上的收入计划好于基于市场的分析计划，因此，了解顾客如何购买产品是进行合理收入规划的第一步。一种更有效的评估需求的方法叫"自上而下"的方法：首先，需要识别具体的可能接受新技术的顾客；然后，给出基于当前市场评估的价值范围和顾客目标数量。

2. 创业计划书的撰写技巧

撰写或者编制创业计划书时，创业者如果能对以下11个问题有清晰的认识，不仅能提高创业计划书的易读性，而且还能提高新企业融资的概率。

（1）五分钟考试。一般来说，风险投资家或者评审专家阅读一份创业计划书需要5分钟左右的时间，重点关注业务和行业性质、项目性质（借钱还是风投）、资产负债表、团队、吸引人的地方（比如商业模式等）等内容，因此，创业者需要在以上这些方面下苦功夫。

（2）内容要完整。一份好的创业计划书起码要囊括如下内容：执行概要、产品或服务、环境分析（企业战略制订）、市场营销、生产运营管理、财务分析、风险分析及创业者与团队管理等。

（3）投资项目最重要的因素是人。风险投资领域有句行话"一流的人才二流的项目"，强调了创业团队的重要性。因此，需要对创业团队组建原则和优秀特征进行如实描述，对团队成员的构成、分工、背景等基本情况进行重点介绍。

（4）多阅读他人的创业计划书。阅读他人的创业计划书有助于帮助创业者快速提升自己的写作能力，因此，在编制或撰写创业计划书之前，创业者应通过各种途径寻找优秀的创业计划书进行阅读。

（5）记住43.1%规则。通常，一位风险投资家希望在5年内将其资金翻6倍。因此，对于风险投资家而言，一份承诺40%~50%的创业计划书比较靠谱。

（6）打中11环。创业者需要做好最充分的准备，对创业计划进行最详细的论证，尽可能回答所有和创业计划有关的负面问题，以降低创业风险。

（7）熟悉吸引投资家的方法。取得风险投资家名录是一种事半功倍的吸引投资者的方法。通过风险投资家名录提供的联系方式和地址等信息，可以帮助创业者增进对风险投资家的认识和了解，以便有针对性地开展融资活动。

（8）如实回答最刁钻的问题。对于创业者而言，也许"你的创业计划书给其他风险投资家看过吗？"是一个两难的问题，建议创业者遵循诚实守信的原则，如实回答。

（9）对待被拒绝。审阅创业计划书是风险投资家日常工作的一部分，拒绝大多数的创业计划也是风险投资家的工作常态。创业者没必要因为创业计划被拒绝而伤心欲绝，而应把其作为不断完善和优化创业计划书的重要手段。

（10）创业计划书最重要内容。对于投资者来说，创业计划书中最重要的内容是资产负债表和团队介绍。前者说明新企业的财务状况，能否及时偿债及有多少尚未分配的利润归属于投资者；后者则是创业项目能否成功的关键要素。

（11）把本金收回来。任何人进行投资，其最低的要求都是把本金收回来，因此，在融资时创业者若能够基于这条原则进行阐述，使投资者能在最短时间内将本金收回，则大大增加融资的成功率。

三、创业计划中的信息搜集与市场调查

准备创业计划的过程实质上就是信息的搜集过程，是分析并预测环境进而化解未来不确定性的过程。通过搜集并获取准确、到位的市场信息和行业信息有助于使创业者了解市场行情，知晓客户需求，洞悉对手状况，从而明确竞争对手的优势和自身的不足，确定市场发展方向和企业发展定位。市场调查又是创业者搜集信息最主要的途径，是决定创业计划书的论证是否有理有据，检查创业计划是否切实可行的主要工具。大量的事实表明，详尽的市场调查有助于创业者做出更好的市场细分、市场定位及营销决策，减少创业过程中的失误，增加创业成功的可能性。

1. 创业计划中的信息搜集

创业计划中的信息搜集是以企业发展为目的，通过相关的信息媒介和渠道，采取相应的方法，有计划、有目的地获取市场信息的过程。因此，创业者需要了解信息的搜集渠道、搜集方法和搜集步骤。

（1）信息搜集渠道。信息搜集渠道就是指信息的来源。通常获取创业计划中涉及的市场、客户、竞争对手、融资方式、创业资源等方面的信息可以通过互联网、公开出版物、竞争对手企业、关联方、会议展览等渠道。

①互联网。互联网的巨大优势在于信息含量大而广、种类繁多、内容丰富，输入一个关键词就会搜出浩如烟海的信息，但并不是所有的信息都与创业者的项目非常相关，因此，需要创业者掌握一定的搜索技巧，并能清晰地界定所需内容的关键词，不断调整搜索范围，从而实现搜寻的目的。目前，关于创业、创业计划信息的中国网站有创业投资在线、中知网、中国青年就业创业网、创业教育网、高校创业联盟网、科技创业咨询网、阳光巴士创业网、世界创业实验室、中国大学生创业培训网、全国大学生服务网、中国创业培训网、创业家网站、《创业邦》杂志网、中经网、国研网、中央电视台财经频道、北京超凡知识产权代理有限公司网站等。

②公开出版物。公开出版物也是创业者搜集信息的主要渠道之一，主要包括企业名录和企业年鉴，能提供有关企业规模、产品、产量、销量、市场份额等方面的信息；报纸、杂志、图书及音像制品、电子出版物和互联网出版物，主要集中了行业方面的企业动态、竞争态势、市场状况等方面的信息；产品样本，通常包括产品说明书、产品数据手册、产品目录等，主要是对产品的型号、技术规格、原理性能、特点、构造、用途、使用方法等的介绍和说明；上市公司年报，即上市公司一年一度对其报告期内的生产经营概况、财务状况、人事、客户等信息进行披露的报告，具体包括公司简介、会计数据和业务数据摘要、股东变动及股东情况、股东大会简介、董事会报告、重大事项、财务报告（包括审计报告、会计报表和会计报表附注

及公司的其他有关资料）；专利文献，是包含已经申请或被确认为发现、发明、实用新型和工业品外观设计的研究、设计、开发和试验成果的有关资料，以及保护发明人、专利所有人及工业品外观设计和实用新型注册证书持有人权利的有关资料的已出版或未出版的文件（或其摘要）的总称，可为新企业的产品开发提供重要信息；图书馆信息，图书馆收藏的市场研究报告、一定时期的消费数据汇总、同类企业的资料文献汇编等。

③竞争对手企业。通常可以利用竞争对手企业出版的简报、报刊，获取创业计划中所需要的信息；另外，通过员工个人人际关系从竞争对手企业研发、市场等部门员工可以廉价得到有关竞争对手大量的有价值信息，特别是零次信息，即信息直接获取者获取并形成原始记录的信息或通过信息直接获取者的表象形态（口头语言和肢体语言等）传递的原始信息。

④关联方。在经济全球化和高度不确定环境下，新企业日益重视和那些与自身存在利益关系的人和机构（包括用户、律师、银行、会计师事务所、市场调查机构、广告公司、咨询机构、经销商、供应商、行业协会、媒体、质量检验部门、储运部门等）建立战略合作伙伴关系，从而获取创业计划所需的相关信息资源，以此增强企业竞争力。

⑤会议展览。新企业通过参与各种会议或者参加各种产品展销会、博览会、交易会、订货会、洽谈会等，可以获得参展公司有关产品说明和技术参数等具有重要参考价值的信息，从而为创业者提供了获取市场信息、技术信息和人才信息的最好时机。

（2）信息搜集步骤。创业者撰写或编制创业计划在获取大量、准确的创业信息前，需要了解信息收集的基本步骤，从而能够大大节省时间，有效提高工作效率。一般来说，信息搜集可分为如下几个步骤。

①制定信息搜集计划。做好信息搜集工作，需要创业者做好充分的准备并且目标清晰，以此制定信息搜集计划。计划制定得周密与否将决定整个信息搜集工作的成败，因此，制定计划要立足创业项目的实际需要。如果以竞争对手为搜集对象，就要依据不同竞争对手的地理位置、周边环境、技术研发、产品生产、销售策略、售后服务等方面制定有针对性的计划；如果以市场需求为考察方向，就应该从消费趋势和走向两方面加以区分。

②设计搜集提纲和表格。在制定信息搜集计划之后，创业者接着就要按照信息搜集的目的和要求设计出合理的搜集提纲与相关表格，从而便于对搜集到的信息进行分析、加工、储存和传递，提高创业计划撰写或编制的效率和质量。

③明确信息搜集的方式和方法。在创业计划撰写或者编制的过程中，需要创业者详细了解和充分利用创业计划中不同层面的信息搜集渠道与方法，其中渠道主要包括互联网、公开出版物、竞争对手企业、关联方、会议展览等，以此拓宽创业所需信息的来源；方法主要包括调查法、提问法、观察法、比较法等，以此提高信息搜集的效率。

④提供信息成果。信息成果就是在感性信息的基础上经过整理分析和归纳得出的信息结果，这些结果通常要以调查报告、资料摘编、数据图表等形式把获得的信息整理出来，并要将这些信息资料与搜集计划进行对比分析，如不符合要求，还要进行补充搜集。之后，创业者可以对这些成果进行有效的评估和判断，以此决定能否去创业了。

（3）信息搜集方法。面对来自不同渠道的大量信息，创业者需要全面掌握基本的信息搜集方法，以此便利地获取创业计划所需要的资料。常用的信息搜集方法有观察法、提问法、比较法、文献检索法等。

2. 创业计划中的市场调查

行之有效的创业计划一定程度上取决于市场调查。顾名思义，市场调查就是指运用科学的方法，有目的地、有系统地搜集、记录、整理有关市场营销的信息和资料，分析市场情况、了解市场现状及其发展趋势，为创业计划提供客观可靠的数据资料的过程。对于创业者而言，编制或撰写创业计划需要了解市场调查的功能与作用、内容与方法及步骤。

（1）市场调查的功能与作用。通过详尽的市场调查，创业者可以了解与市场相关的各种宏观环境、行业环境、竞争对手及消费者需求等信息，从而有助于创业者做出准确的营销决策，减少创业过程中出现的失误，增强创业成功的可能性，具体体现在以下几方面。

①市场调查有助于创业者获取准确的市场信息，对创业项目进行可行性分析。通过市场调查，创业者可以大致了解有关创业项目提供的产品或者服务在潜在市场中的需求量、可能的顾客群体、市场的增长潜力预测、市场的发展方向、顾客消费习惯变化的趋势、市场的竞争状况、获取创业所需资源的难易程度等方面的信息，据此可以对项目可行性进行有效的分析，对项目运作的可能性做出合理的分析与判断；同时，依据调查信息对创业计划做出适当的调整以保持项目的持续性开展。

②了解行业信息，做出科学的市场定位。通过市场调查，创业者可以对所在行业、技术、产品的生命周期阶段、行业的机会窗口大小、行业的竞争状况、同行产品的功能及优势、行业的进入和退出障碍及消费者需求等方面的信息进行分析与判断，在此基础上进行市场细分明确对应的目标市场，并结合新企业的实际情况尽可能做出科学的市场定位，包括产品与服务的最终选择（产品定位）、拟确立的产品品牌形象（品牌定位）、拟占领的区域市场（区域定位）、拟产品或服务的目标消费群体（客户定位）及价格定位策略（价格定位）等。

③进行科学决策，制定相应的营销计划。通过市场调查，新企业可以了解有关宏观环境（对营销前景有某种联系的客观环境的主要趋势，如政治法律、经济、科技、社会文化、自然等因素）、市场（市场规模与增长状况、各细分市场的销售情况、顾客需求和购买行为的变化趋势等）、竞争（主要竞争者的规模、目标、市场占有率、产品质量、市场营销策略以及意图和行为等）、分销（各分销渠道上产品的销售量和每个渠道重要地位的变化等）及产品或服务（近年来各主要产品品种的销量、价格、利润率、产品组合效果等）等方面的基本现状，据此可运用科学的方法进行决策，并制定切实可行的营销计划。

（2）市场调查的内容。为了获取创业计划编制或撰写所需要的信息，就要展开对创业环境、竞争对手、消费者需求等方面展开调查。

①创业环境调查。创业环境调查主要从宏观环境和行业环境两方面展开调查。宏观环境是指一切影响行业和企业的政治、经济、社会文化、技术及自然等外部环境因素，通过对这些要素的分析，从中挖掘宏观环境带给企业的机会和威胁；行业环境主要包括决定企业盈利能力的潜在进入者、替代品、现有竞争者、供应商议价能力、顾客议价能力等因素，可以用来

分析企业所在行业的竞争特征和产业的吸引力。

②竞争对手调查。竞争对手调查作为市场调查的主要内容之一，是根据企业定位确定竞争对手的类型，通过获取不同来源的竞争信息，进而与竞争对手的战略与行为等方面进行比较分析的过程。竞争信息的来源主要包括年度报告、内部报纸和杂志、广告、行业出版物、竞争对手的历史、竞争产品的文献资料、企业官员的论文与演讲、销售人员的报告、供应商、顾客、专家意见、证券经纪人报告及雇用的高级顾问等。

③消费者需求调查。消费者需求调查与分析是编制或撰写创业计划的重要工作，决定企业经营的成败。消费者需求调查需要对消费者需求量、消费者收入、消费结构、消费者行为等方面进行全面、深入的了解，掌握消费者对行业的认知程度，探讨消费者的购买习惯，最终形成消费者需求分析结论，以此让投资者确信，新企业的调研方法科学、调研工作到位及调研结果准确，能制定合理的营销策略。

（3）市场调查的步骤。新企业开展市场调查可以采用两种方式：一是委托专业市场调查公司来做；二是新企业自己来做，可以设立市场研究部门，负责此项工作。一般来说，市场调查的基本过程包括明确调查目标、设计调查方案、制定调查工作计划、组织实地调查、调查资料的整理和分析、撰写调查报告。

①明确调查目标。进行市场调查首先要明确市场调查的目标，按照企业的不同需要，市场调查的目标有所不同。企业实施经营战略时，必须调查宏观市场环境的发展变化趋势，尤其要调查所处行业未来的发展状况；企业制定市场营销策略时，要调查市场需求状况、市场竞争状况、消费者购买行为和营销要素情况；当企业在经营中遇到了问题，这时应针对存在的问题和产生的原因进行市场调查。

②设计调查方案。一个完善的市场调查方案一般包括以下几方面内容：第一，根据市场调查目标，在调查方案中列出每次市场调查的具体要求；第二，确定调查对象，一般为消费者（使用该产品的消费群体）、零售商、批发商（经销调查产品的商家）等；第三，确定具体的调查内容，应做到全面、具体，条理清晰、简练，避免面面俱到；第四，设计调查表，应与调查主题密切相关、容易让被调查者接受、内容要简明、符合逻辑顺序等；第五，确定调查地区范围，应与企业产品销售范围相一致，一般可根据城市的人口分布情况在城市中划定若干个小范围调查区域，据此实施访问调查；第六，制定样本抽取方案，应根据市场调查的准确程度和用途情况确定适宜的样本数量；第七，选择合适的资料收集方法（调查法、观察法和实验法等）和整理方法（统计学方法）。

③制定调查工作计划。调查工作计划的制定包括组织领导及人员配备、访问人员的招聘及培训、各阶段的工作内容及所需时间的确定、调查费用预算的确定等内容。

④组织实地调查。组织实地调查需要做好两方面工作：一方面做好实地调查的组织领导工作，明确调查人员及访问人员的工作任务和工作职责；另一方面做好实地调查的协调、控制工作，及时掌握实地调查的工作进度完成情况及其存在的问题。

⑤调查资料的整理和分析。整理和分析调查资料过程是由调查人员对调查表进行逐份检查，剔除不合格的调查表，然后将合格调查表统一编号，以便于调查数据的统计。调查数据

的统计可利用 Excel 电子表格软件完成；将调查数据输入计算机后，经 Excel 软件运行后，即可获得已列成表格的大量的统计数据，利用上述统计结果，就可以按照调查目的的要求，针对调查内容进行全面的分析工作。

⑥撰写调查报告。撰写调查报告是市场调查的最后一项工作内容，市场调查工作的成果将体现在最后的调查报告中，调查报告将提交企业决策者，作为企业制定市场营销策略的依据。市场调查报告要按规范的格式撰写，一个完整的市场调查报告格式由题目、目录、概要、正文、结论和建议、附件等组成。

（4）市场调查的方法。常用的市场调查方法主要有观察法、提问法、比较法、文献检索法、问卷调查法、抽样调查法、焦点小组访谈法、实验法等。

①观察法。在市场调查中，观察法是指直接或通过仪器在现场观察调查对象的行为动态并加以记录而获取信息的一种方法。这种方法比对现成信息资料的解读或汇总更为鲜活、有效，因此，成为创业者获得直接经验的主要方法。创业者可以通过观察消费者的行为来测定品牌偏好和促销的效果，为此还需借助某些现代技术，比如摄像机、照相机来记录现场状况。

尽管观察法可以观察到消费者的真实行为特征，但是只能观察到外部现象，无法观察到调查对象的一些动机、意向及态度等内在因素。为了尽可能地避免调查偏差，在采用观察法收集资料时应注意以下几点：第一，要努力做到采取不偏不倚的态度，即不带有任何看法或偏见进行调查；第二，应注意选择具有代表性的调查对象和最合适的调查时间与地点，应尽量避免只观察表面的现象；第三，在观察过程中，应随时做记录并尽量做较详细的记录；第四，除了在实验室等特定的环境下和在借助各种仪器进行观察时，应尽量使观察环境保持平常自然的状态，同时要注意被调查者的隐私问题。

②提问法。提问法实际上就是设问法，即创业者先质疑自己发现的创业机会或创意，提出相关疑惑，然后通过现场调查、电话询问或面对面的交流来搜集信息，并以信息搜集的结果来论证创业机会和创业计划的可行性。

③比较法。比较法是认识事物本质和规律的一种基本方法，创业者通过对比同行其他创业者的创业计划书，并分析这些创业计划书的可行性，从中总结经验，结合自身实际获取有价值的信息。

④文献检索法。文献检索法有广义和狭义之分，前者是指将信息按一定的方式组织和存储起来，并根据信息用户的需要找出有关的信息过程；后者是指该过程的后半部分，即从信息集合中找出所需要的信息的过程，相当于人们通常所说的信息查寻。

文献检索法的具体方法包括直接法、追溯法、综合法等。直接法是指直接利用检索系统（工具）检索文献信息的方法。追溯法是指不利用一般的检索系统，而是利用文献后面所列的参考文献，逐一追查原文（被引用文献），然后再从这些原文后所列的参考文献目录逐一扩大文献信息范围，一环扣一环地追查下去的方法。综合法是分期交替使用直接法和追溯法，以期取长补短，相互配合，获得更好的检索结果的方法。

文献检索法的基本途径主要包括著者途径、题名途径、分类途径、主题途径、引文途径、代码途径、专门项目途径等。

⑤问卷调查法。问卷调查法作为市场调查最普遍采用的方法之一，是运用统一设计的问卷向被选取的调查对象了解情况或征询意见的调查方法。问卷调查法的关键内容在于设计问卷，涉及问卷的结构、种类、设计原则及注意事项。

- 问卷一般由标题、卷首语、问题与回答方式、编码和其他资料五个部分组成。
- 问卷调查法分为传真问卷、信函问卷、网络问卷、报刊问卷和实地问卷五种。
- 调查问卷的设计原则主要包括：第一，可信原则，是指调查问卷的设计能够使调查对象讲真话，而不会对调查对象产生误导，能够对调查对象的心理活动进行了解并得到可靠反映的原则；第二，有效原则，是指通过对调查问卷的使用，使得到的信息资料能够对创业者的市场营销决策和其他问题有用的原则；第三，数量适度原则，是指调查问卷对于创业问题的解决与调查成本相适宜，调查问卷中的数量应适度的原则。
- 调查问卷设计应注意以下问题：第一，先易后难，先简后繁，被调查者熟悉的问题在前；第二，提出的问题要具体，避免提一般性的问题；第三，一个问题只能有一个问题点；第四，要避免带有倾向性或暗示性的问题；第五，先一般问题，后敏感性问题；先泛指问题，后特定问题；先封闭式问题，后开放式问题；第六，要考虑问题的相关性，注意问题之间内在的逻辑性；第七，提问中使用的概念要明确，要避免使用有多种解释而没有明确界定的概念；第八，避免提出断定性的问题；第九，一些问题不要放在问卷之首；第十，一定注意保护被访者的信息安全等。

⑥抽样调查法。抽样调查法指从研究对象的全部单位中抽取一部分单位进行考察和分析，并用这部分单位的数量特征去推断总体的数量特征的一种调查方法。其中，被研究对象的全部单位称为"总体"；从总体中抽取出来，实际进行调查研究的那部分对象所构成的群体称为"样本"。

一般来说，抽样调查法主要包括以下几种：第一是简单随机抽样法，这是一种最简单的一步抽样法，它是从总体中选择出抽样单位，从总体中抽取的每个可能样本均有同等被抽中的概率；第二是系统抽样法，它是从随机点开始在总体中按照一定的间隔（即"每隔第几"的方式）抽取样本；第三是分层抽样法，它是根据某些特定的特征，将总体分为同质、不相互重叠的若干层，再从各层中独立抽取样本，是一种不等概率抽样；第四是整群抽样法，它是先将总体单元分群，可以按照自然分群或按照需要分群，例如在交通调查中可以按照地理特征进行分群，随机选择群体作为抽样样本，调查样本群中的所有单元；第五是多阶段抽样法，它是采取两个或多个连续阶段抽取样本的一种不等概率抽样。

⑦焦点小组访谈法。焦点小组访谈法也称小组座谈法，就是采用小型座谈会的形式，由一个经过训练的主持人以一种无结构、自然的形式与一个小组的具有代表性的消费者或客户交谈的一种调查方式。与问卷调查相比，焦点小组访谈是了解消费者内心想法最有效的工具。因此，在调研产品概念、产品测试、顾客满意度、用户购买行为等方面应用率极高。

运用焦点小组访谈法时应该注意以下事项：第一，焦点访谈的目的决定了所需要的信息，从而也决定了需要的被访者和主持人；第二，曾经参加过焦点访谈的人，是不合适的参与者；第三，参与者中应该避免亲友、同事关系，因为这种关系会影响发言和讨论，万一发生这种现象，应该要求他们退出；第四，每个小组参与者的数量以 6~10 人为宜；第五，主持人在焦点小组座谈中要明确工作职责；第六，主持人应把握会场气氛；第七，焦点访谈的数据和资料分析要求主持人和分析员共同参与。

⑧实验法。实验法是将自然科学中的实验求证理论移植到市场调查中来，在给定的条件下，对市场经济活动的某些内容及其变化，通过实际验证与调查分析，从而获得市场信息和资料的一种调查方法。实验法应用范围较广，一般来讲，企业改变产品品质、变换产品包装、调整产品价格、推出新产品、广告形式内容变动、产品陈列变动等，都可以采用实验法测试其效果。

四、创业计划书展示技巧

如前所述，创业计划书的主要目的之一是获得资金支持。创业计划书定稿之后，创业者及其团队面临的主要挑战就是如何将创业计划书推介给投资者。如果为了参加全国性及各地区举办的创业计划大赛，或者为了争取政府部门或社会部门设立的创业基金，那么创业计划书的展示与推介更加重要。据此，创业者需要了解如下有关创业计划书的展示技巧。

（1）创业计划书作为推销性文本本身要"引人入胜"。一般来说，创业计划书的撰写本身做到"引人入胜"应该注意三个方面的问题：结构合理，清晰精练，能在短时间内让投资者选择他们想要阅读的部分；尽量使用比较客观的语言来说服投资者；要通俗易懂，让没有专业技术背景的大众也能读懂。

（2）创业计划书的展示必须有宣传片、PPT 的配合。在正式进入创业计划书介绍之前，播放一段激动人心的创业计划宣传片是非常必要的，能提前调动现场所有人员的注意力和好奇心；同时，创业者还必须做到：一方面，展示的创业计划 PPT 一定要制作精美，但又不能烦琐；另一方面，突出项目的新颖独特性、良好的市场前景及优势互补且高素质的创业团队。此外，展示的 PPT 以 10~15 张幻灯片为宜，时间控制不宜超过 20 分钟。

（3）发挥激情在展示创业计划书过程中的重要作用。创业需要激情。缺乏创业激情的创业计划，很难激发投资者对创业项目的认同，因此，在创业计划书的展示过程中，也应将自己的创业激情融入其中。风险投资者进行投资决策时，除了考虑项目本身的优劣，更看重的是创业者及其团队成员的个人魅力与能力，而展示创业计划中所体现的这种激情，将是打动风险投资家者的有效途径，从而极大地增加创业者获得资金支持的概率。

（4）努力创设与投资者的互动沟通。展示创业计划书之前，应事先声明允许和鼓励在场的投资者被提问或打断，以实现良好的互动与沟通。首先，创业计划展示切忌照本宣科，自顾自说话，而应始终保持与投资者的目光交流；其次，展示过程中保持开放式姿势，而不宜双臂抱肘或双手在胸前交叉，以减少与投资者互动的障碍；再次，建议展示时可恰到好处地运用手势，有助于创业者更好地理顺自己的思路，清晰表达自己的思想；最后，制造生动性语言，以不断活跃现场气氛，带动投资者的参与积极性。

（5）应当注意商业机密的保护。为了引起投资者的强烈兴趣和足够关注，展示创业计划时努力展现项目自身的优势和亮点，比如产品或服务的新颖性、先进的技术、独特的商业模式及优秀的创业团队等固然重要，但是恰当地保护创业项目的核心技术和商业机密也很重要。因此，撰写或编制创业计划时可在封面的下部附上"保密"字样的语句，或在展示前签订一份保密协议，以此来保护自己的利益。不过，对于这一点，目前还存在一些争议，因此，创业者需要谨慎处理，以防错失更多的潜在投资者。

第三节　创业计划书之项目路演

什么是路演？路演是当前社会上一个使用频率较高的词。顾名思义，路演是在马路上进行的演示活动。早期华尔街股票经纪人在兜售手中的债券时为了说服别人总要站在街头声嘶力竭地叫卖。路演一词就是由此而来的。到后来，虽然有了交易大厅、有了先进的电子交易手段，但路演的习惯还是保留了下来，而且，路演已经成为国际上广泛采用的股票发行推介方式。发展到现在，路演已经不仅仅是为发行新股而进行的推介活动。路演是促进投资者与融资人之间的沟通和交流，在投融资双方充分交流的条件下促进交易达成的重要推介、宣传手段。

一、项目路演概述

1. 项目路演的性质

所谓项目路演，是项目方向众多的投资方讲解自己的项目产品、发展规划、融资计划，并进行有效沟通的互动过程。项目路演具有下列性质。

（1）项目路演采取自愿报名、审核通过的机制。

（2）项目路演是国内外诸多风险投资机构实现融资的高速公路。

（3）规模：项目路演由 8～10 个创业项目和 8～10 个投资机构代表组成。确保每个项目进行较为充分的展示，并与投资人进行深入的沟通。

（4）私密性质：除了创业项目和投资机构代表，项目路演全程谢绝无关人员参观。

（5）项目路演主办方及所有参会人员均须承诺：除非得到本人许可，对项目商业秘密和项目路演的资料进行严格保密，不将项目路演的任何内容用于其他商业目的。

2. 项目路演的条件

（1）项目团队人数最好为 2 人以上。

（2）项目成功运作一段时间。

（3）项目必须有内容可供演示。

（4）项目必须有完整的商业计划及其历史财务资料。

(5)项目必须拥有独特商业模式和商业价值。

(6)项目必须有明确的融资需求、融资标的范围。

3. 项目路演的目的

项目路演有两个目的：产品销售和项目融资。融资路演的要点就在于挖掘提炼共同的理念，以便与投资机构调整出相同的思维频率，而目标只有一个——让双方看到属于大家的、共同的未来。

项目路演的好处在于：①可以同时让多个投资者很认真地倾听创业者的讲解和说明，同时还可以有一个思考和交流的过程；②能够让投资者在安静的环境里，在创业者声情并茂的展示下，真正读懂企业的项目，从而做出更为准确的判断。项目路演最终目的是获得融资，但项目融资的目的，不仅仅是为了获得资金；③投资方的价值不止在于提供资金，投资方还可以为企业带来行业经验、人脉、渠道资源、合作伙伴，这些价值远比资金的作用大；④获得融资的企业有更多机会获得下一轮的融资，提升企业的成长速度；⑤分配给团队的股权价值被体现出来，更利于巩固团队，扩大团队。

4. 项目路演的模式

从形式上，目前项目路演分成线上项目路演和线下项目路演两种类型。线上项目路演主要通过 QQ 群、微信群，或者在线视频等互联网方式对项目进行讲解；线下项目路演主要通过活动专场对投资人进行面对面的演讲及交流。

线下类型，主要表现为以下 4 种模式。

(1)精准度、私密度最高的"一对一模式"。

(2)精准度、私密度较高的私董会模式。

(3)由政府部门、知名机构或平台线下组织的项目路演会或专场路演会。

(4)带有大赛和推广性质的创业大赛或创业 TV 秀模式。

随着视频技术和移动互联网的应用，项目路演呈现的方式越来越多元化，越来越多地运用多媒体技术向投资人呈现项目的具体信息。不管是从效率还是从效果上来说，相比传统的纯文字演讲式的演讲，线上路演是一个巨大的进步。之前的 QQ 群、电话会议、远程视频路演，现在的微信群路演，就体验和互动而言，还是目前的微信群路演更佳。

(1)微信群路演。在微信群里，商业计划书都会提前发布和观看，在互动的时候语音根本不给创业者以组织、修饰的时间，而通过这种直接的思维对撞类似于头脑风暴般，判断出是否跟进这个项目。

(2)AMA 模式。线上路演还有一对一的 AMA（Ask Me Anything）模式。AMA 是一种新型问答社区模式。当然，线上、线下两种类型的路演形式都随着跨界、技术、共享等领域的发展而不断地进化更迭，呈现不同的模式，但这些变化最终还是服务于创投双方的高效对接，实现彼此的期望：投融资对接成功。在这些路演平台上，需要创业者做好充足的准备，迎接投资人热切和挑剔的目光。

5. 项目路演的准备

为保证路演成功,创业者非常有必要想好自己真正的路演需求,做好路演前的准备工作,以做到有备无患。那么,创业者在路演前都需要准备些什么呢?

(1)思考投资人关心的问题。

(2)准备一份比较详细的商业计划书。

(3)制作一份路演幻灯片。

(4)提前了解投资机构。提前了解投资机构,做到知己知彼,能够提高项目路演的成功率。

6. 项目路演的内容

(1)讲故事。从一个动人的故事开始路演,这会从一开始就勾起听众的兴趣。而且如果路演者可以把自己的故事和听众们联系起来的话就更加完美了。当然,所讲的故事应该是有关于创业项目产品所要解决的问题的。

(2)解决方案。分享创业项目的产品独一无二的地方,和为什么它能解决前面所提到的问题。这一部分最好简约而不简单,要做到投资人听过以后,可以轻松地向另一个人介绍你到底在做什么。尽量少使用行业里的生僻词汇。

(3)团队成就。投资人投资第一看重的是团队,第二才是项目创意。

(4)目标市场。不要说世界上所有上网的人都是项目产品的顾客。

(5)获客方式。

(6)竞争对手。

(7)盈利模式。投资人总对这个部分最感兴趣。

(8)融资需求。清晰地说明你的融资需求,出让多少股权,未来的财务计划如何。

(9)投资人的退出机制。如果你融资额在100万元以上,那么大部分投资人都想知道你的退出机制是怎么样的?你是希望被收购,还是上市,或者别的退出方式?

7. 项目路演的注意事项

项目路演的时间是宝贵的,千万别让台下的投资者继续维持云里雾里的状态,因为他们的耐性是有限的。

(1)与技术相比,投资者更对效益感兴趣。投资公司的人常说,创业投资投的第一是人,第二是人,第三还是人。可是归根结底,投资公司关心的目标,第一是能不能盈利,第二也是能不能盈利,第三还是能不能盈利。千万别在投资者面前卖弄你的专利和核心技术,关键是要告诉他们这些要如何赚钱。在那些声称拥有领先技术、核心技术的项目中,创业者的术语一个接一个地脱口而出,只会让人感觉越听越迷糊,到最后就误以为你是在玩概念。如果听众是外行,就很难迅速切身地理解投资项目提供的商品或服务,理解它们所带来的价值和效用。

（2）投资者不相信"项目没有竞争对手"。当你信誓旦旦表示你没有竞争对手的时候，很可能台下的投资者早已经听说别的公司在做这个事情了。因此，千万别声称你没有竞争对手，这不能显示你"目中无人"的宏大气魄，相反只会让对方觉得你对行业其实并没有吃透。

（3）千万别对"天才创意"自我陶醉。通常一个人有了构想时，会将其讲给信任的人听，但他内心并不希望找寻事实真相，而仅仅只是希望有人对他给予认可，却将真相放在一边。创业者就常常扮演这种一厢情愿的角色。创业者一般都会相当自信，毕竟项目就像是自己的孩子，别人觉得不怎么样，在自己眼中却是"最美的天使"，这很自然陷入一种自我陶醉之中。如果任由这种情绪进一步地深陷下去，其危险便是寻求对自己构想的肯定而非事实真相。

二、项目路演的步骤

登上融资路演的舞台不是一件容易的事情，尤其是创业者第一次尝试路演，肯定会感到兴奋、紧张、焦虑，可谓五味杂陈。不过融资路演有一定的规律可循。创业者只需要讲一些创业经历，描绘一个愿景，了解自己的指标，然后不断推销自己。无论你正在募集一笔规模不大的种子轮融资，还是马上要去进行一笔规模更大的 A 轮融资，都需要按照正确的步骤前进，而最关键的就是第一步。因为第一步意味着方向，只有第一步走好，后面几步才能落到正确的地方。这就要求创业者掌握六大关键要领，因为这是融资路演的框架，初次路演者可以按照这个框架按部就班地完成路演的整个过程。

第一，公司业务：公司名称、成立时间、注册地区、注册资本、主要股东、股份比例、主营业务、经营现状及发展前景。

第二，管理团队与股权结构：姓名、性别、年龄、籍贯、学历、毕业院校、行业从业年限、主要经历和经营业绩。

第三，商业模式与竞争力：商业模式包括经营模式和盈利模式，商业模式的创新点及行业壁垒。

第四，行业与市场：行业现状与发展前景、市场规模与增长趋势、行业竞争对手、公司的行业地位及竞争优势。

第五，财务现状与预测：统计公司现在的收入、毛利、净利及增长率，以及预测未来的收入、利润和利润回报率。

第六，经营风险与对策：预测项目经营中有可能出现的经营风险及解决对策。

三、项目路演的技巧

第一，路演之前，准备一个精美的 PPT。PPT 展示的内容包括产品梗概、市场分析（包括细分市场分析)、产品定位、产品优势及产品壁垒、目前状况、商业模式、发展规划、项目团队（主要是创始人）等。PPT 的页数要根据项目而定，一般控制在 18～40 页以内。

第二，路演时，要特别重视第一句话。初创业者要讲一个有吸引力的、能让天使投资人兴奋的经历或故事，这个经历或故事可以是你的项目在未来能够实现的某个设想，也可以是目前用户的痛点、刚需。需要注意的是，开场一定要把项目概念说清楚，比如"飞龙洗车 App 是一款真实可靠的上门洗车软件，用户群体主要是有车的白领一族。"

第三，拿出让市场肯定的专业技术和创新的经营模式。换句话说就是，为什么只有你做得到行业第一？这时候，初创业者一定要注意对自己个人的包装，因为在天使投资人眼里，早期项目就是看人和看团队。如果融资者有创业背景或之前经营过项目，那无论成功与否都可能成为加分项。在当今社会，很多投资人喜欢投商人或者企业家的后代。

第四，被腾讯跟进怎么办？在互联网领域，投资人很喜欢问这个问题。腾讯算得上出了名的模仿和跟进"专家"，初创业者被问到的时候，难免会紧张。其实，不妨换个思路，如果腾讯真看中了你做的领域，那就意味着该领域的市场前景不差。从好的方面来想，有行业巨头开拓市场、增加用户体验度，小创业公司就跟在后面捡拾剩余的市场份额，做细分和垂直电商，也能实现稳步发展，最后被腾讯收购也是不错的选择。所以，镇定下来，强调初创企业的灵活性，凸显差异化竞争的优势才是初创业者需要关心的。

第五，选择参加与项目相符的主题路演活动。主办方通常会邀请与主题背景符合的投资人或者专家担任评委，如果你的项目与主题相差太远，那就很难获得大多数评委的青睐，基本没有获奖可能。例如，某个生物医药团队被分配到了一个智能硬件的路演会场，那么这个团队很可能会在第一时间被淘汰。

第六，做一份适合在路演时宣讲的商业计划书。因为场地和时间的关系，没有人会花时间看你的文字阐述。更重要的是，太多的文字会让你的演讲缺乏焦点。建议初创业者选几张能突出核心主题的图片，再配上一些精练的文字，然后把那些需要详细解释的东西放在脑子里，在比赛时娓娓道来就可以了。

第七，路演前预演，路演中重新调整。需要注意，不要把宝贵的时间浪费在项目背景介绍等无价值的说明中。很多创业者在路演中忘记了项目的具体介绍，最后被主持人提醒还剩一分钟时，才开始匆匆解说自己项目的具体情况，导致项目核心价值没能得到最好的阐述。但如果创业者在正式路演前，根据活动规则进行多次模拟预演，就可以在路演中更好地判断自己的商业计划书内容和说明时间是否需要调整。

第八，告诉投资人，需要多少钱，打算怎么花。路演时，投资人经常会问到财务模型，而初创业者很难有足够的数据去支撑一个足够靠谱的预估模型。这时候也不必惊慌，因为大部分情况下，你比投资人更了解你的市场和技术，大多数投资人只是想通过这个问题来了解你对市场的看法、了解程度及你的设想是否合理。你能做的，应该做的，就是告诉投资人你想要融资的规模、融资的原因及你打算怎样利用这部分融资发展企业。

【拓展阅读1】

与创业计划书相关的重要文件

1. 战略规划书

企业战略规划是指依据企业外部环境和内部资源状况及其变化，来制定组织的长期发展目标、规划与具体的实施战略。战略规划是一个动态的过程，在特定的时期，企业往往会根据之前战略规划的实施情况来调整战略，并制定新的战略规划。战略规划书是反映企业战略规划的文件。

清晰的战略规划决定着企业的发展方向、市场定位及重大经营策略，是创业计划最终获得成功的重要基石。因此，战略规划书也可以单独列出来，为后期撰写创业计划书提供充分的依据。由于战略规划书的内容与创业计划书的内容有重叠部分，因此，其核心内容通常在创业计划书中突出体现即可。

2. 项目可行性分析报告

项目可行性分析报告通常是指在投资决策之前，对与拟实施项目相关的自然、社会、经济、技术等条件进行调研、分析、比较，预测项目完成后的社会经济效益，并在此基础上科学地综合论证项目实施的必要性、财务的盈利性、经济上的合理性、技术上的先进性及实施的可能性和可行性，从而为投资决策提供科学依据。编制项目可行性分析报告是确定和实施项目前具有决定性意义的工作。

项目可行性分析也是创业计划书撰写的前提，创业计划书的定义中明确指出，创业计划书是基于项目的科学调研分析形成的。因此，项目可行性分析报告是创业计划书衍生的重要内容之一。

3. 年度经营计划

年度经营计划是指企业为达到战略目标、实现企业长远发展而制定的下一年度的一系列目标、计划及行动方案。

由于年度经营计划是创业计划书初期工作计划落地实施的有力保障，因此，它也是创业计划书的重要补充内容之一。

4. 项目管理规划

项目管理规划是对项目管理的各项工作的综合性的、完整的、全面的总体计划。

我们可以将创业项目理解为一个整体项目，将创业过程中产生的一些项目理解为独立的子项目。这里主要指后期的一些子项目管理规划。项目管理规划时要确保创业计划书中各个子项目得以有效实施的重要方案，也是创业计划书的重要补充内容之一。

选自：何建湘.创业者手册[M].北京：中国人民大学出版社，2016年1月第1版，P122-123.

【拓展阅读2】

创业计划书的6C理论

创业计划书的6C理论如下：①CONCEPT，即概念，指的就是在计划书中，要写得让别人可以很快地知道你要卖的是什么；②CUSTOMERS，即顾客。有了卖的东西以后，接下来是要卖给谁，谁是顾客。顾客的范围在哪里要很明确，比如说认为所有的女人都是顾客，那是50岁以上的女人用的还是5岁以下的女孩用的？适合的年龄层要界定清楚；③COMPETITORS，即竞争者。东西有没有人卖过？如果有人卖过，则他在哪里，是韩国还是美国？有没有其他的东西可以取代？这些竞争者跟你的关系是直接的还是间接的？④CAPABILITIES，即能力。要卖的东西自己会不会、懂不懂？譬如说开餐馆，如果师傅不做了找不到人，自己会不会炒菜？如果没有这个能力，至少合伙人要会做，再不然也要有鉴赏的能力，不然最好是不要做；⑤CAPITAL，即资本。资本可以是现金也可以是资产，是可以换成现金的东西。资本在哪里、有多少，自有的部分有多少，可以借贷的有多少；⑥CONTINUATION，即持久经营。当事业做得不错时，将来的计划是什么？任何时候只要掌握这6C理论，就可以随时检查、随时做更正，不怕遗漏什么。

【拓展阅读3】

好的创业计划书

1. 好的创业计划书最吸引人的是它清晰的结构

投资者应当能在计划书中找到他们所关注问题的答案，很容易找到他们特别感兴趣的话题。这就要求商业计划书必须有一个清晰的结构，使读者能够灵活地选择他们想要阅读的部分。

2. 好的创业计划书以其客观性说服投资者

有些人在讲述他们的创意时会得意忘形。的确，有些事情需要以一种充满激情的方式讲述，但你应该尽量使自己的语气比较客观，使投资者有机会仔细权衡你的论据是否有说服力。如果一份计划书写得像是一份煽情的广告，那么它很可能会激怒而不是吸引投资者，结果导致投资者产生怀疑甚至拒绝接受。

另外，因以前曾有过某种失误或错误，而对自己的项目过度批评也是同样危险的，这将使投资者对你的能力和动机产生怀疑。应当尽你所能，提供最准确的数据。如果提到弱点或不足，那么一定要同时指出弥补的方法或措施。

3. 好的创业计划书应当让技术上的外行也能读懂

一些创业者用丰富的技术细节、精心制作的蓝图及详细的分析给投资者留下深刻的印象。但他们错了，只有极少数情况下，会有技术专家详细地评估这些数据。大多数情况下，简单的说明、草图和照片就足够了。如果计划书中必须包括产品的计划书细节和生产流程，你应当把它们放在附录中。

4. 好的创业计划书应当有前后一致的写作风格

一般情况下，会有几个人合作完成一份创业计划书。最后，必须对这项工作进行整合，以避免整个计划风格不一，分析的深度不同，像一块打满补丁的破被子。考虑到这个因素，最后由一个人负责最后定稿的编辑和修改工作。

5. 好的创业计划书是你的名片

最后，你的创业计划书应当有统一版面格式。例如，字体应当与文章结构和内容保持一致，插入必要的图表时应力求简洁，而且，也可以考虑使用印有（未来的）公司徽标的文头纸。

【单元练习】

1. 创业计划书的基本内容是什么？
2. 为什么要写创业计划书？
3. 撰写创业计划书要注意哪些问题？
4. 如何做好创业项目路演？

参考文献

1. 周苏，张丽娜，陈敏玲. 创新思维与 TRIZ 创新方法[M]. 北京:清华大学出版社，2018.
2. 师建华，黄萧萧. 创新思维开发与训练[M]. 北京:清华大学出版社，2018.
3. 王亚非，梁成刚，胡智强. 创新思维与创新方法[M]. 北京:北京理工大学出版社，2019.
4. 周苏，孙曙迎. 创新思维与管理创新[M]. 北京:清华大学出版社，2017.
5. 周苏，褚赟. 创新创业：思维、方法与能力[M]. 北京:清华大学出版社，2017.
6. 张香兰，程培岩，史成安，等. 大学生创新创业基础[M]. 北京:清华大学出版社，2018.
7. 王竹立. 你没听过的创新思维课[M]. 北京：电子工业出版社，2015.
8. 大学生创新创业基础编委会. 大学生创新创业[M]. 北京：中国林业出版社，2016.
9. 杨光瑶. 优质商业计划书[M]. 北京：中国铁道出版社，2017.
10. 赵新军. 创新思维与技法[M]. 北京:中国科学技术出版社，2014.
11. 赵俊亚，李明，王瑶，等. 大学生创新创业教育[M]. 北京:清华大学出版社，2018.
12. 张玉利，陈寒松，薛红志. 创业管理[M]. 北京：机械工业出版社，2013.
13. 胡飞雪. 创新思维训练与方法[M]. 北京：机械工业出版社 2009.
15. 伊恩·阿特金森. 创新力十：创造性解决问题的 12 种思维工具[M]. 北京：人民邮电出版社，2016.
16. 鲁百年. 创新设计思维[M]. 北京：清华大学出版社，2015.
17. 檀润华. TRIZ 及应用[M]. 北京：高等教育出版社，2014.
18. 张琴龙，易思飞. 大学生就业与创新[M]. 北京：人民邮电出版社，2016.
19. 菲利普·科特勒，凯文·莱恩·凯勒. 营销管理[M]. 上海：上海人民出版社,格致出版社，2012.
20. 白虹. 思维导图[M]. 北京：中国华侨出版社，2017.
21. 陈永奎. 大学生创新创业基础教程[M]. 北京：经济管理出版社，2015.
22. 布鲁斯·R·巴林杰. 创业计划书[M]. 陈忠卫等译. 北京：机械工业出版社，2016.
23. 栗沛沛，钟昊沁. 知识创新的涵义和运作过程[J]. 科学管理研究，2002，（06）.
24. 孙筠. 基于知识和知识创新视野下的组织创新[J]. 北方经济，2008，（16）.
25. 孙圣兰，夏恩君，王剑飞. 突破性技术创新：一个新的研究视角[J]. 科技管理研究，2006，（02）.
26. 李文权. 关于头脑风暴法的探讨[J]. 遵义师范学院学报. 2012，14（04）.
27. 刘慧琼. 领导者战略思维与创新能力的开发途径[J]. 经营管理者，2013，（09）.
28. 谢东钢，王建国，杨拉道，等. "TRIZ"理论是科技创新的现代化工具[J]. 重型机械，

2010,（S1）.

29. 张婷婷,赵睿涛.TRIZ理论在企业竞争情报中的应用探讨[J].竞争情报,2012,（04）.
30. 葛慧莉.TRIZ理论在科技创新中的应用[J].科技创新导报,2010,（02）.
31. 黄海燕.浅析创业团队的组建[J].商场现代化,2008,（09）.
32. 刘明霞,魏珊.创业机会的识别及其所需的条件[J].职业技术,2009,（08）.
33. 葛立帅.大学生创业过程中面临的常见风险及防范建议[J].人力资源管理,2015,（09）.
34. 刘丹,大学生创业过程中面临的常见风险及防范建议[J].2015,（07）.
35. 陶涛.曹军：为盲人的智能生活代言[N].中国青年报,2014-03-25.
36. 吴明.尤伯罗斯：奥运会的"商业之父"[J].新闻世界（社会生活）,2007（11）.
37. 宋红梅.企业竞争中信息资源的开发利用[J].科技情报开发与经济,2010,20（35）.
38. 周生辉,张永强.免费商业模式的本质[J].企业管理.2014,（07）.
39. 亚历山大·奥斯特,瓦德伊夫·皮尼厄.商业模式新生代（设计篇·上）[J].商界（评论）.2011,（09）.
40. 高欢,张文松.基于知识产权的开放式商业模式设计[J].经济研究导刊,2012,（31）.
41. 王谷音,叶丰滢.长尾式商业模式应用环境分析[J].时代金融,2017,（15）.
42. 张媛媛.解读小米的社区商务模式[J].河北企业,20150（1）.
43. 张明立,鞠晓峰.企业如何做市场调查[J].业管理,2001,（08）.
44. 张锐卢,厚加.企业如何做市场调查[J].中国企业报,2003-07-24.